AF317611

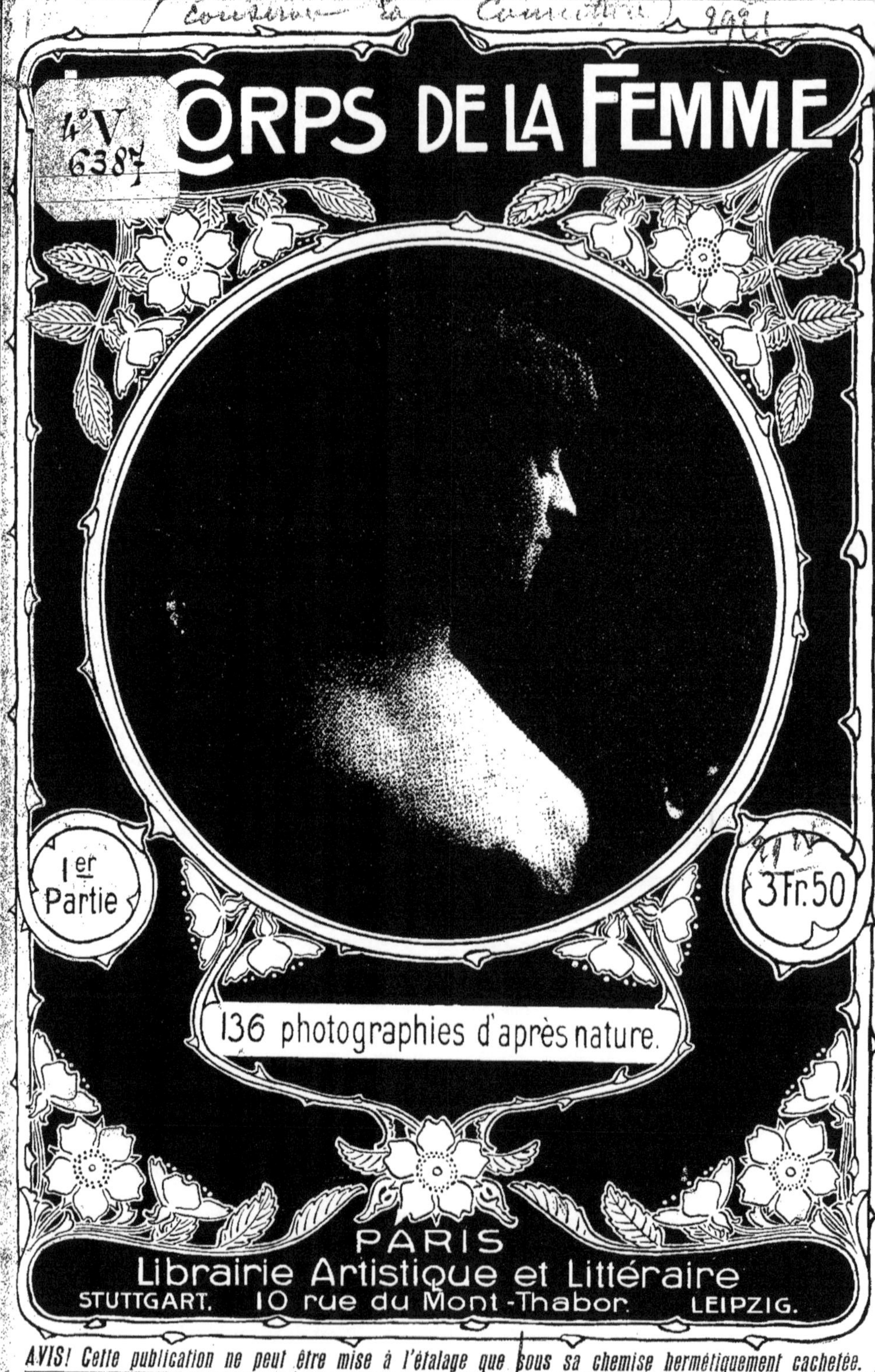

CORPS DE LA FEMME
1er Partie
3 Fr. 50
136 photographies d'après nature.
PARIS
Librairie Artistique et Littéraire
STUTTGART. 10 rue du Mont-Thabor. LEIPZIG.
AVIS! Cette publication ne peut être mise à l'étalage que sous sa chemise hermétiquement cachetée.

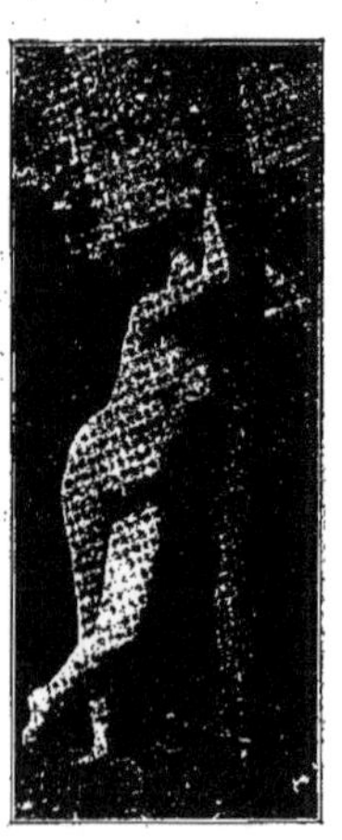

LE CORPS DE LA FEMME

Le Corps de la Femme

ÉTUDES ARTISTIQUES

ILLUSTRÉES PAR

136 PHOTOGRAPHIES

D'APRÈS NATURE

PREMIÈRE PARTIE

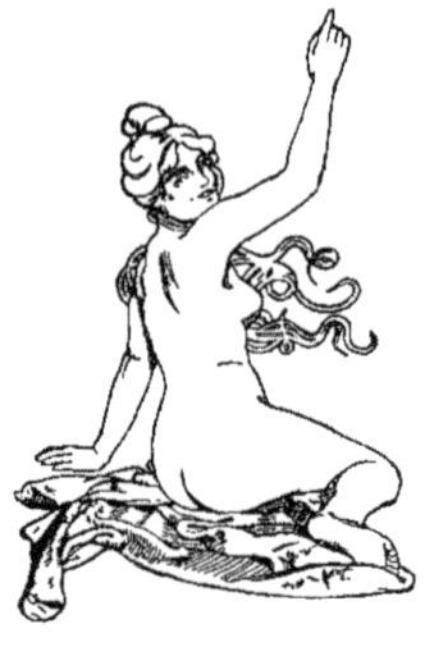

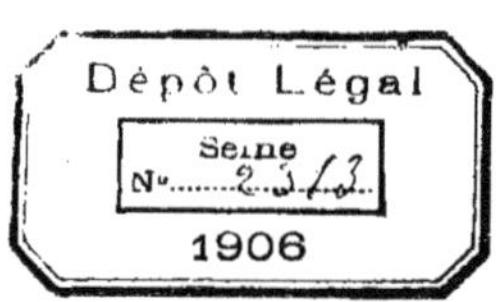

STUTTGART — PARIS — LEIPZIG

LIBRAIRIE ARTISTIQUE ET LITTÉRAIRE

10, Rue du Mont-Thabor

TABLE DE MATIÈRES

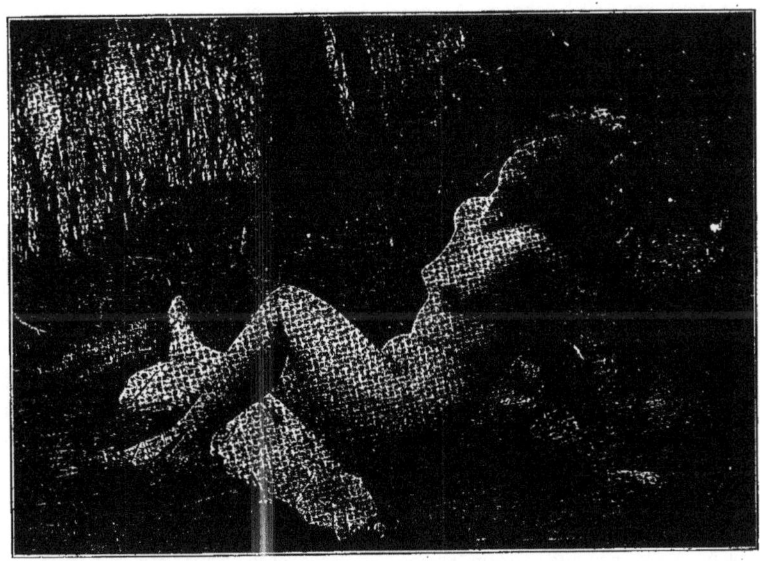

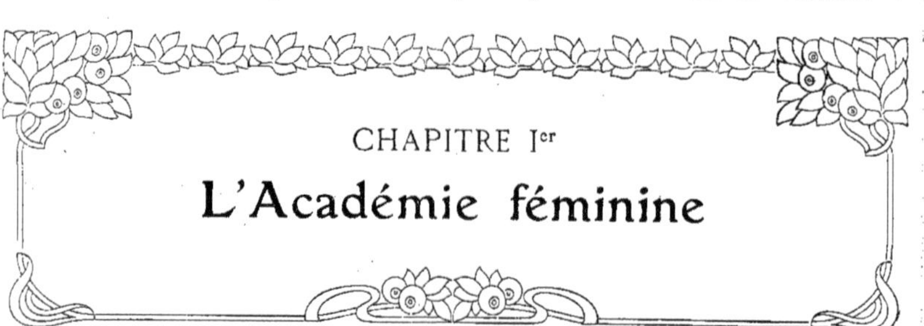

CHAPITRE Ier
L'Académie féminine

U'EST-CE qui constitue la beauté chez les femmes? On a écrit déjà des milliers de volumes à ce sujet sans arriver à rien de positif. Un auteur s'est tiré adroitement de la difficulté par une aimable boutade: la beauté de la femme, c'est d'être femme.

En tout cas, elle échappe à tout; c'est ce qu'il y a de plus certain. Selon son goût, selon son caprice, selon son éducation, chacun la comprend d'une manière diverse et il se produit même qu'on trouve des hommes qui, en avouant que telle femme est belle parce qu'elle réunit en elle tout ce qui forme le genre de beauté le plus recherché, se décident cependant en faveur d'une autre femme dont les traits sont moins réguliers. Examinons donc un peu ce qui doit constituer la femme parfaite; essayons de déterminer le type général de la beauté dont chaque partie sera étudiée ici en détail dans la suite.

Le visage, est-il utile de le dire, n'est pas le seul siège de la beauté; il en est un des principaux. Les inflexions et courbures des traits doivent être extrêmement douces et molles, telles, par exemple, les lignes des côtés du nez aux joues, de la lèvre inférieure et de la cavité de la fossette au menton.

La tête doit être d'une forme presque ronde, plutôt ovale. Le front arrondi, ouvert, grand. Les cheveux longs, bien plantés, épais. Les yeux bien fendus. Les sourcils courbés en demi-cercle. Les joues fermes. Les oreilles courtes. Le nez droit et bien affilé. Les lèvres ni trop grosses ni trop minces. Le menton rond et fourchu. La bouche petite, souriante, fossettée. Le cou charnu et droit. La main longue et déliée, ainsi que les doigts menus du bout. La gorge grasse. Les seins fermes et ronds. Les bras sans maigreur. Les hanches plus larges que les épaules. La taille mince et dégagée. Les cuisses bien en chair. Le genou rond et bien tourné. Le mollet un peu enflé. Les jambes fines. Le pied petit. Qu'avons-nous oublié? Pour le reste, comme a dit Alfred de Musset, devinez.

Mais ce n'est pas tout. Il faut songer encore à trois facteurs, dans ce joli édifice: le coloris, l'expression et les grâces. Sans eux la beauté sera incomplète.

Le coloris est excessivement variable dans le corps de la femme, il doit

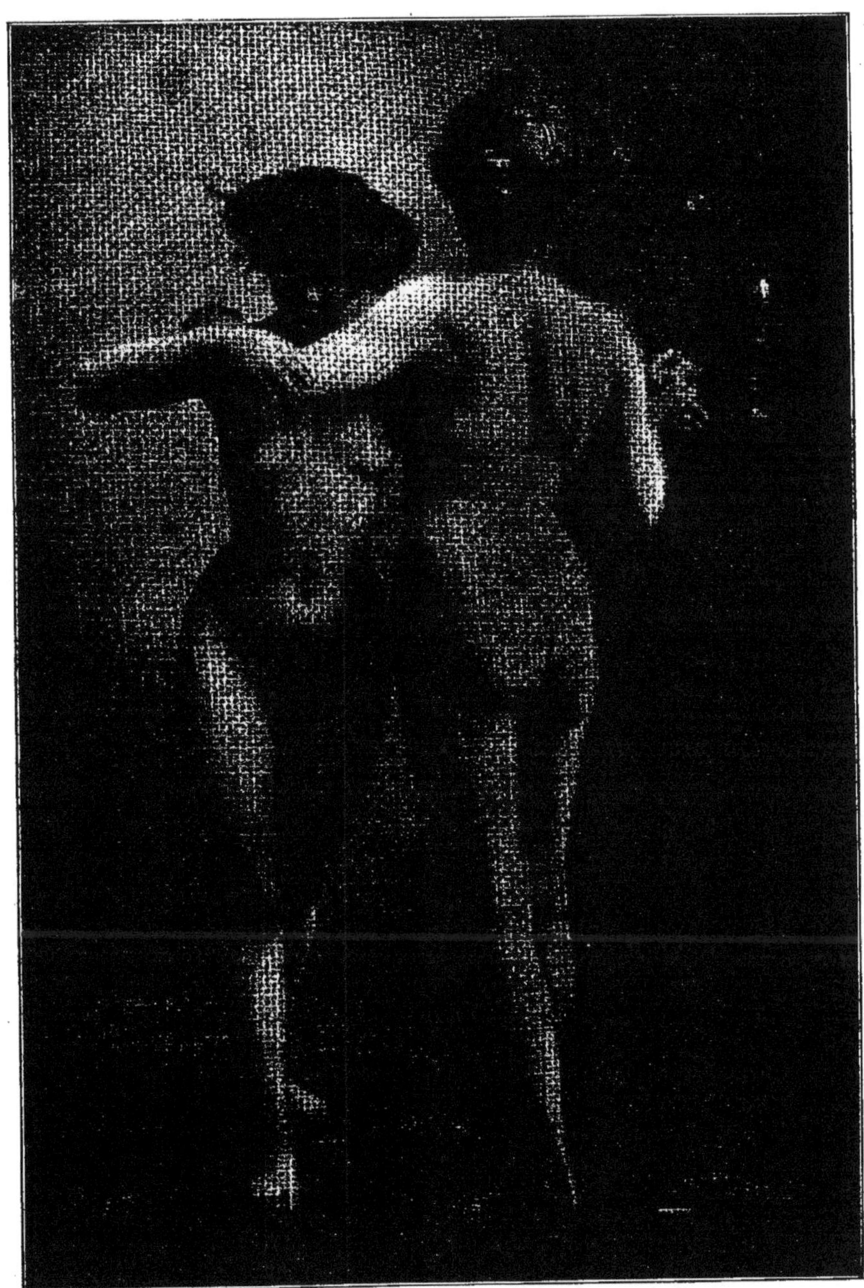

Avant de commencer son œuvre, l'artiste devra bien réfléchir aux deux points les plus importants: le choix du modèle et le choix de la pose. Il ne faut pas laisser cela au hasard, ou au caprice des modèles, ce serait marcher en aveugle

toujours être velouté, frais et doux, mais il a ses nuances et ses dégradations. Ainsi, si le front doit être blanc, il se bleutera légèrement en approchant des tempes, et se rosera un peu vers les joues. Rien n'est plus laid qu'un éclat trop brillant, même naturel.

L'expression donne le charme à la beauté. Elle anime le regard, accompagne le geste, complète l'attitude. Modestie, simplicité, ingénuité, candeur, de même que hardiesse, impudeur, mépris, colère ne sauraient être rendus sans l'expression. Il faut même aller plus loin et l'on peut dire qu'elle peut suppléer à la beauté; quelquefois certaines femmes ne semblent-elles pas jolies malgré une loucherie prononcée, un nez retroussé, des lèvres lippues ou encore un menton trop petit? C'est l'expression qui fait ce miracle.

La grâce est le mystérieux secret des femmes. Elles seules le possèdent dans la nature. Qu'est-elle au juste? on ne le sait pas. Parfois un sourire. Souvent moins encore. En tout cas, un don naturel. Elle ne s'acquiert pas. Elle embellit tout. Elle les fait paraître plus que jolies, séduisantes; mieux que belles, attirantes. Si puissants que soient ses charmes, quelque charmeuse que soit son expressivité, sans la grâce elles

ne vaincront jamais. C'est leur arme invincible.

Voilà tout ce qu'il est possible de dire sur la beauté de la femme. Est-elle d'un esthétique parfait? la question a été souvent agitée. L'homme n'est-il pas d'une ligne plus pure? Dans toutes les espèces d'êtres animés, la nature ayant pourvu le mâle des caractères de la beauté, pourquoi en sera-t-il différemment dans l'espèce humaine? Ce n'est pas le lieu de discuter ceci ici et de se demander si l'Apollon du Belvédère est supérieur à la Vénus de Médicis.

Vérité en deçà, erreur au delà a dit Pascal. La beauté est arbitraire. Les Chinoises ne sont appréciées qu'en ayant le pied déformé. Les sauvages se tatouent le visage. Un ventre gros n'est point laid chez les Japonaises. Les Indhoues se font les dents noires. Rien n'est plus beau pour un Persan qu'une femme dont les sourcils se joignent. Laissons donc à chacun sa conception de la beauté. Ce qui est un, c'est l'aspiration commune vers elle de toute l'humanité. C'est ce qui divinise l'art. C'est ce qui fait de l'artiste l'évocateur de tous les rêves et de tous les désirs. . .

T. R.

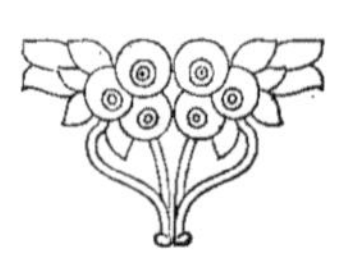

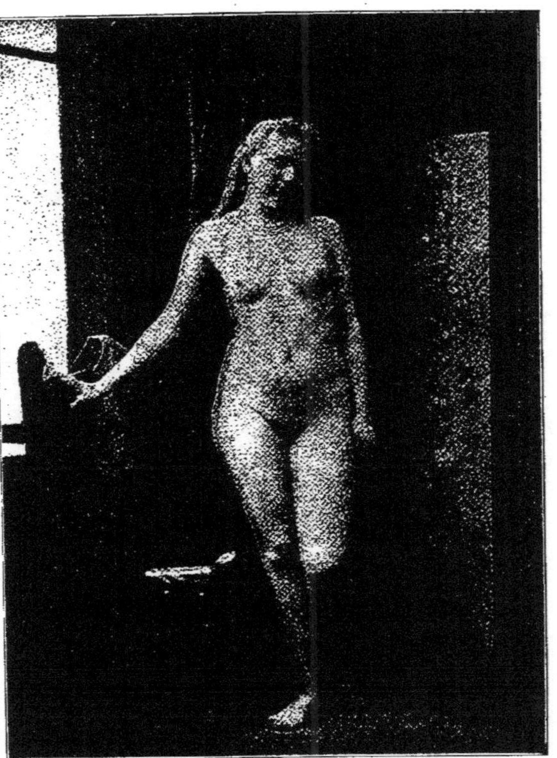

Le type de la femme se différencie selon chaque pays. Ainsi l'allemande est généralement blonde, un peu épaisse, l'air doux et rêveur.

Le type géorgien, circassien, mingrélien est le plus beau, l'éclat de leur teint, la délicatesse de leurs contours, la grâce de leur personne en font des modèles très recherchés.

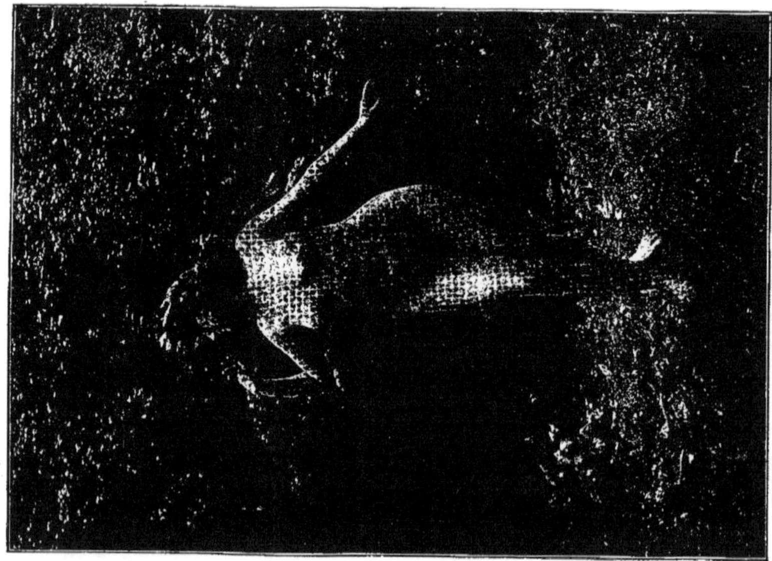

Les plus jolis modèles viennent encore de l'Italie qui est restée la terre de la beauté classique; ils ont la beauté du visage, la splendeur de la forme et la grâce qui est un facteur si important pour l'artiste.

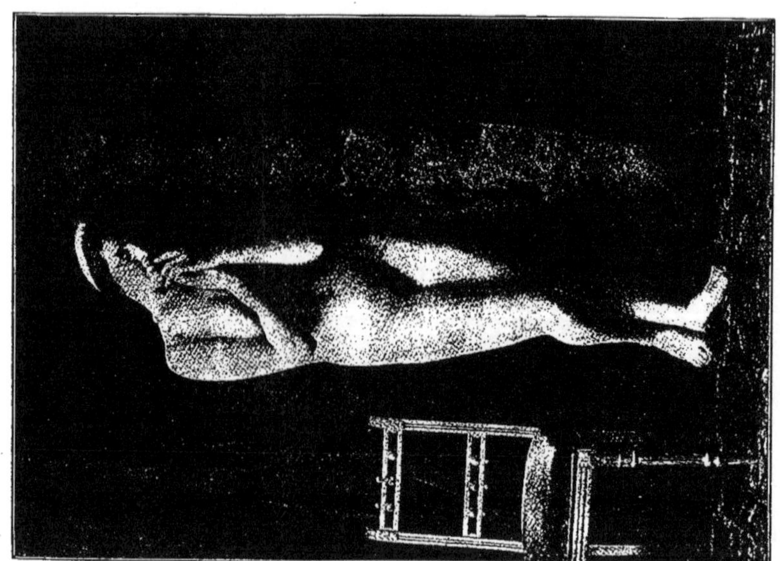

La femme du Nord est sèche, froide, mince; elle se rapproche des types antiques d'hermaphrodites; il ne faut guère s'attacher qu'à l'expression de leurs traits.

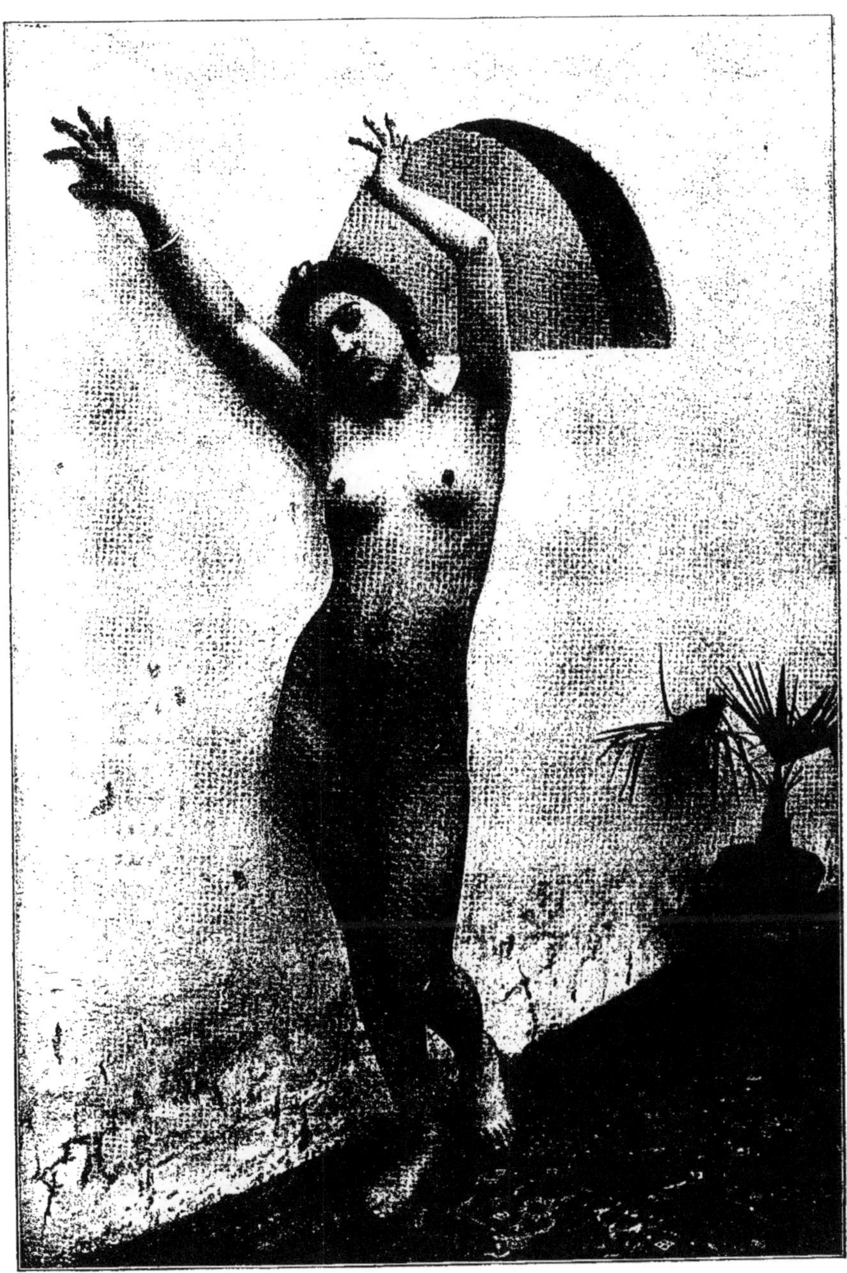

Les orientales ont un type particulier, les attaches lourdes, les lèvres lippues, les yeux noirs, leur esthétique est généralement sans charme; Chateaubriand disait qu'il fallait les regarder de loin et surtout ne pas entrer dans les détails.

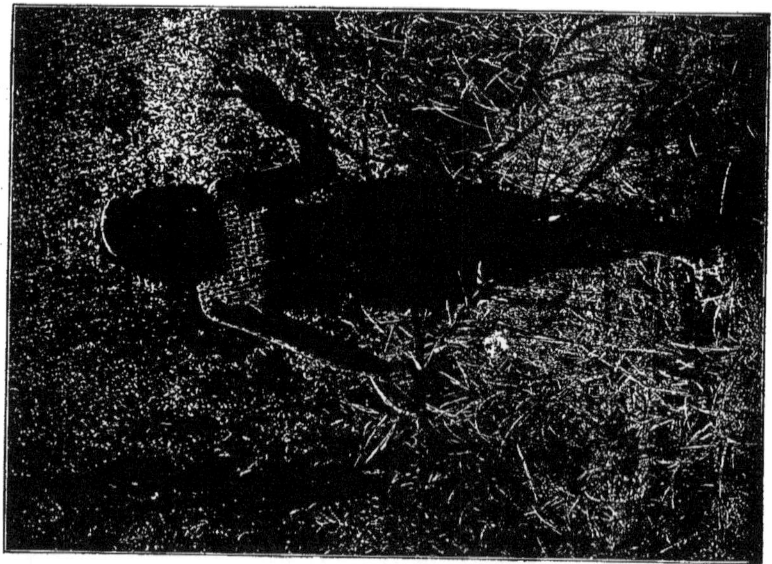

Alors qu'avec le moindre goût on arrive facilement à une harmonie d'une joliesse séduisante.

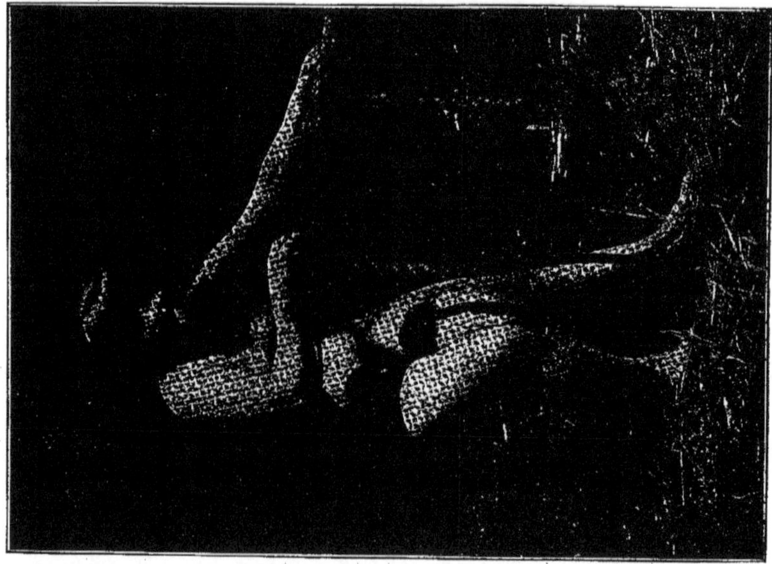

Le type trouvé, le modèle décidé, il faut trouver la pose en se souvenant qu'il y a des choses qu'il faut soigneusement éviter. L'effort est toujours disgracieux chez la femme. . . . .

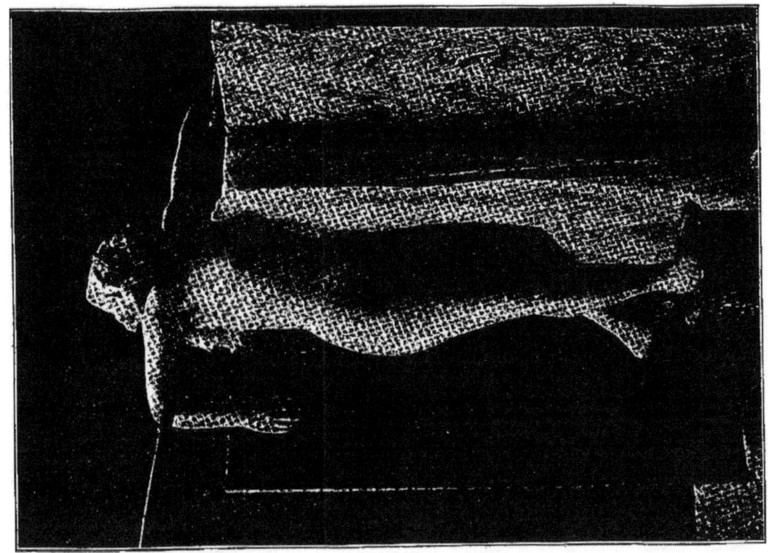

Ou qui risquent de n'arriver qu'à des contorsions ridicules tout au plus dignes d'une acrobate de cirque.

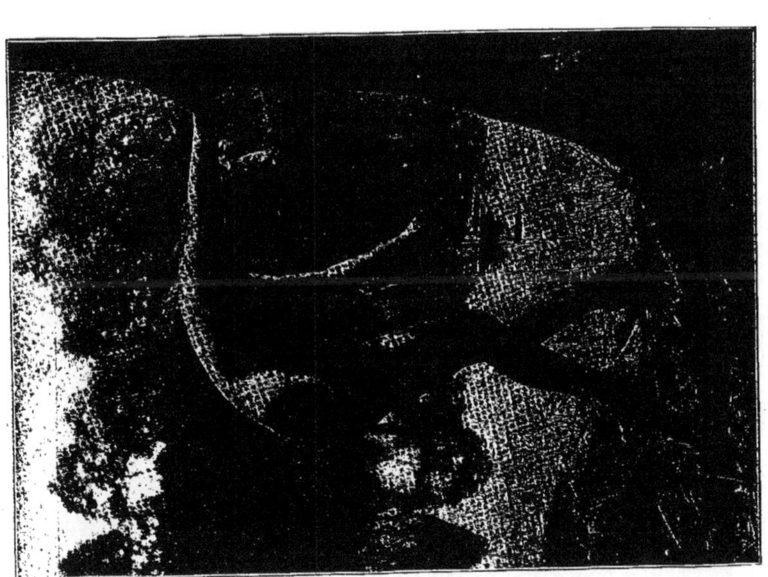

Ne pas chercher des poses compliquées qui donnent aux modèles une expression tout à fait différente de celle à laquelle on croyait arriver.

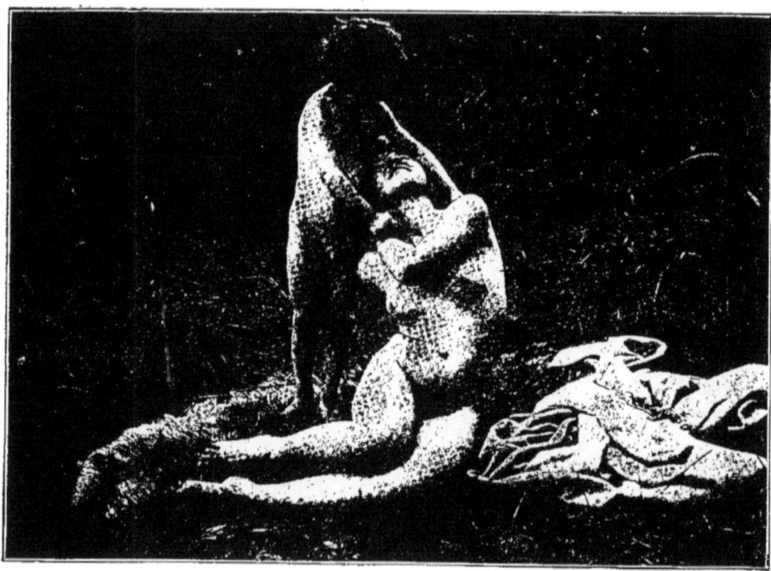

Il n'y a pas besoin pour une scène intime, où une mère sourit à son enfant de chercher à disloquer celle-ci
par un repliement du corps sur les hanches, ce qui est d'un effet souvent ridicule.

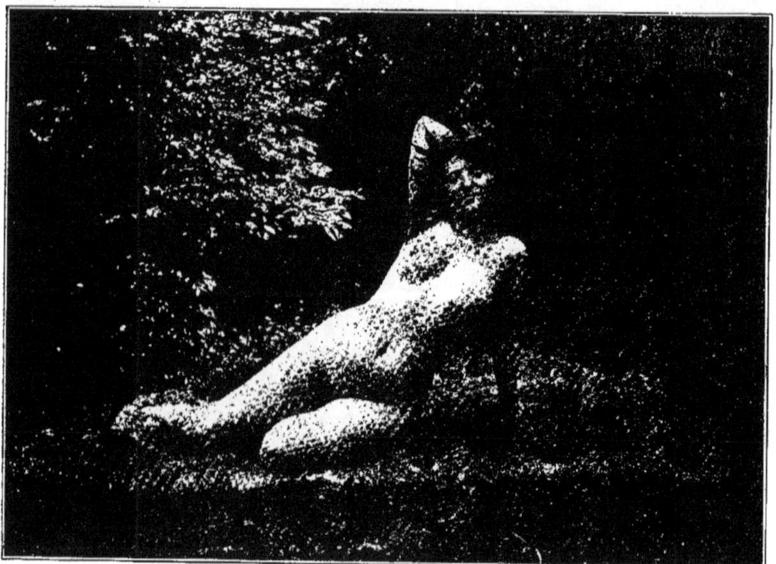

La pose simple, naturelle, sans affectation, est la plus belle, c'est celle que les artistes doivent chercher.

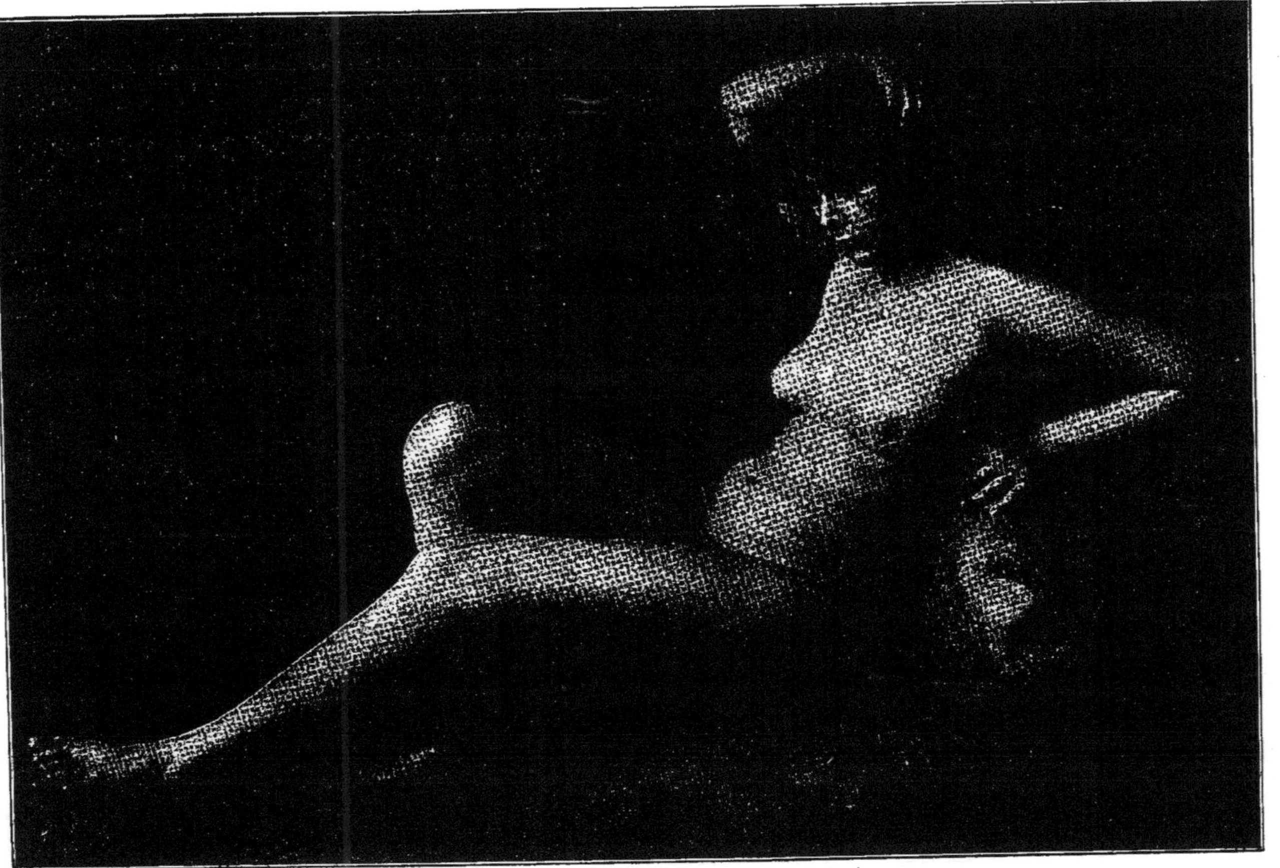

Avec un peu d'art néanmoins, on peut varier les formules classiques, trouver des effets de raccourci intéressants.

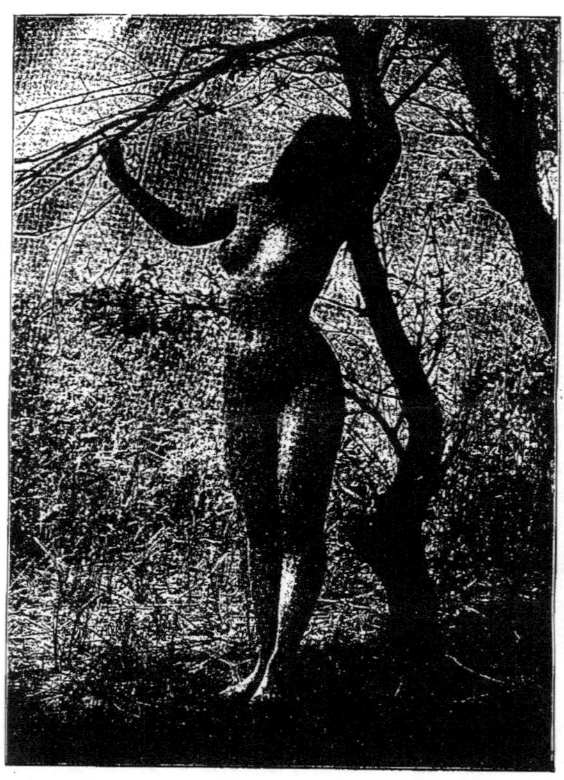

Pour l'académie, il y a mille façons de comprendre la pose; et dans jchacune
le jeu des muscles et des lumières est différent
On peut s'arrêter à la recherche d'un effet de bras. . . .

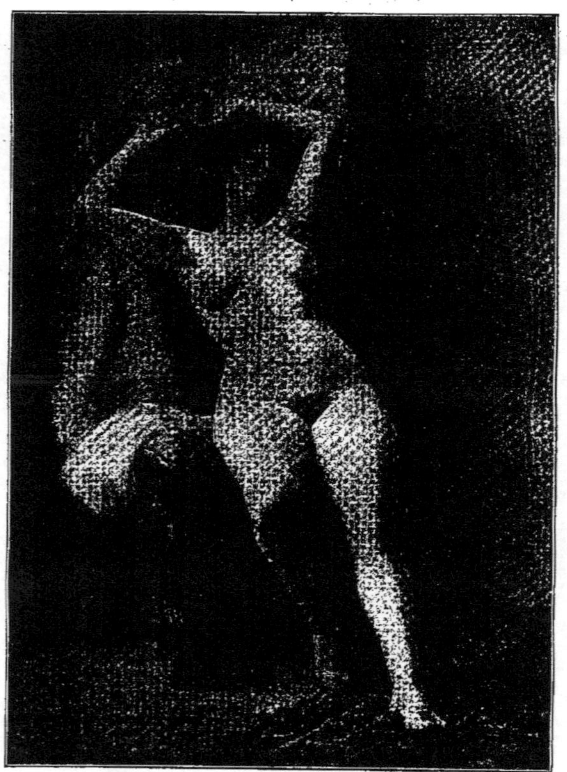

Ou d'effet de jambes qui est toujours plus difficile, car mettre les jambes
au premier plan peut donner
des reculs inattendus qui ne sont pas toujours gracieux.

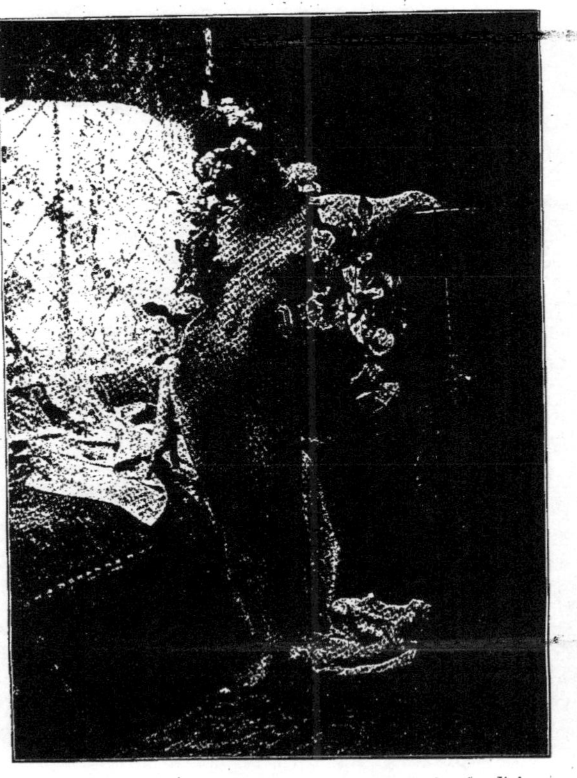

L'aplomb est toujours plus gracieux quand il est sur une hanche. Il donné
au corps un laisser ailer charmant, plein de mœlleux et de douceur.

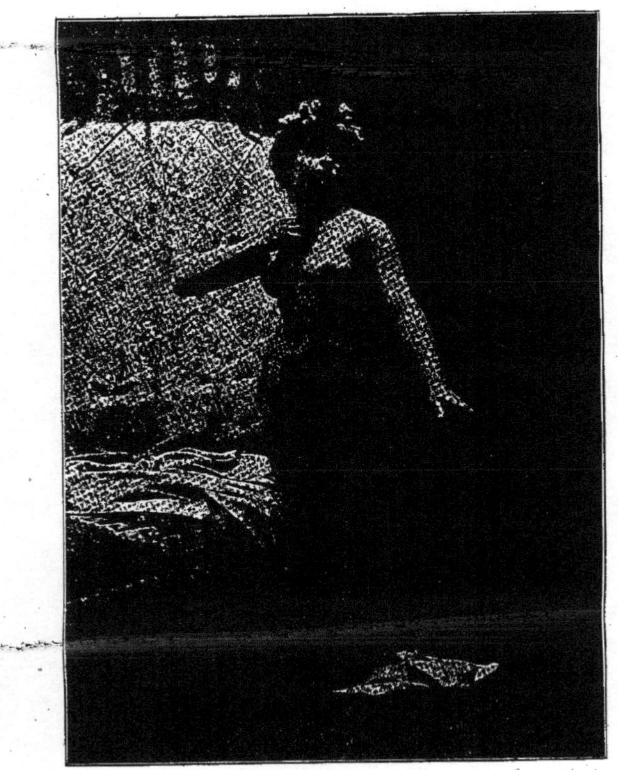

De même sur une jambe ; ce n'est plus du laisser aller, c'est de la grâce,
mais alors il faut s'inquiéter du mouvement
des bras difficile à trouver pour s'accorder avec lui.

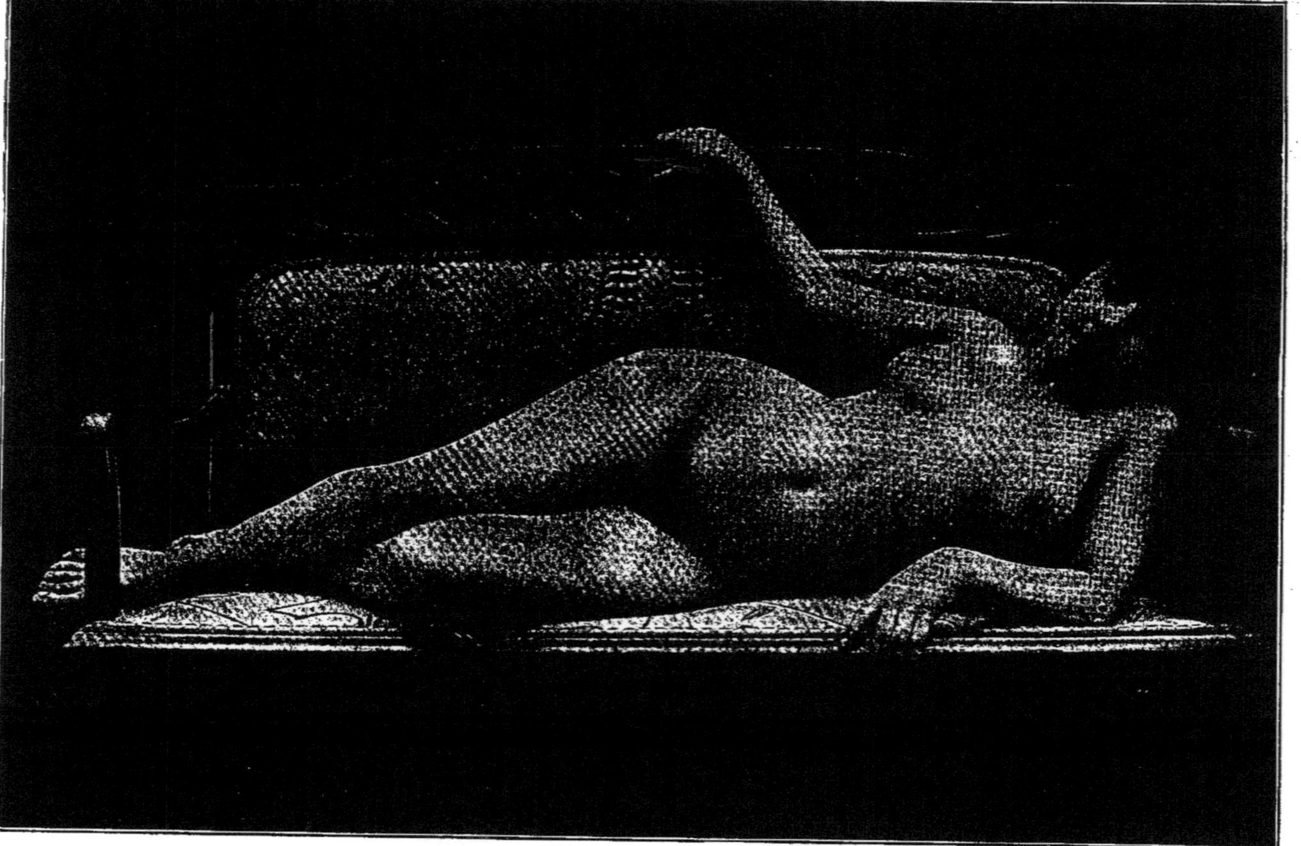

Toutes ces recherches disparaissent avec la position couchée, on n'a qu'à laisser le modèle prendre la position qui lui convient.

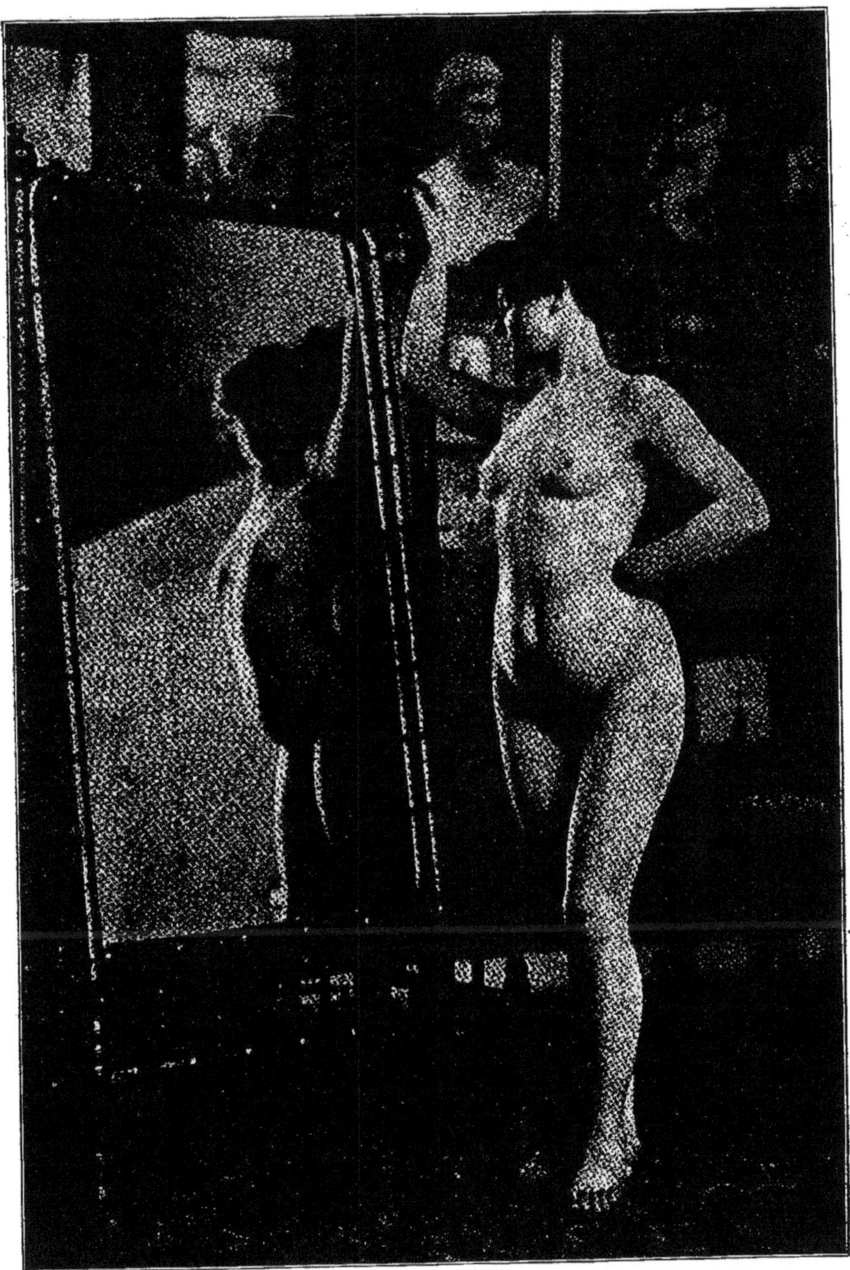

Ou franchement debout, où le moindre accessoire complète avantageusement la nature.

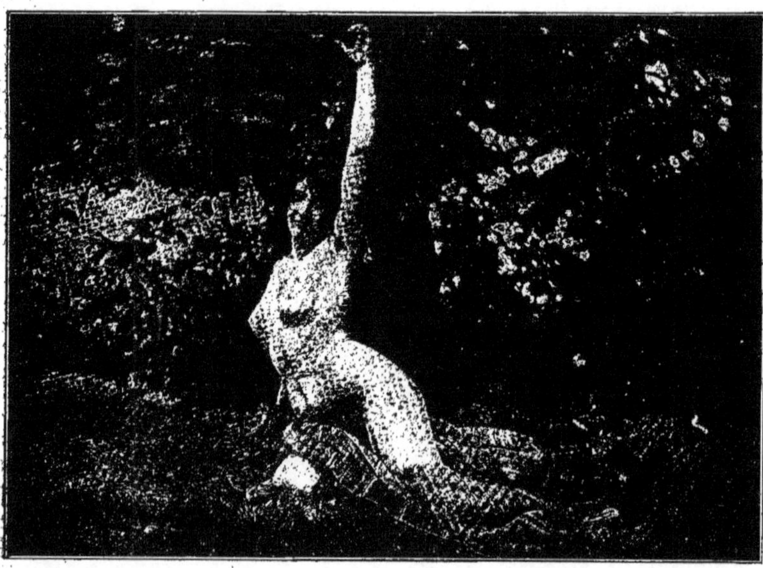

Mais bien se garder de donner à un membre une importance trop considérable, comme à un bras.

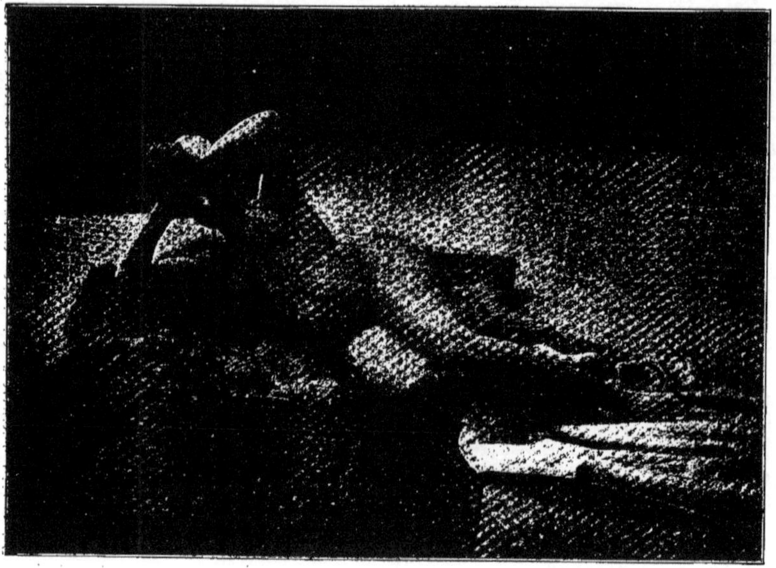

Ou comme à une jambe qui paraît s'allonger indéfiniment.

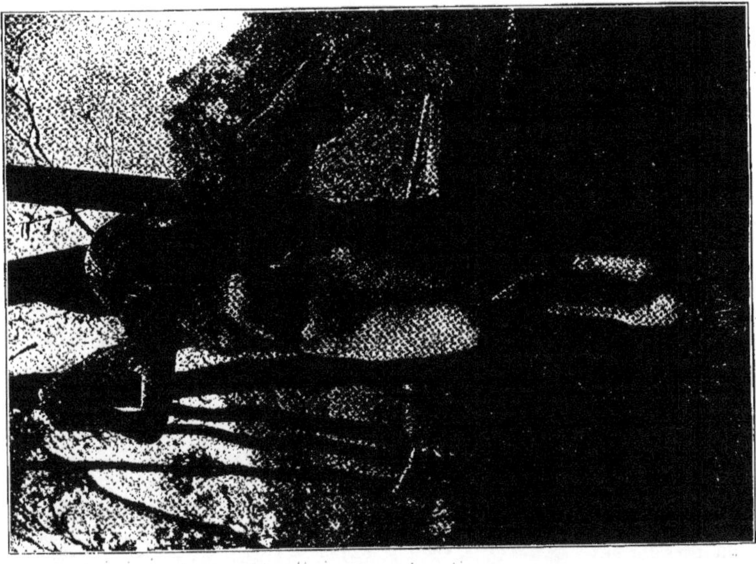

Avec un peu de tâtonnement, on arrive facilement et vite à une juste limite et on obtient une pose gracieuse que l'on peut varier à l'infini.

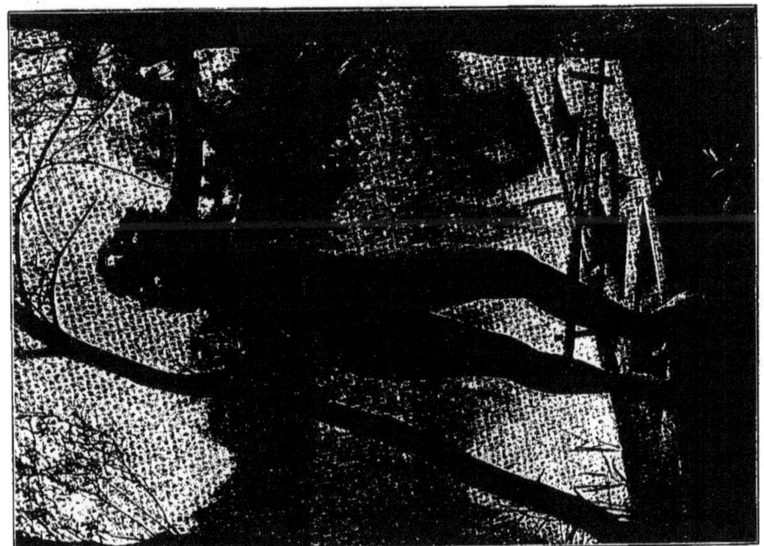

Ni à la partie inférieure du corps, ce qui est au détriment de l'ensemble et donne au modèle une lourdeur que ne corrige point l'élégance de l'ensemble.

Le Gérant: COUSTAL.

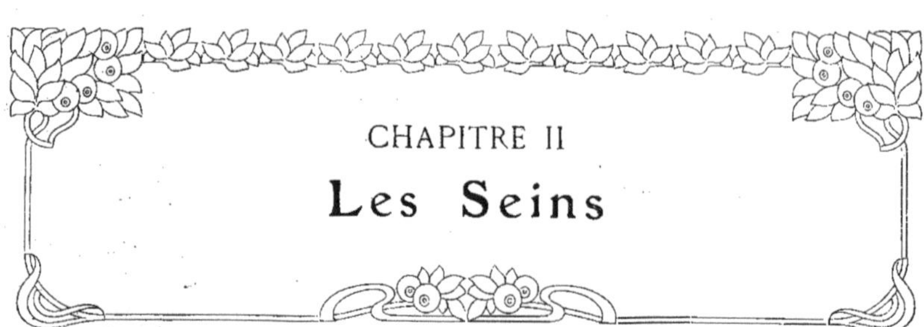

CHAPITRE II
Les Seins

CE serait plaider une vieille cause, depuis longtemps gagnée, que de chercher à démontrer combien les études anatomiques sont indispensables à l'artiste.

Les sculpteurs grecs ont reproduit les formes humaines avec une exactitude merveilleuse, répond-on; on n'a qu'à voir, comme exemples, le *Thésée* de Phidias, le *Discobole* de Myron, le *Faune* de Lysippe, la *Vénus* de Praxitèle, le *Gladiateur* d'Agassiaz. Ces œuvres ne sont-elles pas d'une perfection admirable? La critique la plus sévère y trouverait-elle un seul défaut? Les muscles n'ont-ils point des saillies d'une vérité anatomique parfaite? Le mouvement rendu ne les accentue-t-il point dans un sens ou dans l'autre, avec une sûreté admirable? Et cependant les artistes grecs n'avaient pas l'étude anatomique, que les anciens ignoraient, car il faut arriver jusqu'en

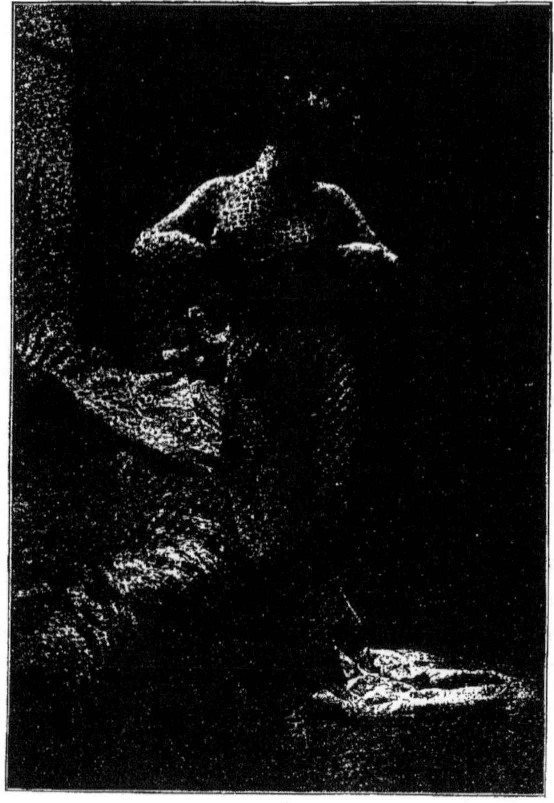

LES SEINS avec le strophion grec ou mamillare romain.

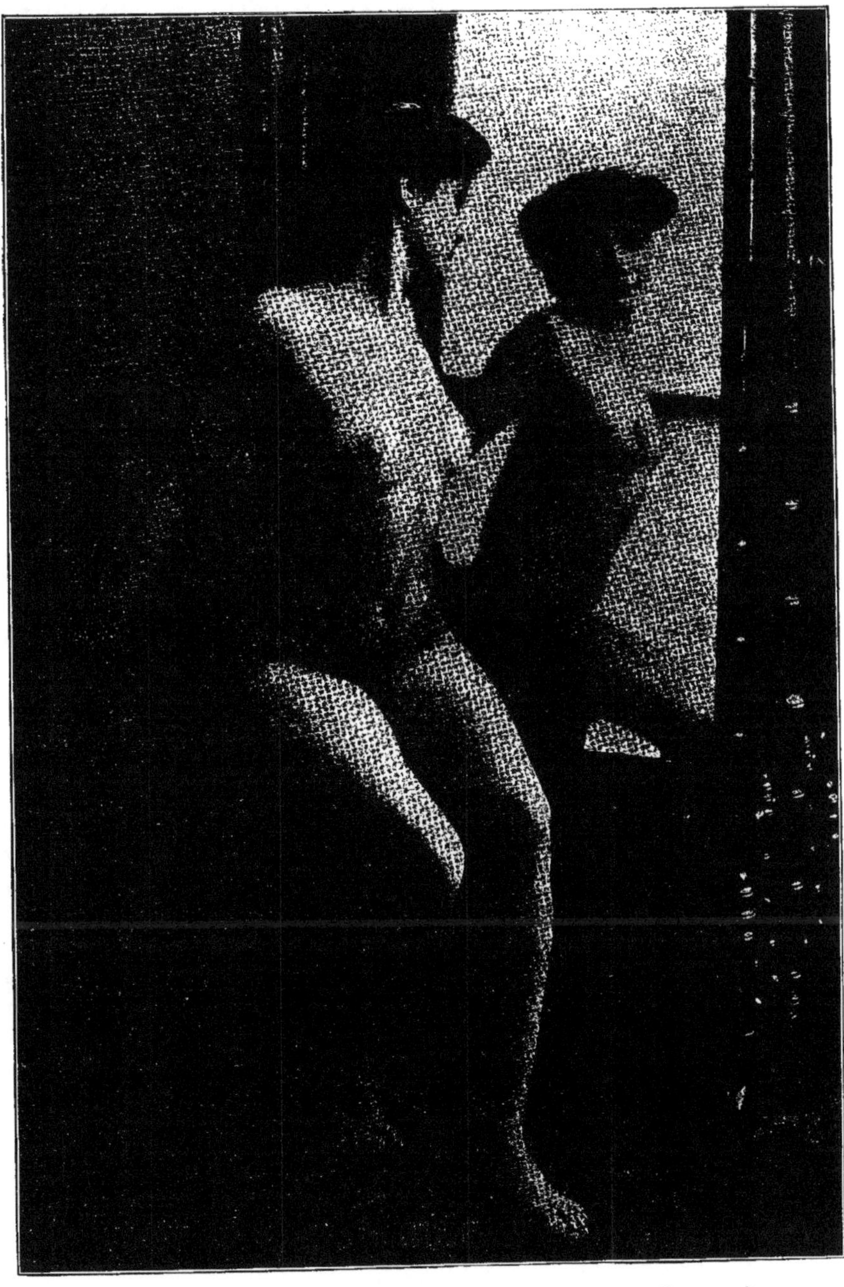

Les seins sont une des beautés essentielles de la femme. Ils doivent être fermes, blanc et ronds,
avec la pointe un peu vermeille.

1316 à Mundici de Luzi pour avoir la description du corps humain faite d'après des cadavres.

Cela est vrai; mais on pourrait répliquer que les artistes grecs s'étaient penchés sur l'étude du modèle, le serrant de près par une observation continuelle qui leur était facilitée par le spectacle quotidien des jeux du stade ou du palestre où les athlètes descendaient nus. Aussi fut-ce le triomphe de l'art plastique, de la beauté plastique, où tout marchait de pair : proportion, forme, attitude, mouvement et expression.

En raison de l'impossibilité de l'étude continuelle du nu à laquelle nous essayons de suppléer par la publication de ces fascicules où l'on trouvera la série des modèles variés nécessaires, les artistes doivent d'abord se livrer très sérieusement à l'étude anatomique. C'est là qu'ils apprendront le mieux le canon des proportions qui détermine la juste grandeur des différentes portions du corps, exigeant par exemple que dans la beauté type, vers laquelle ils doivent toujours tendre, il y ait la même distance du cou au sein que du sein au nombril et que du nombril au bas des fesses.

Nous commençons cette étude artistique par les seins.

Toute la beauté du sein réside dans son harmonie avec le corps de la femme. On peut dire que les seins doivent être fermes, blancs, égaux. Quant au reste, il n'est pas possible de cataloguer une diversité innombrable de formes dont on pourrait dire avec le poète latin :

tot capita, tot census.

De même qu'un sonnet, un sein vaut un long poème et il subit des modifications selon la race et le climat : les espagnoles ont des seins nerveux aux boutons bruns, les anglaises petits et secs, les allemandes opulents et lourds, les négresses si longs qu'elles peuvent donner à téter à leur progéniture par dessus les épaules, et ils s'accommodent cependant parfaitement avec la conception de la beauté qu'ont ces différents peuples.

La plus simple classification a été faite, un jour, par un journal français qui, comparant poétiquement les seins à un fruit, posa à ses lecteurs cette question : les préférez-vous en *pomme* ou en *poire* ?

En pomme, c'est-à-dire ronds — en poire, c'est-à-dire allongés.

Le résultat de cet original plébiscite n'est point parvenu à la postérité. D'ailleurs, il ne fait rien à l'affaire. Le sein ne saurait être qu'un accessoire à la beauté du modèle, abandonné au goût du peintre.

Pourvu qu'il concoure à l'ensemble de l'œuvre, dans une proportion harmonieuse, il importe peu qu'il soit rond ou allongé, qu'il soit mièvre ou épais.

Il n'est qu'un ornement : il est vrai qu'il est le plus beau. . . . .

T. R.

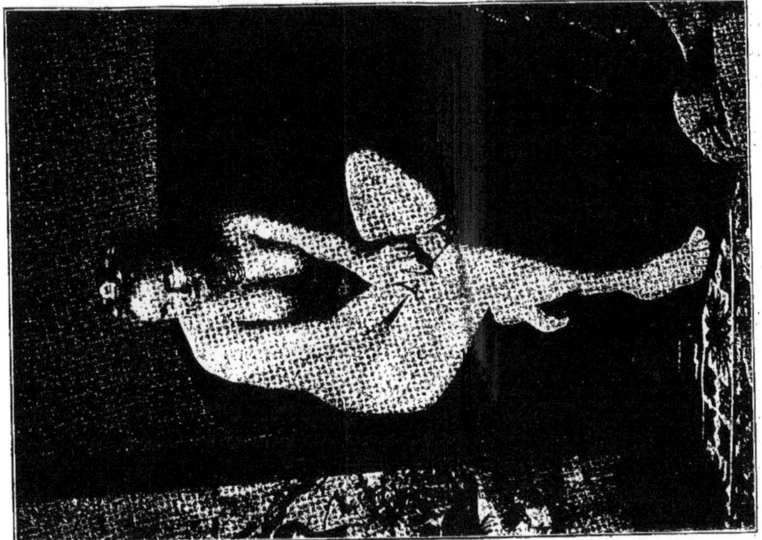

Au contraire les bras serrés leur donnent une position fausse en les faisant pendre disgracieusement.

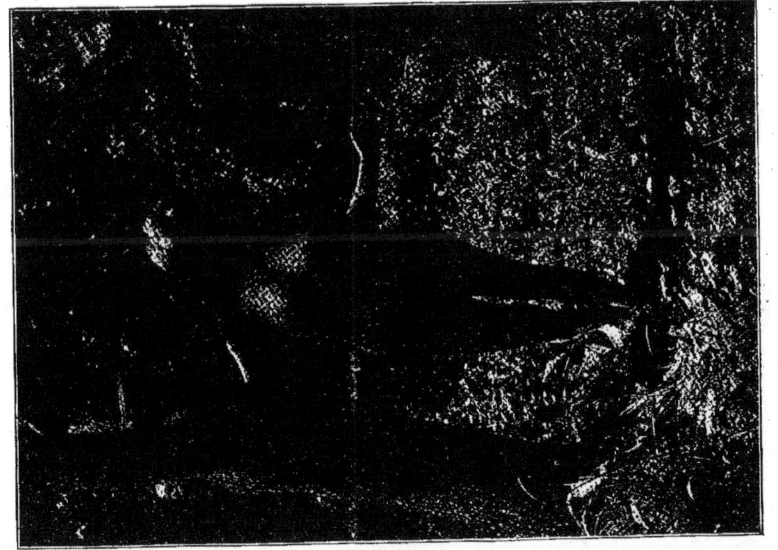

L'écartement des bras les fait saillir, leur donne une pose se rapprochant le plus du naturel. . . . .

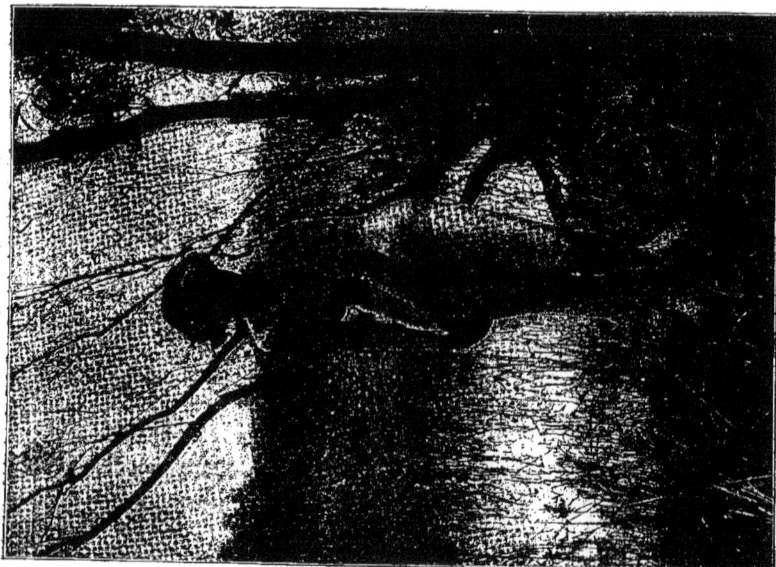

A moins qu'il ne soit accompagné d'un mouvement du haut du corps.....

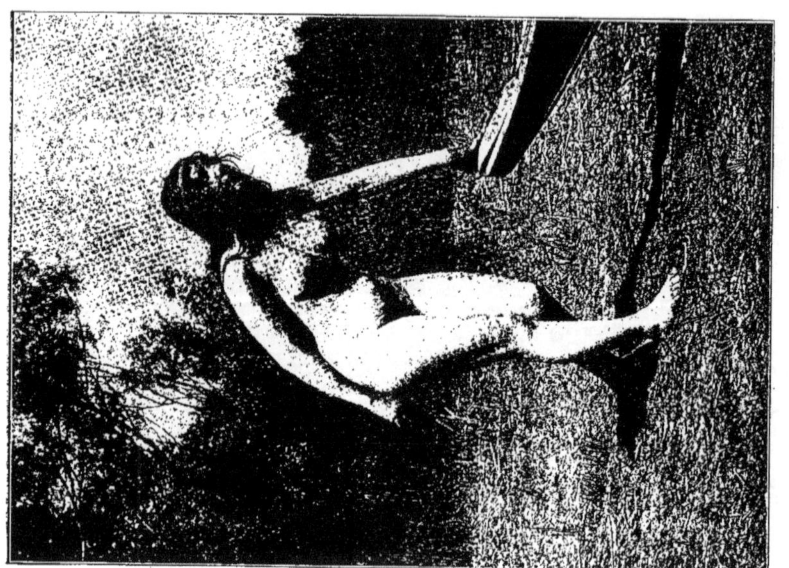

L'aplomb des jambes, en changeant, n'a sur les seins aucune influence.....

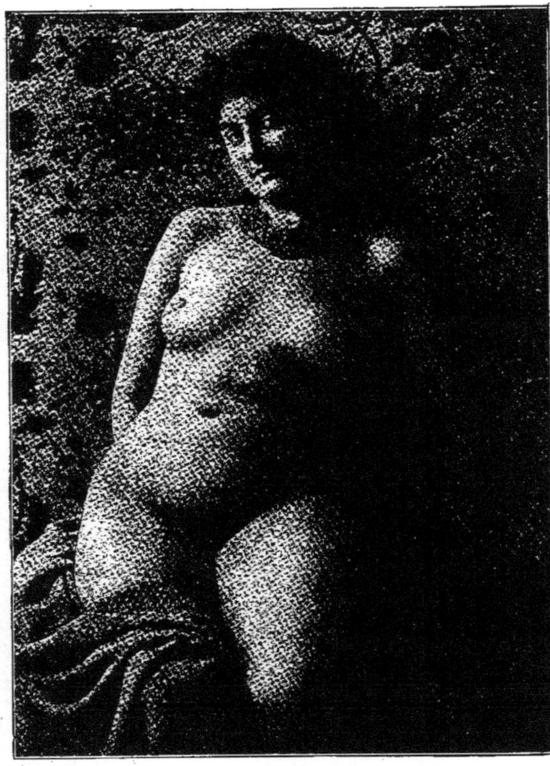 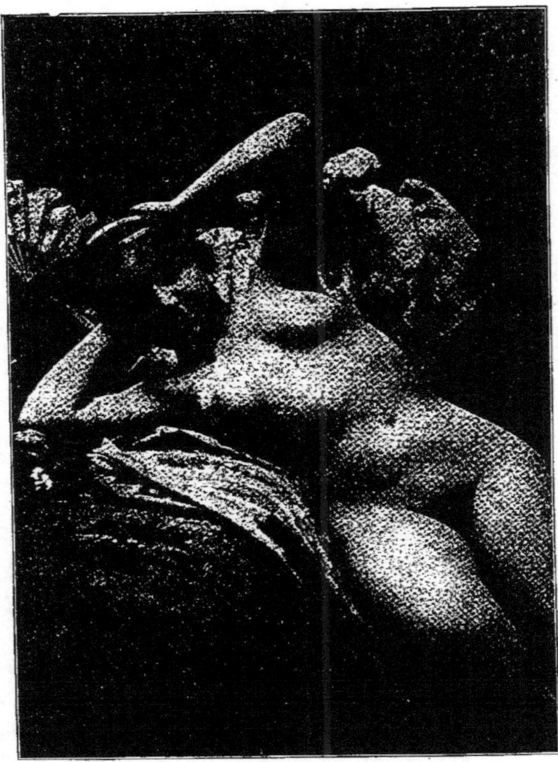

La position d'inclinaison en arrière tend à les faire paraître moins volumineux dans un raccourci souvent heureux mais qui doit être bien étudié, sous peine d'être disgracieux et incomplet. . . .

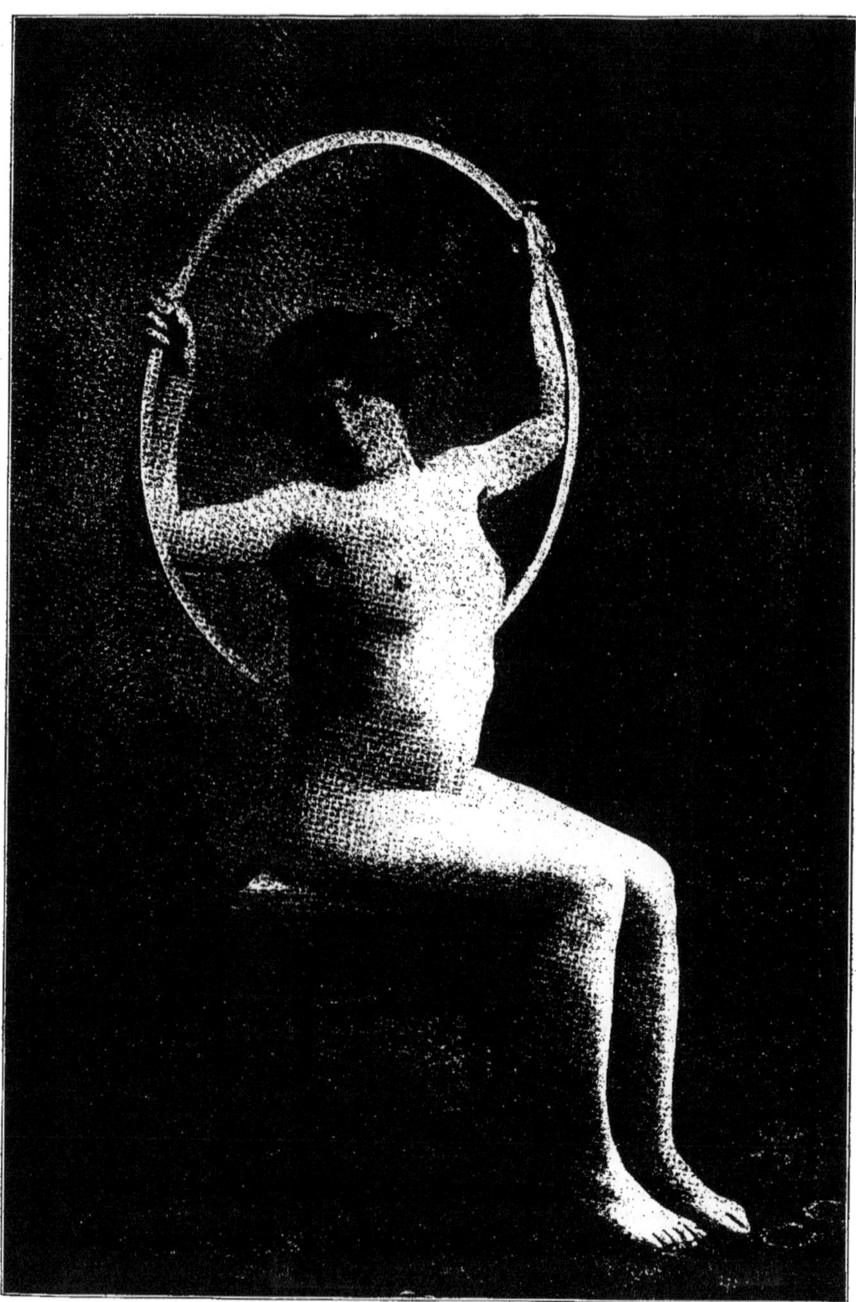

Le même effet s'observe dans les tensions des bras en l'air qui élargit la poitrine et rentre les seins.

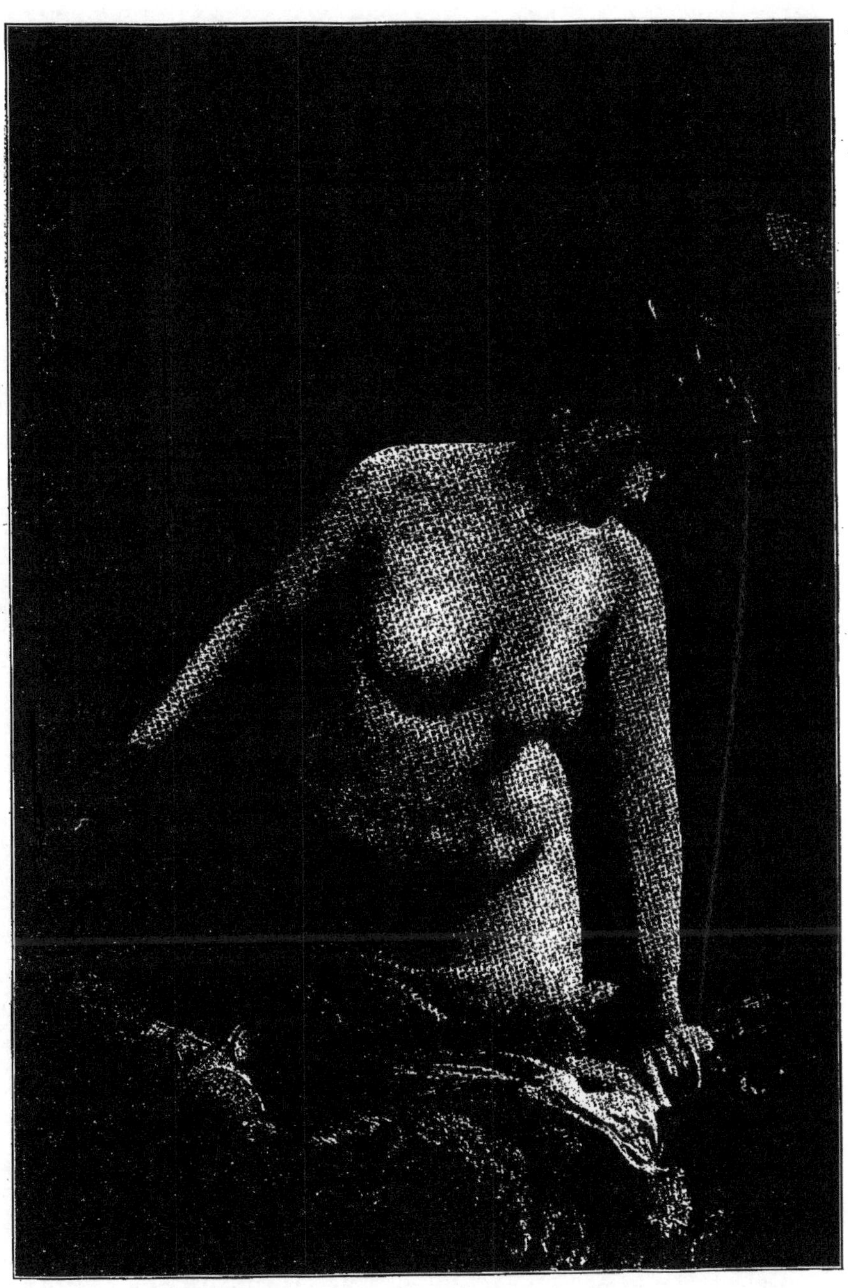

Trop de seins est disgracieux et dépare la beauté de la femme. . . .

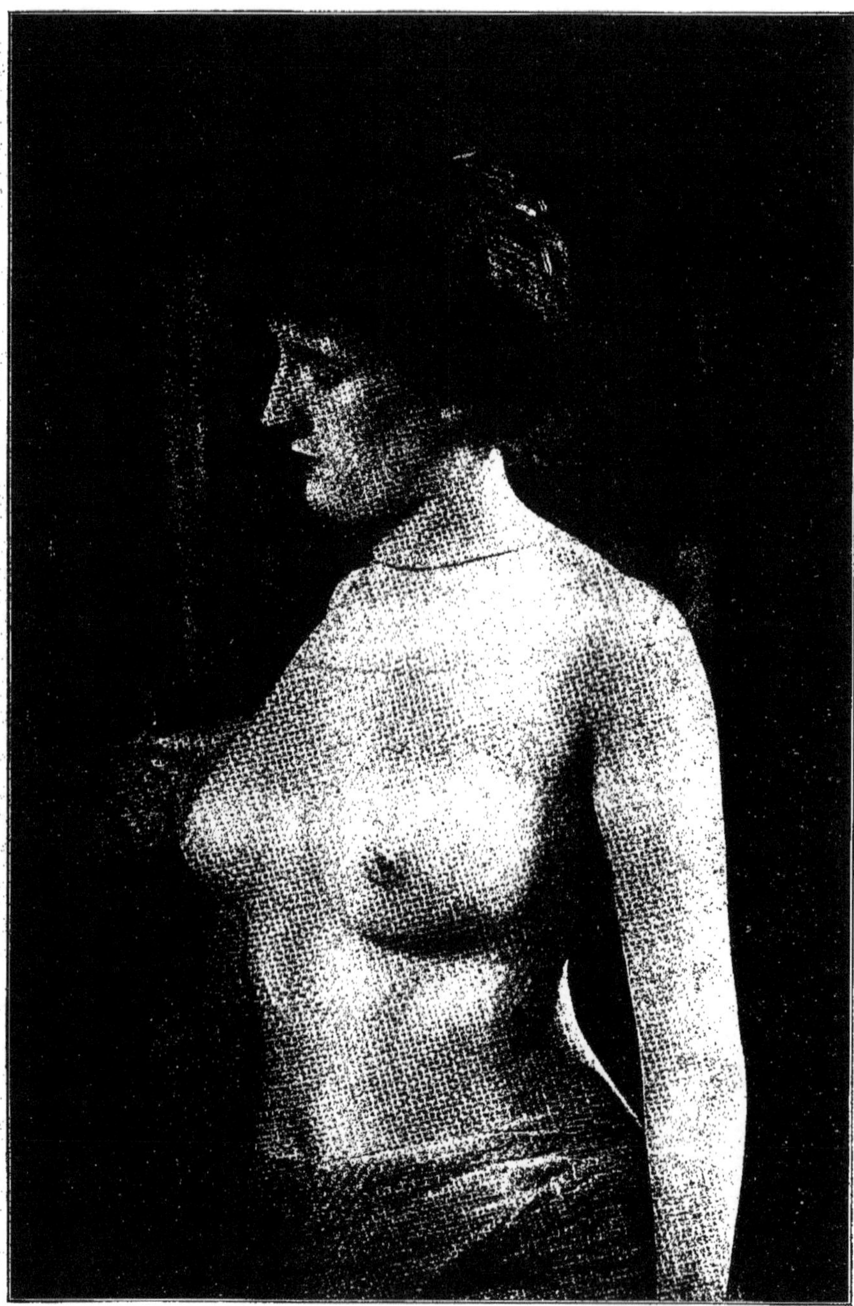

Il faut éviter, en donnant une pose à la poitrine, que l'un des seins se voie de face, l'autre e poitrine.
L'effet n'est jamais esthétique.

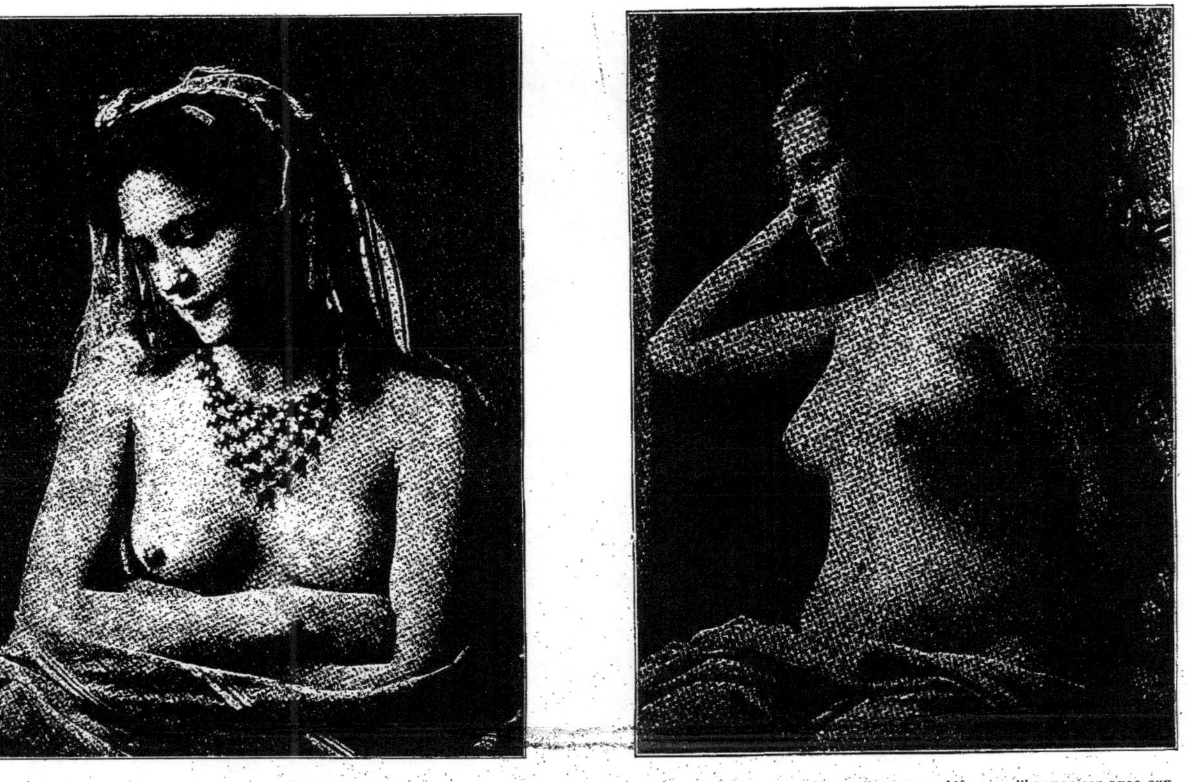

Le bras peut servir à souligner heureusement les seins. Il faut cependant
se méfier de pose peu artistique qui les souligne trop.

Alors qu'ils peuvent corriger utilement un défaut ou l'harmoniser avec eux.

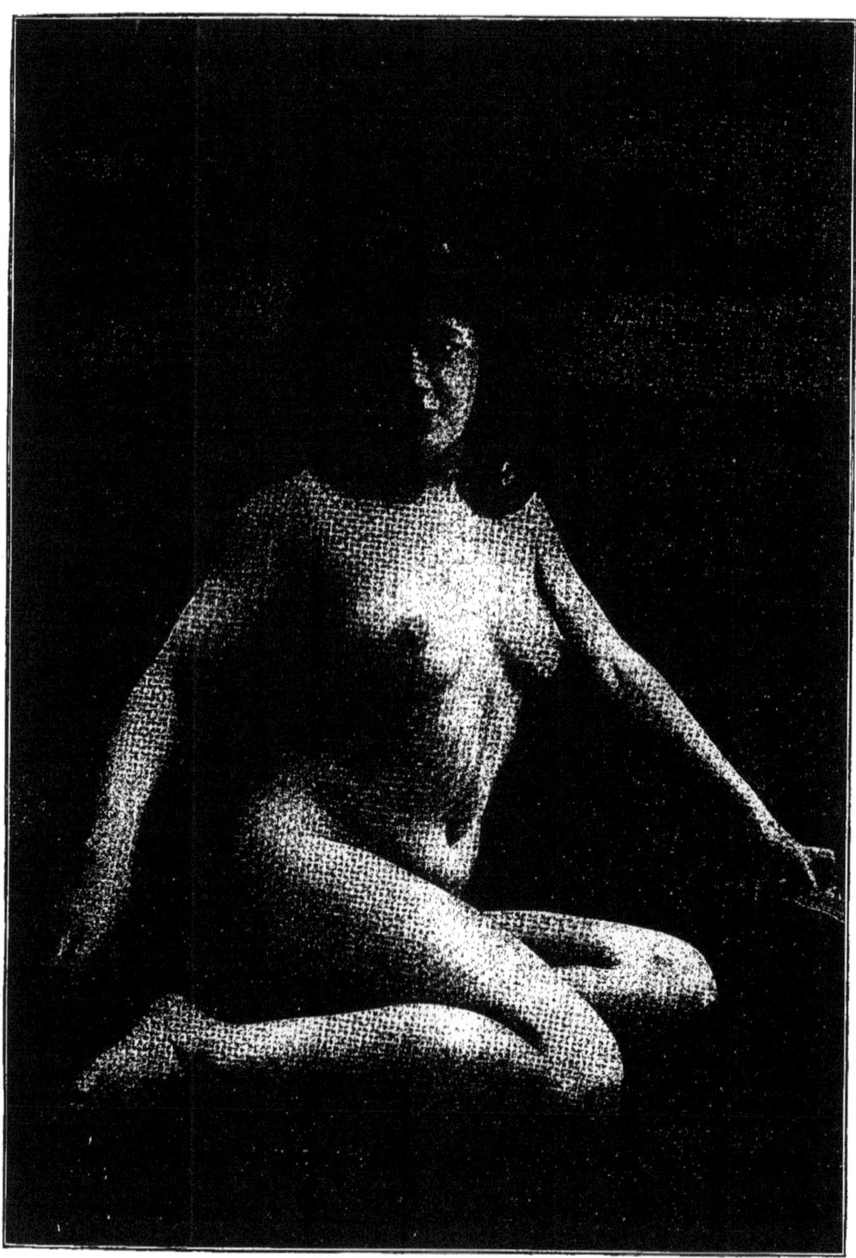

Se garder quand les seins sont trop volumineux de les mettre en évidence par une pose trop cherchée.

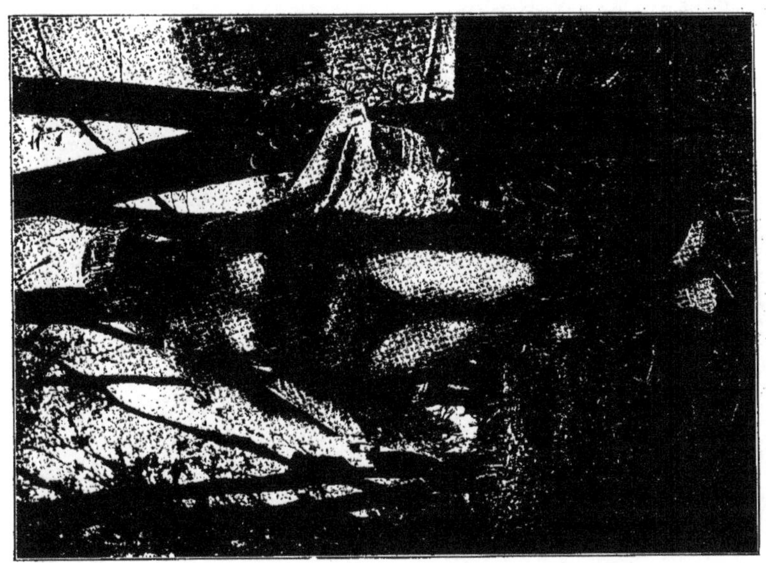

Et ne pas sembler être l'effet principal auquel l'artiste a voulu arriver.

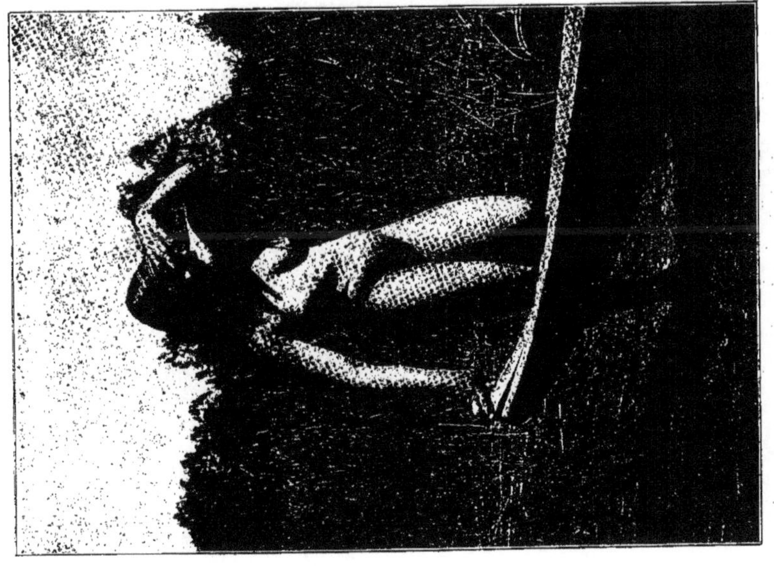

Ils complètent agréablement la plastique, mais ils doivent demeurer en second plan....

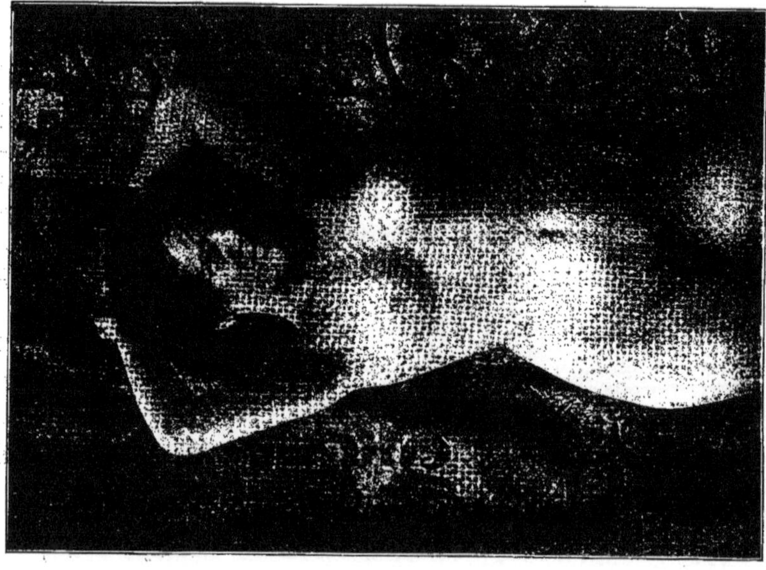
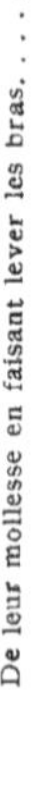

De leur mollesse en faisant lever les bras.....

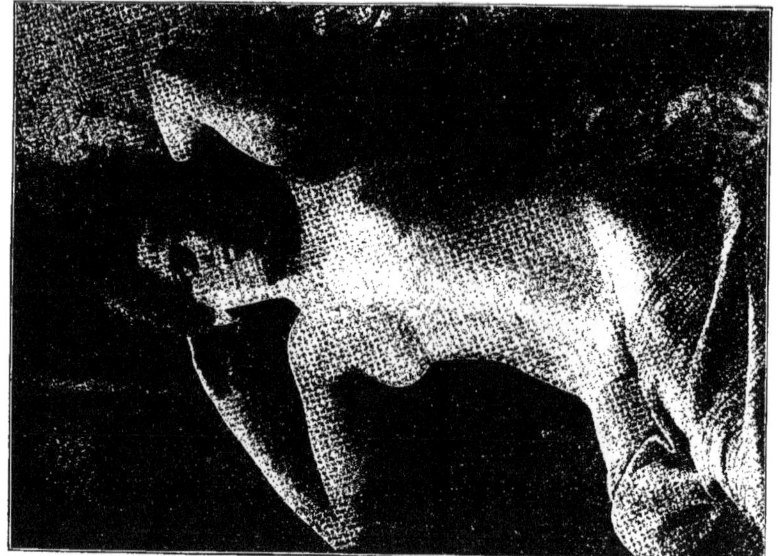

On corrige les défauts de leur étroitesse en faisant sortir la poitrine.....

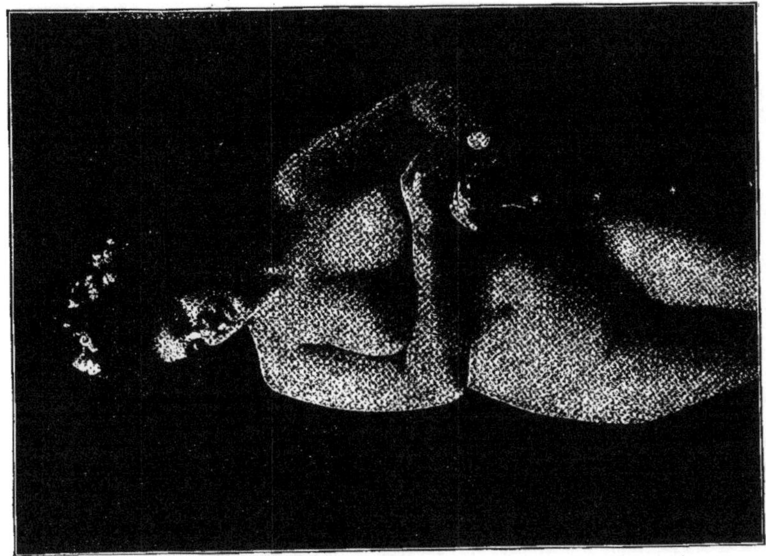

Mais cependant il faut bien, dans ce cas, se garder de les appuyer sur un bras ce qui les fait paraître plus gros encore....

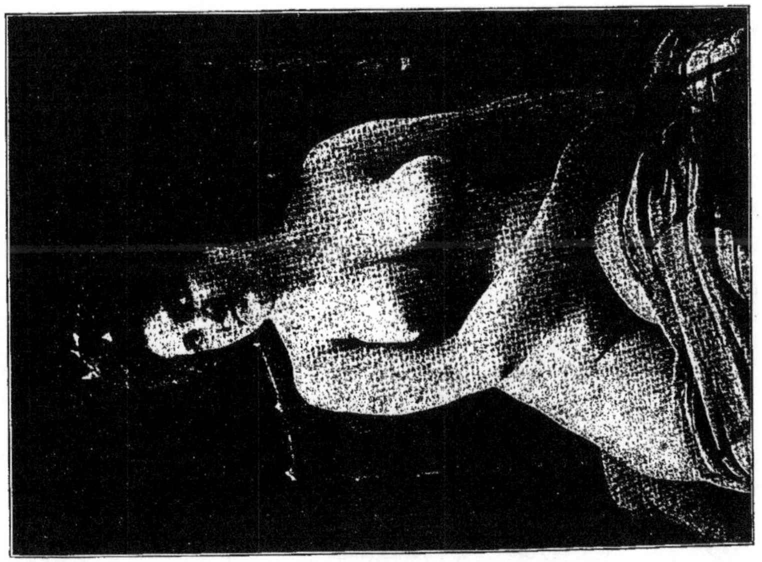

De leur grossesse exagérée en tâchant de les masquer. . . . .

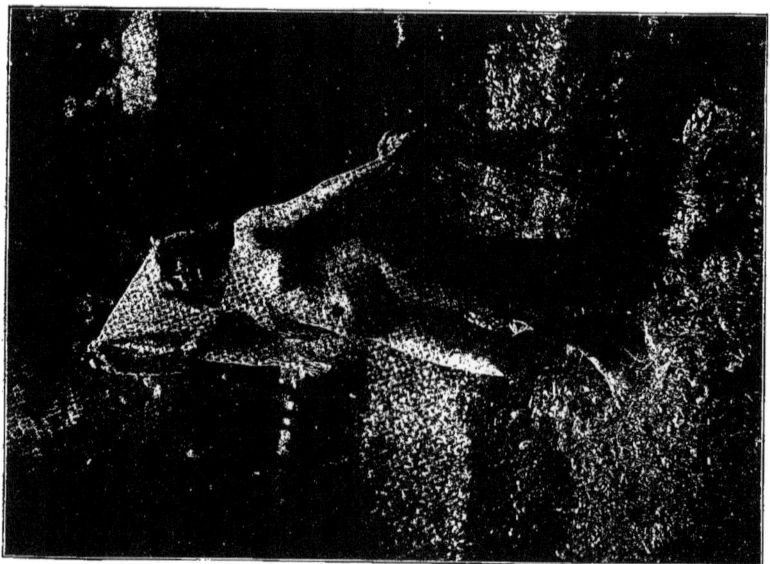

Un corps d'une esthétique parfaite n'a pas besoin d'efforts: il sera harmonieux par lui-même et simplement.

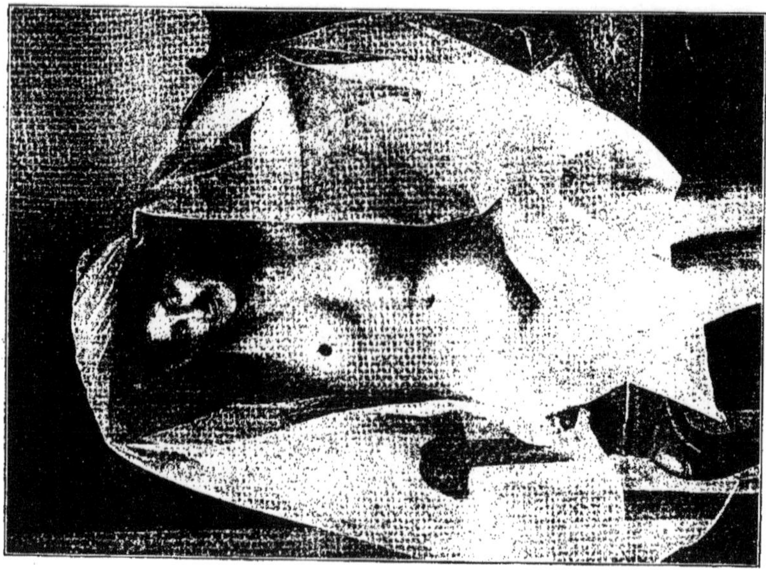

Avec une plastique imparfaite il est difficile d'arriver à un ensemble sans heurts : corriger un défaut c'est en mettre un autre en avant. . . . .

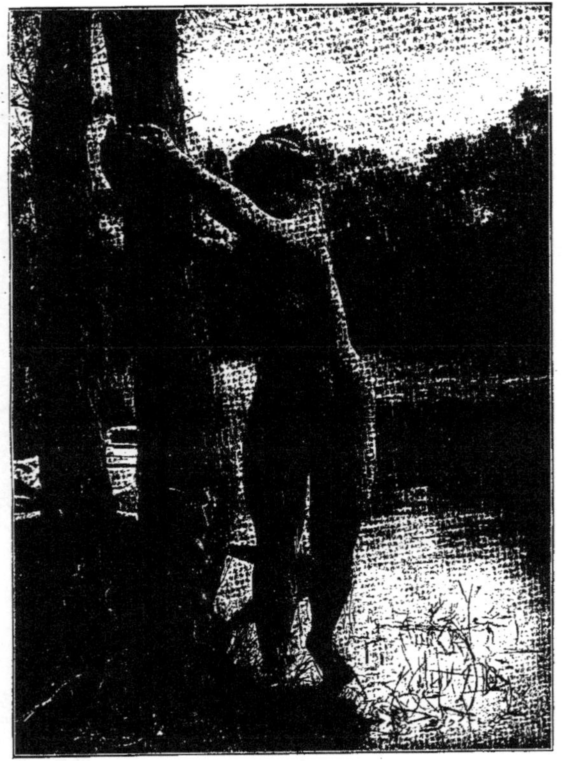

Qui donnent, si l'on n'y fait attention, une importance trop grande au bassin
et aux bras.

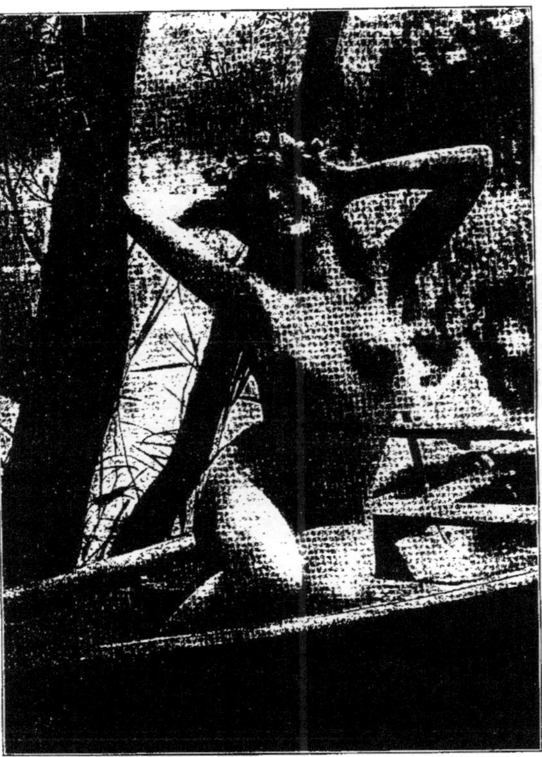

Il ne faut pas cependant sacrifier la correction des seins imparfaits au
détriment des autres parties du corps;
ou l'on arrive à des effets imprévus et fâcheux. . . . .

Le Gérant: Coustai.

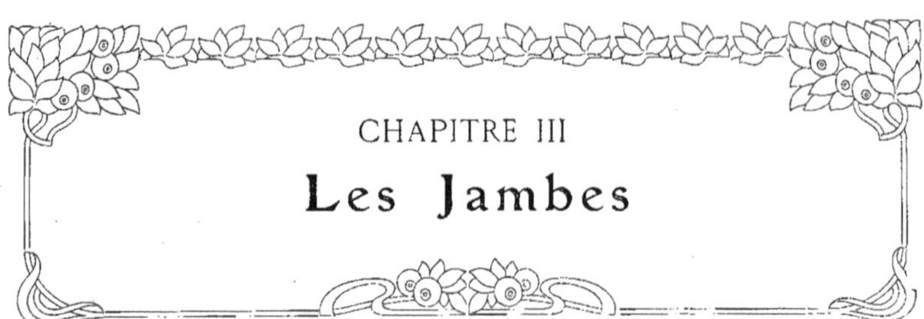

CHAPITRE III
Les Jambes

Madame objectera qu'elle monte en berline,
Qu'elle a passé les ponts quand il faisait du vent,
Que, quand on voit le pied, la jambe se devine,
Et tout le monde sait qu'elle a le pied charmant.
Mais moi qui ne suis pas du monde, j'imagine
Qu'elle aura trop aimé quelqu'indiscret amant.....

Voici ce que disait le poète de l'amour sur les jambes, dans des vers charmants que tout le monde connaît.

A proprement parler, la jambe s'étend seulement du genou au pied. Dans ce fascicule, néanmoins, nous engloberons sous ce nom les membres inférieurs de la femme tout entiers, c'est-à-dire la cuisse, le genou, le mollet et la cheville.

L'un ne saurait aller sans l'autre. Ils ont, dans l'esthétisme général de la beauté, une union si complète qu'on ne peut les séparer et que faire sur chacun un chapitre spécial serait courir le risque de tomber dans des redites inutiles. Nous le tenterons toutefois plus tard si nous le trouvons nécessaire et

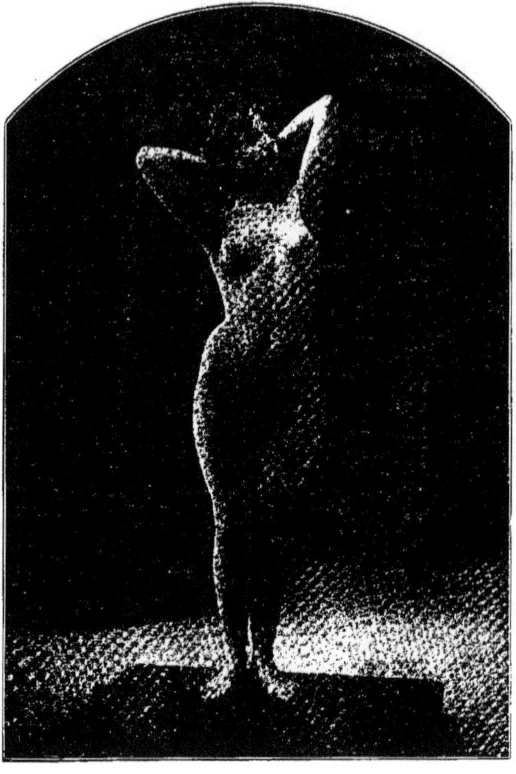

LES JAMBES sont une des beautés principales de la femme.

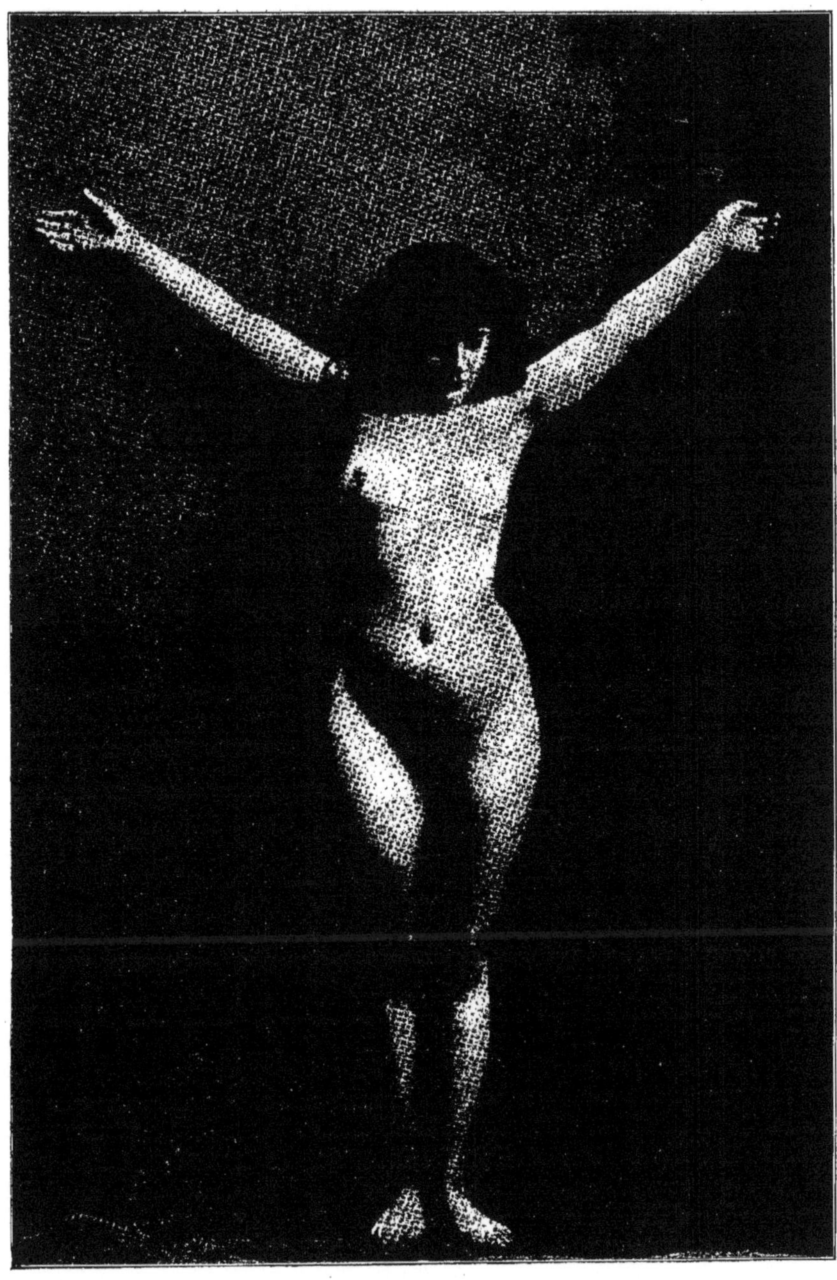

Les jambes donnent au corps son aplomb. Le corps doit reposer également sur chacune d'elles.
C'est ce que l'on appelle l'aplomb droit.

si les artistes qui se serviront de nos études, le jugent utile.

Revenons maintenant au critérium de la beauté de la jambe.

On peut dire, en résumant les observations sans nombre consignées par les artistes et les critiques que la cuisse doit être grasse, pleine de chair blanche, diminuant de grosseur de la jambe au genou. Le genou doit être rond, uni, bien tourné. Le mollet épais. La cheville étroite.

Tout le corps reposant sur les jambes, celles-ci doivent avoir avec lui une proportion précise. Rien n'est laid, dans une femme, comme des jambes trop courtes, sinon — répondrait M. de La Palisse — des jambes trop longues.

Nous n'entrerons pas davantage dans ces détails, car il faudrait un volume pour étudier le corps humain dans chacune de ses parties et il paraîtrait un peu aride, sans doute, aux lecteurs de la *Beauté Plastique* d'apprendre que, d'après l'Antique, la tête est divisée en quatre nez — le nez pris comme étalon — et, de même, la cuisse en six nez, et la jambe en six nez, etc.

D'ailleurs, tous les canons humains ne sont pas entièrement d'accord. Celui conçu par Lysippe est beaucoup plus allongé que celui de Polyctète et les artistes de la Renaissance, aussi bien que les critiques modernes, qui ont essayé de trouver le canon-type, y ont inutilement perdu bien du temps.

Nous conseillons seulement aux artistes, soucieux de leur art de bien étudier, avant tout, l'anatomie des membres inférieurs où ils puiseront les plus précieux enseignements. Tout est harmonie dans la nature, et il suffit de n'en point méconnaître les lois pour arriver, le plus près possible, à la perfection. Qu'ils connaissent bien les muscles fémoraux, cruraux, extenseurs, fléchisseurs, etc.

C'est à cette étude, avant toute autre, qu'ils devront d'atteindre à la sveltesse gracieuse du corps de la femme, nid divin de toutes les splendeurs et de toutes les beautés qui faisait s'écrier à l'enthousiasme de Victor Hugo :

Argile idéal, ô merveille !

Quant au reste, ils arriveront peu à peu à connaître, par la pratique, tous les défauts qu'il faudra soigneusement éviter dans les jambes.

Elles peuvent être arquées, c'est-à-dire courbées en arc, ou cagneuses c'est-à-dire tournées en dedans, ou bien encore tortues, c'est-à-dire en circonflexe, court-jointées ou courtes.

D'ailleurs, le peuple a, dans sa conception un peu primitive, un peu grossière de l'esthétisme, des expressions, vulgaires sans doute, qui qualifient admirablement les imperfections que l'on trouve fréquemment dans les membres inférieurs.

Il appelle *échalas*, des jambes longues et minces, *fuseaux*, des jambes trop menues, *saucisses*, des petites jambes trop grasses; nous laisserons à l'argot toute la kyrielle de mots que l'Art rougirait de se voir accoupler, comme *quilles*, *fil-de-fer*, *guibolles* ou *fumerons*.

Mais laissons cela....

On trouvera dans ce fascicule de nombreux exemples qui apprendront, mieux qu'un long discours, dans quels ridicules et dans quelles exagérations on risque de tomber en ne tenant point compte des principes fondamentaux du Beau, qui s'appliquent à l'Art tout entier et qui sont sa sauvegarde, sa tutelle et son essence.

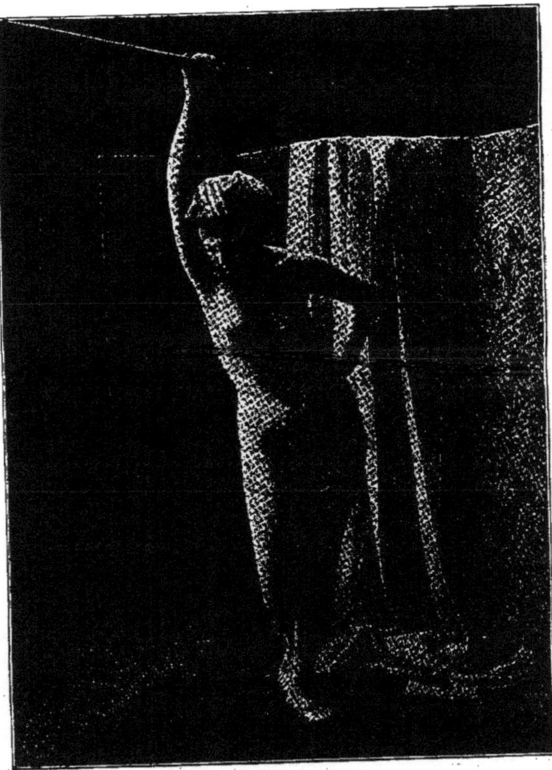

L'aplomb peut être cherché sur une seule jambe, tantôt sur la gauche,

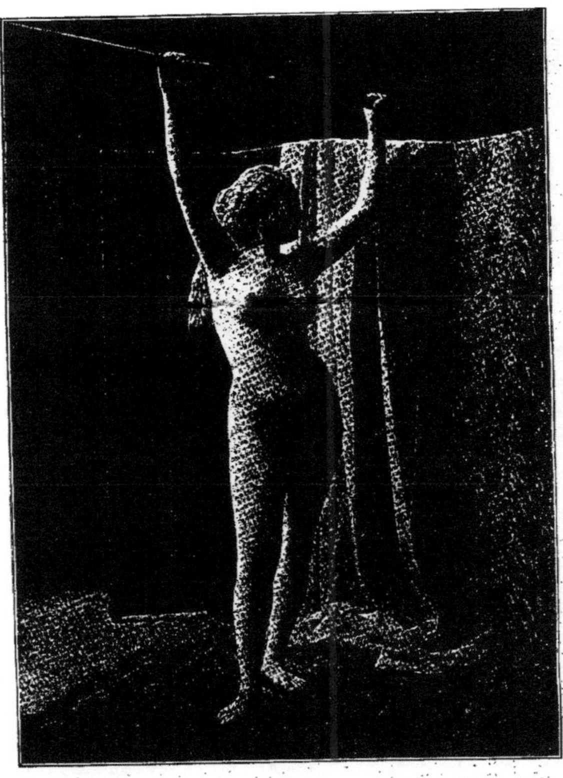

tantôt également sur la droite; généralement, dans un cas comme dans l'autre, cet aplomb doit être complété par un appui du bras.

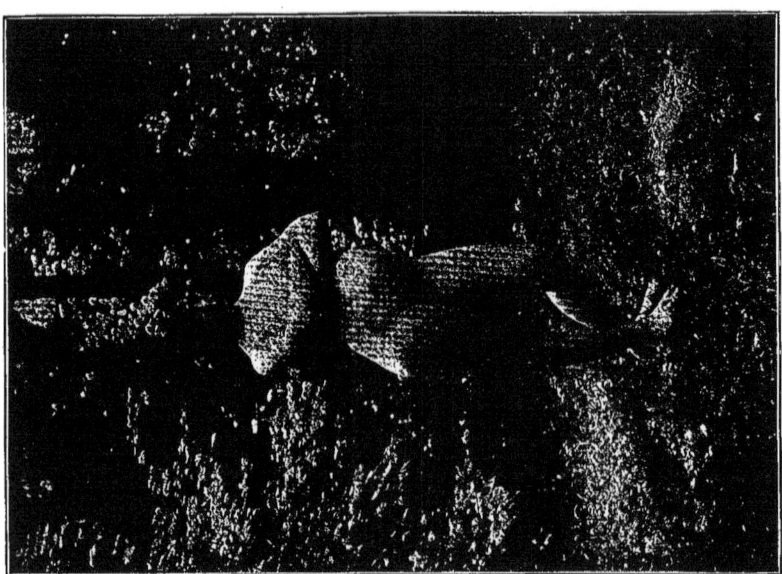

Il n'est pas indispensable; mais l'aplomb risque d'être exagéré, et c'est au détriment de la grâce.

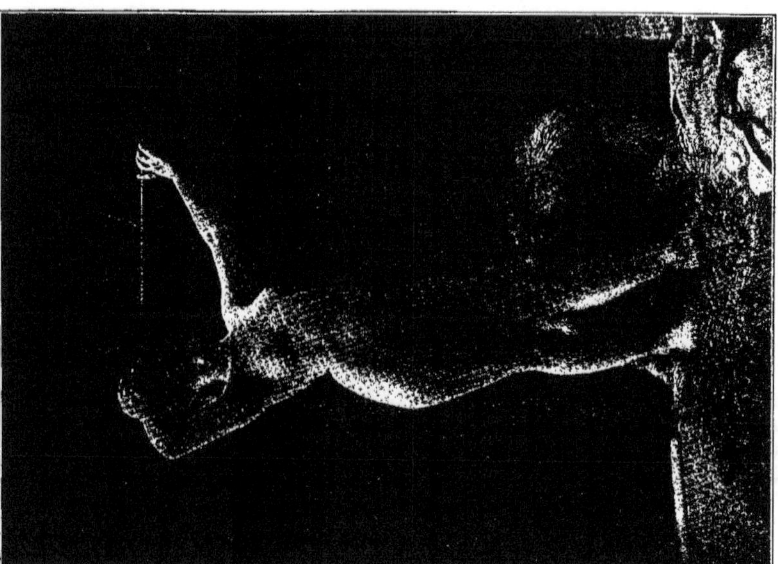

Cet appui est nécessaire pour concourir à la grâce de la pose.

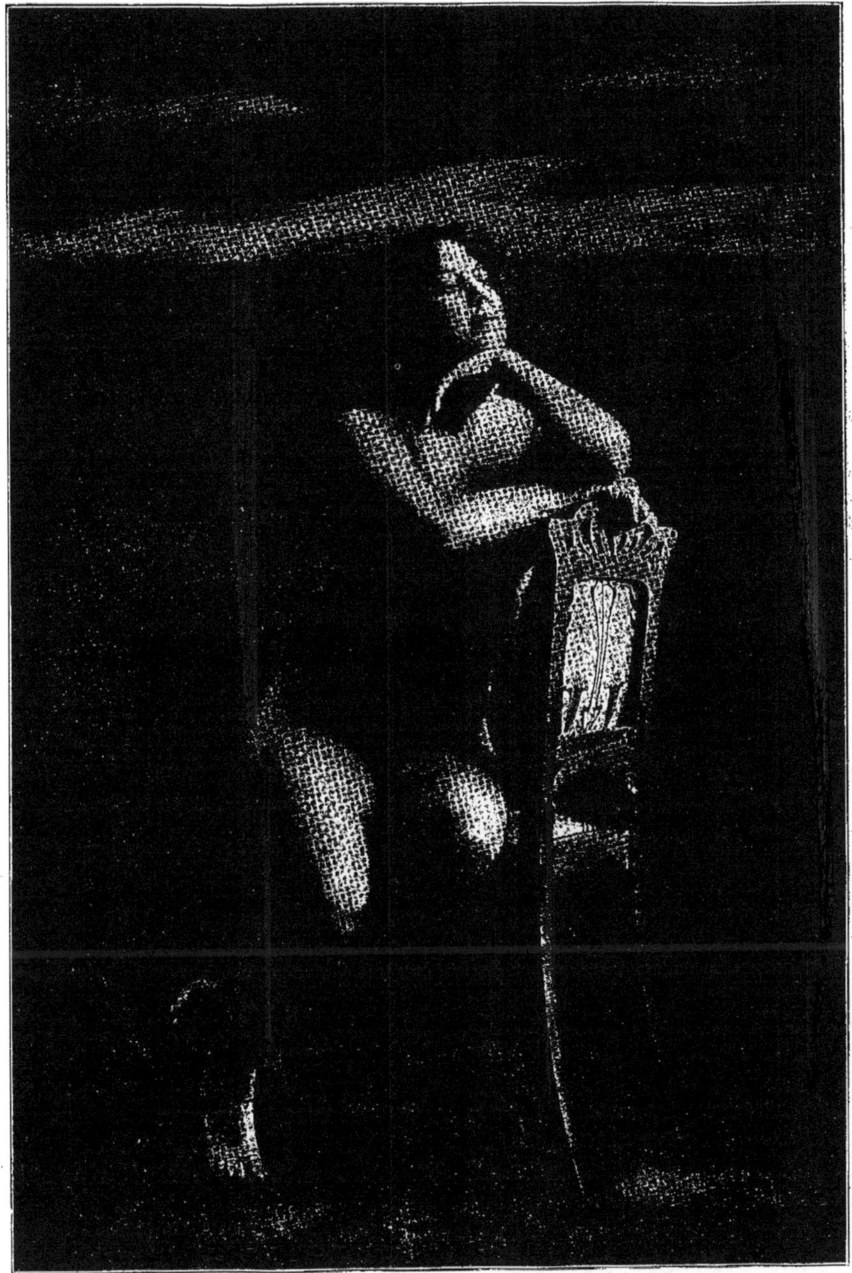

Ces défauts sont évités dans la pose assise, où les jambes tombent très naturellement, soit en arrière, en raccourci,

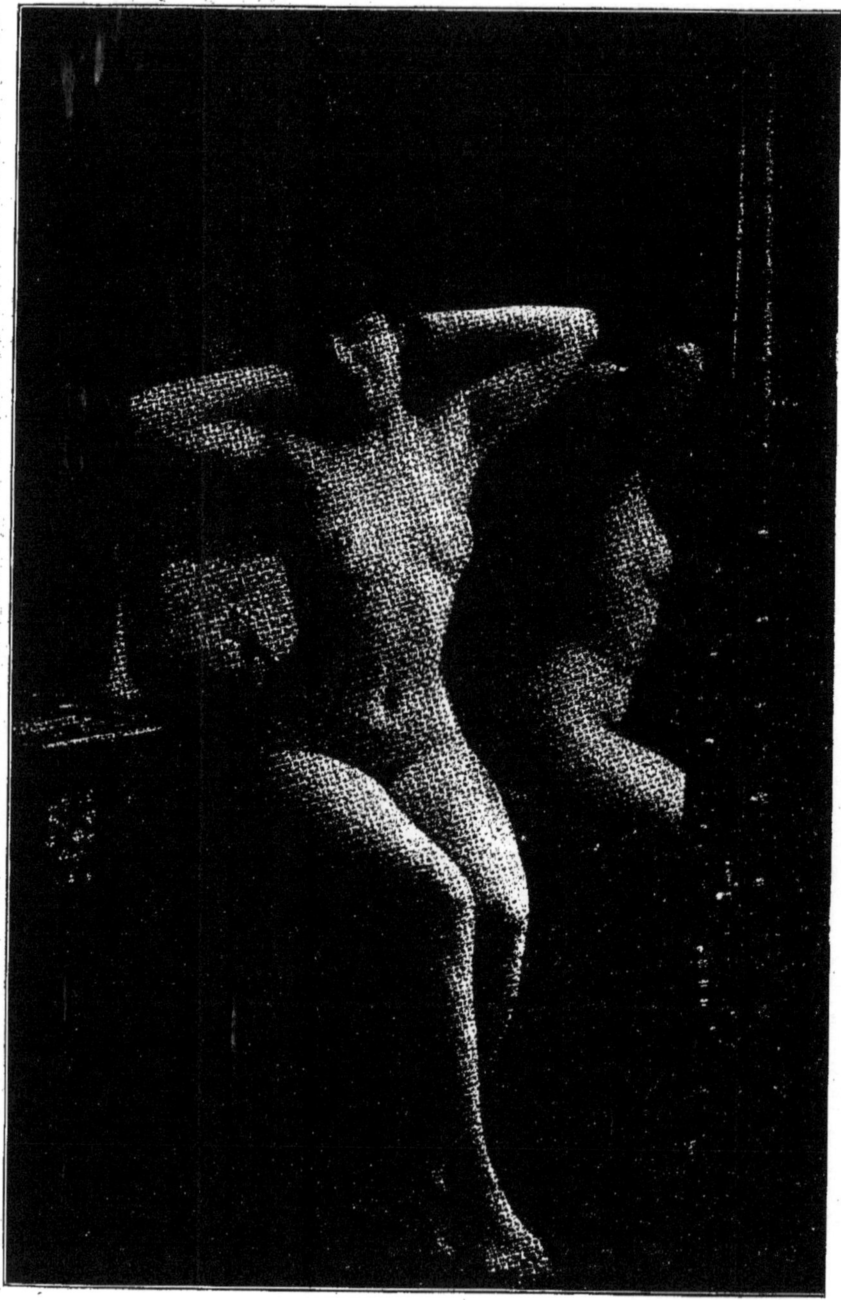

soit en avant, ce qui donne plutôt une expression de laisser aller que de grâce.

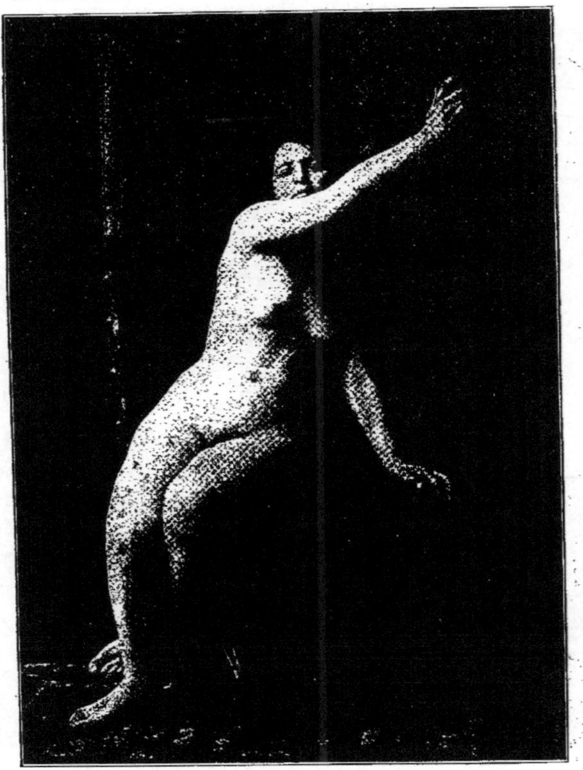

Il faut se défier, néanmoins, des poses trop cherchées. Les jambes repliées ne sont pas toujours très harmonieuses.

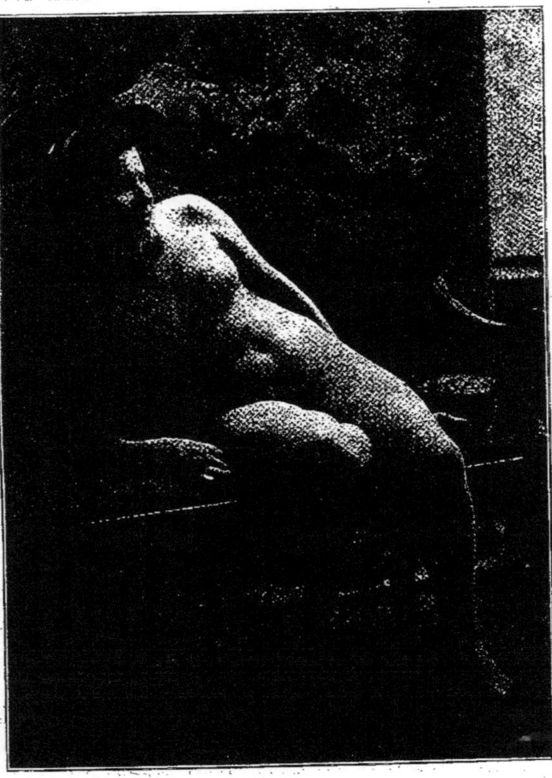

Et l'on peut arriver à des effets d'un raccourci très inattendu qui sont loin d'être heureux.

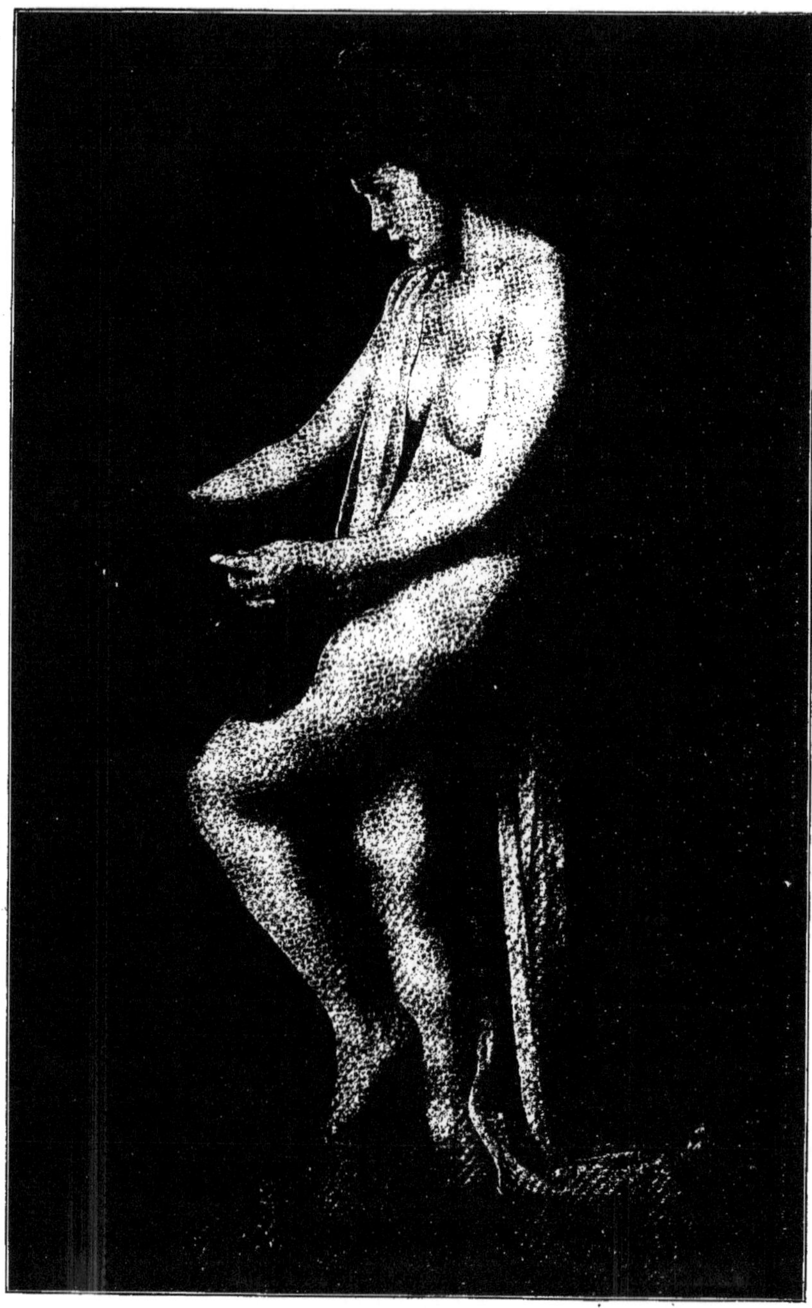

La pose des jambes doit être bien étudiée, autrement on arriverait à des erreurs qui les feraient paraître beaucoup trop longues — ce qui est loin d'être gracieux.

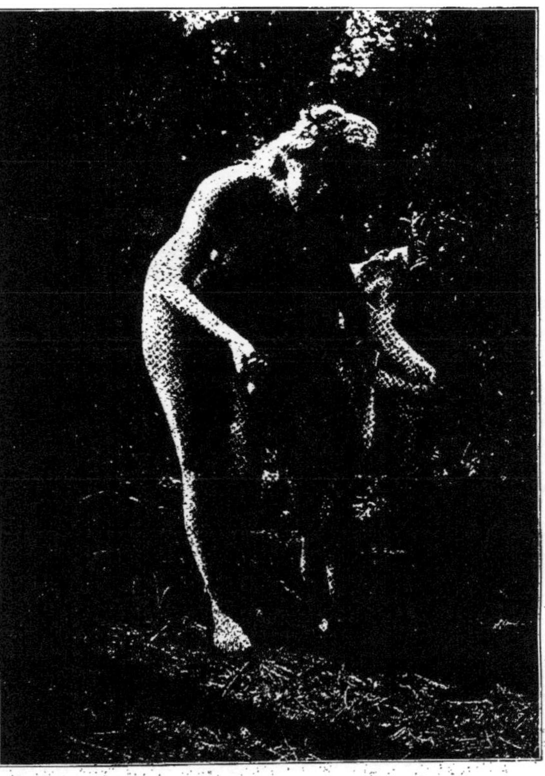

Voici un autre exemple d'erreur contraire. Les jambes paraissent trop courtes. C'est aussi disgracieux.

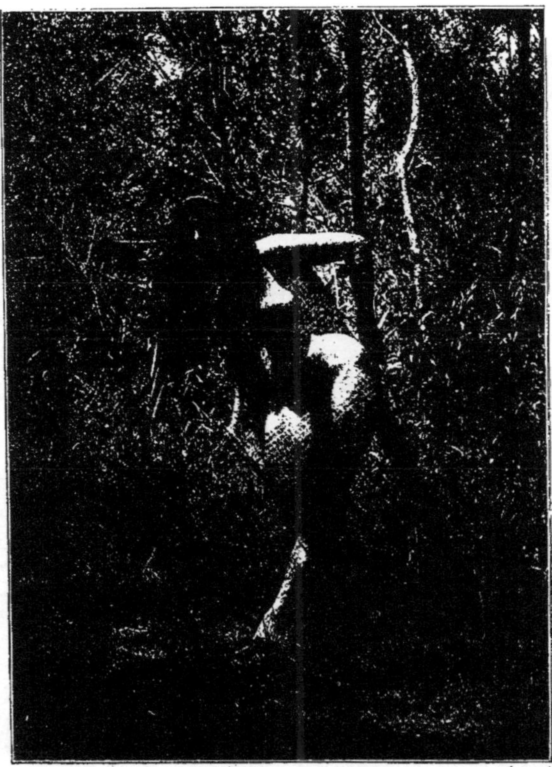

Les mêmes lois sont à observer chez les enfants, chez qui le canon des proportions ne diffère qu'insensiblement de celui de la femme.

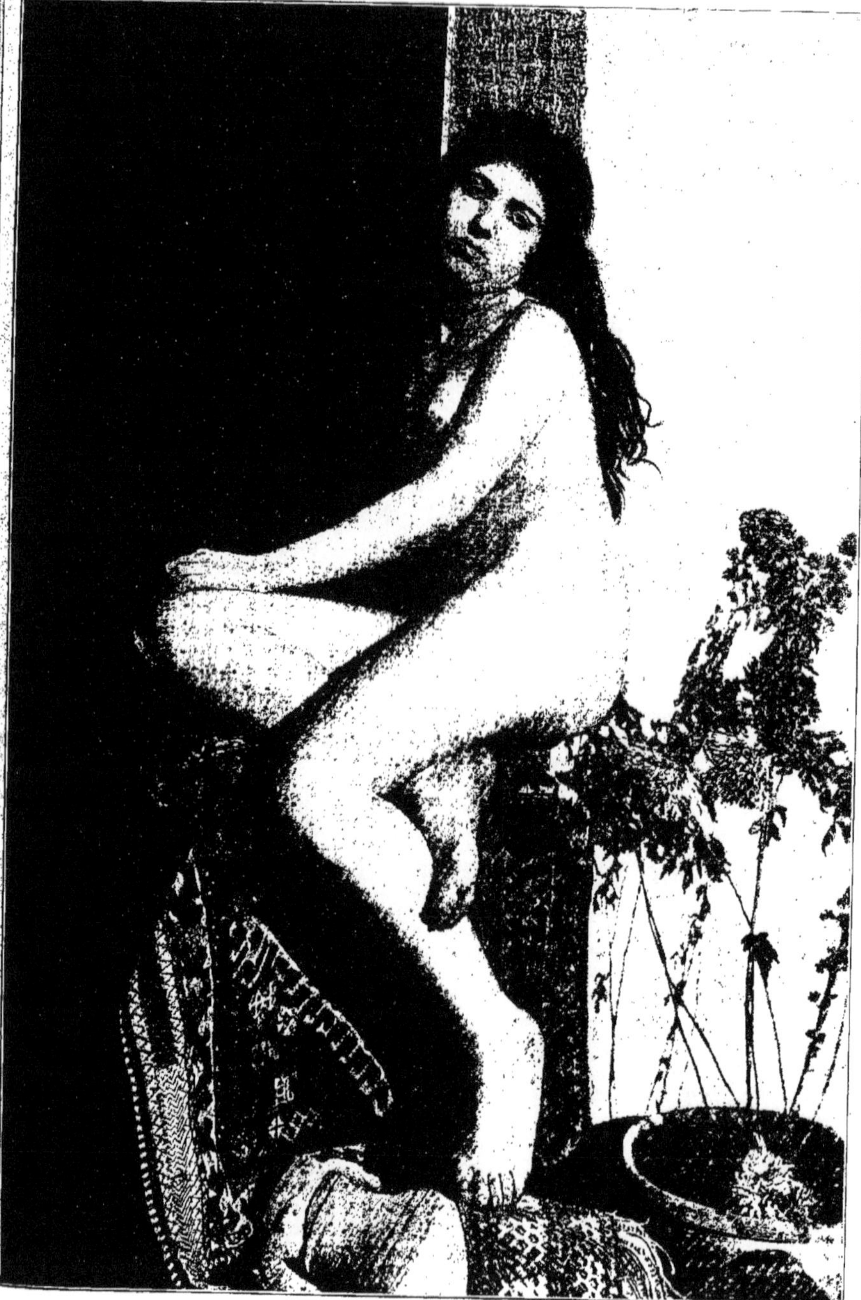

Les jambes, placées au premier rang, prennent une importance fâcheuse : c'est une erreur qui se produit souvent chez les photographes. Il est facile aux artistes de l'éviter.

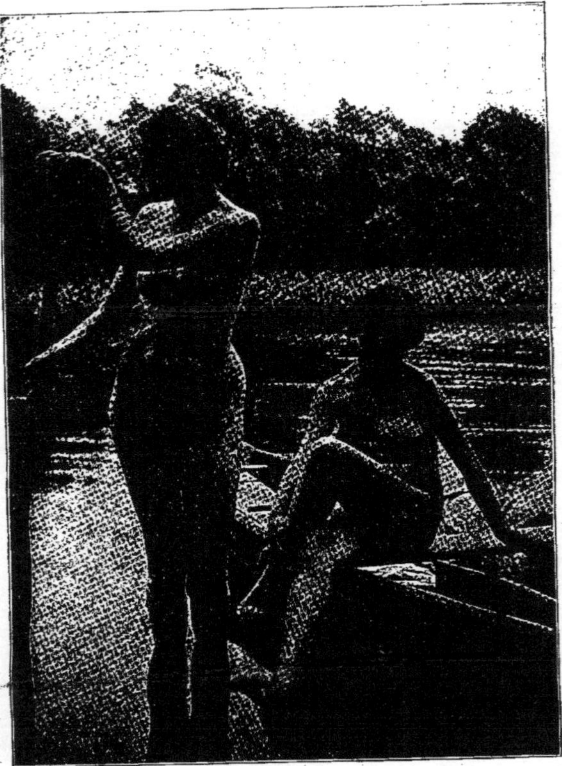

Autre exemple de défectuosité : Les cuisses sont trop larges. C'est un défaut qui se retrouve dans beaucoup de modèles. Cela alourdit et empâte.

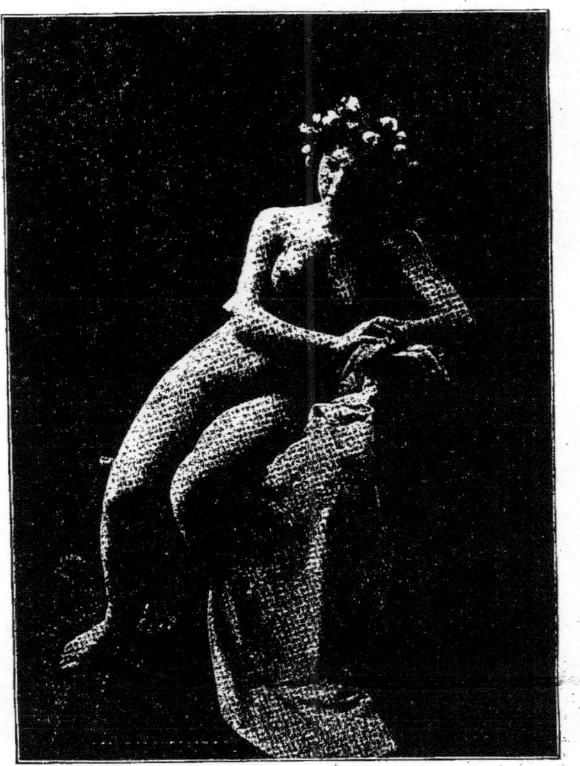

Il faut se rappeler qu'une pose trop recherchée l'est toujours au détriment de l'harmonie générale ; l'écueil est fréquent avec les jambes.

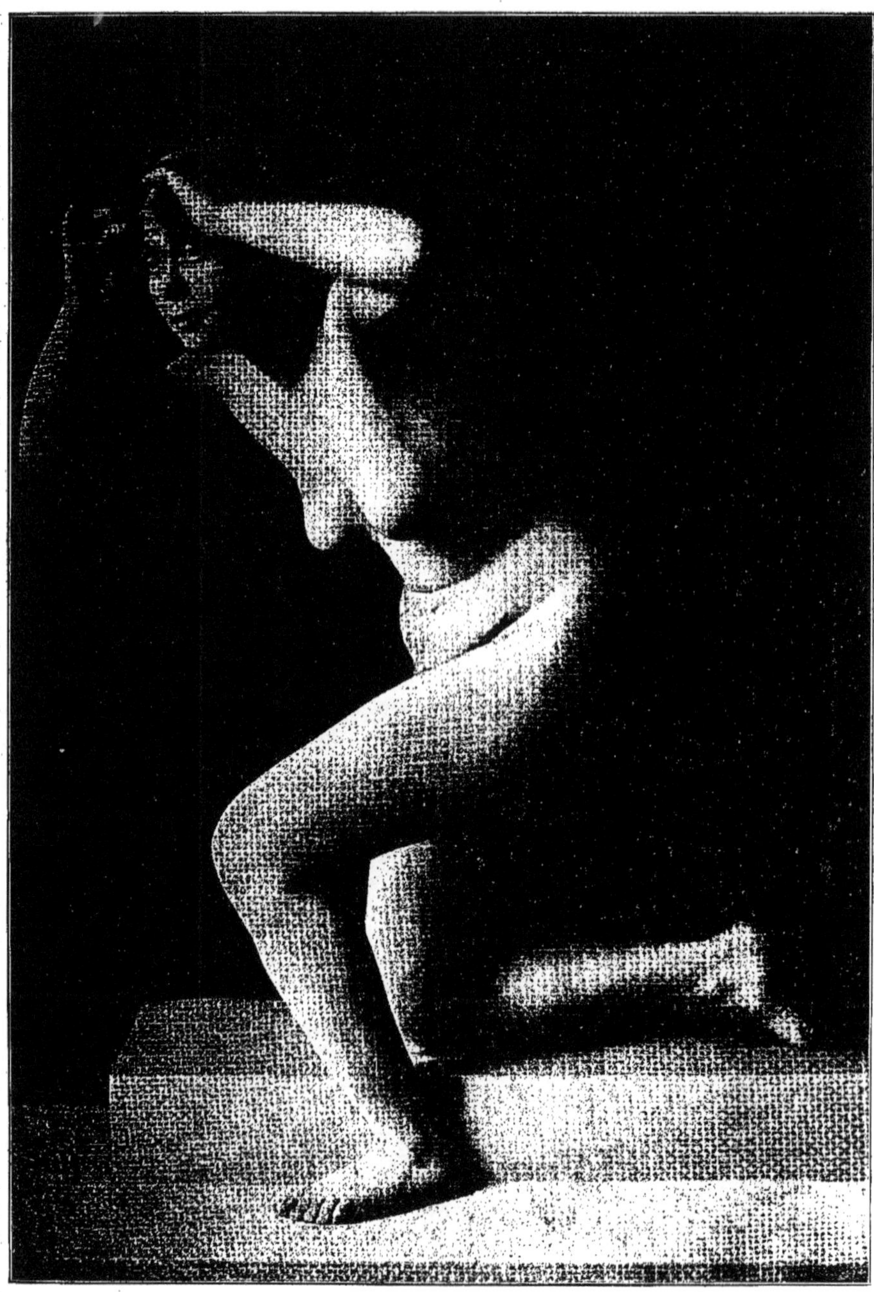

Et une pose à laquelle il manquerait fort peu de choses pour être gracieuse, devient incomplète et pleine de défauts qui sautent tout de suite aux yeux.

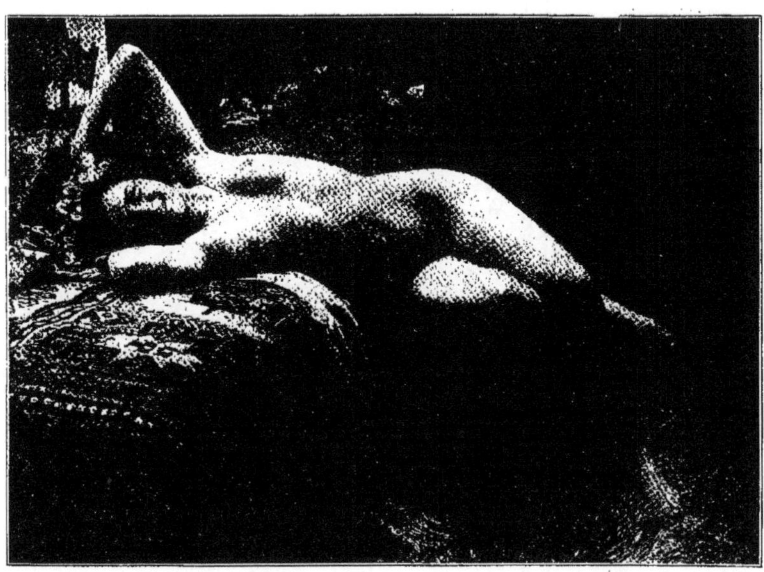

Dans la pose couchée les jambes perdent aussitôt leur importance de premier ordre.

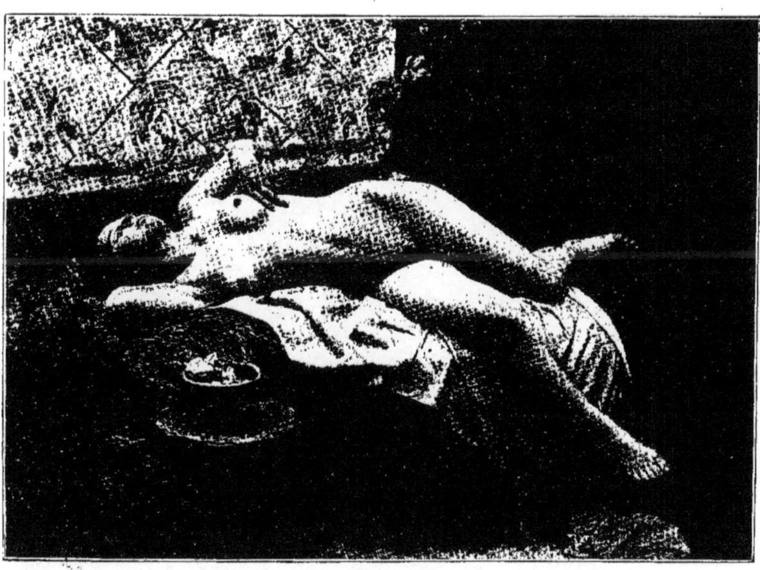

Elles ne constituent plus l'aplomb sur lequel repose tout l'édifice humain. Elle ne sont plus, en quelque
sorte, qu'un accessoir.

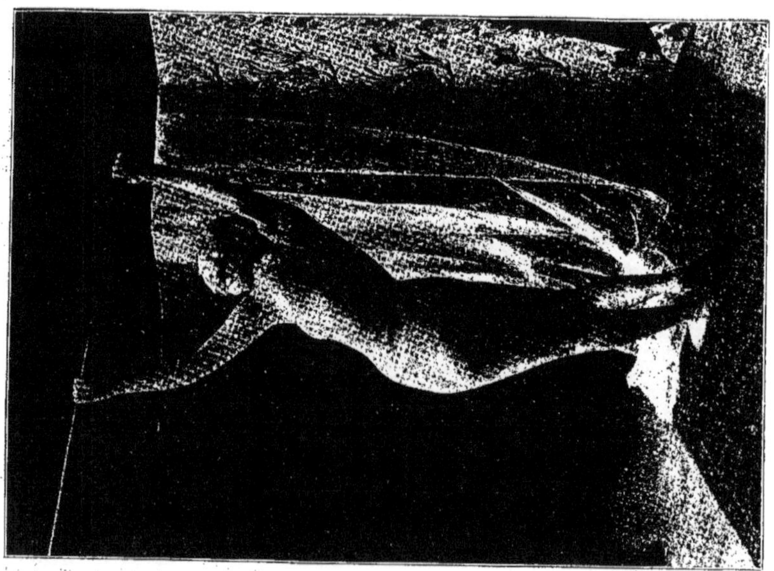

Également aussi aux jambes vues de derrière, mais le petit nombre des mouvements et des poses en simplifie l'étude.

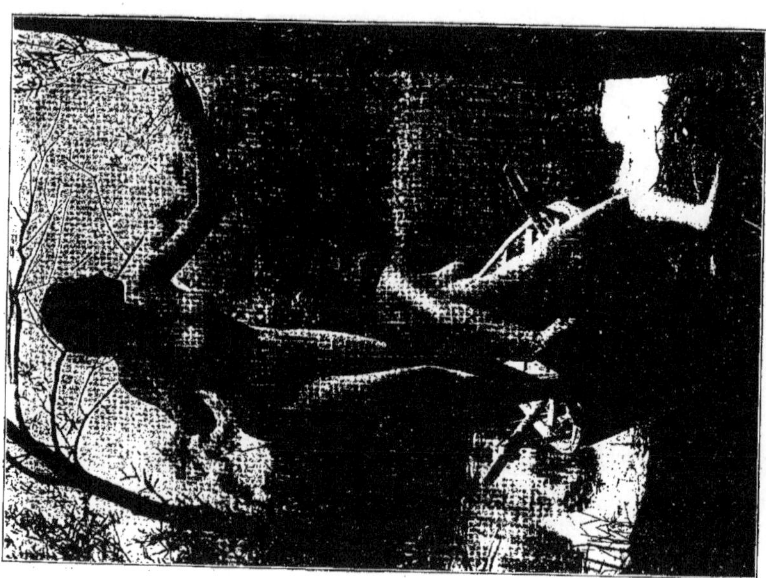

Tout ce que nous avons dit, dans les gravures précédentes, sur les jambes vues de face, s'applique également au profil.

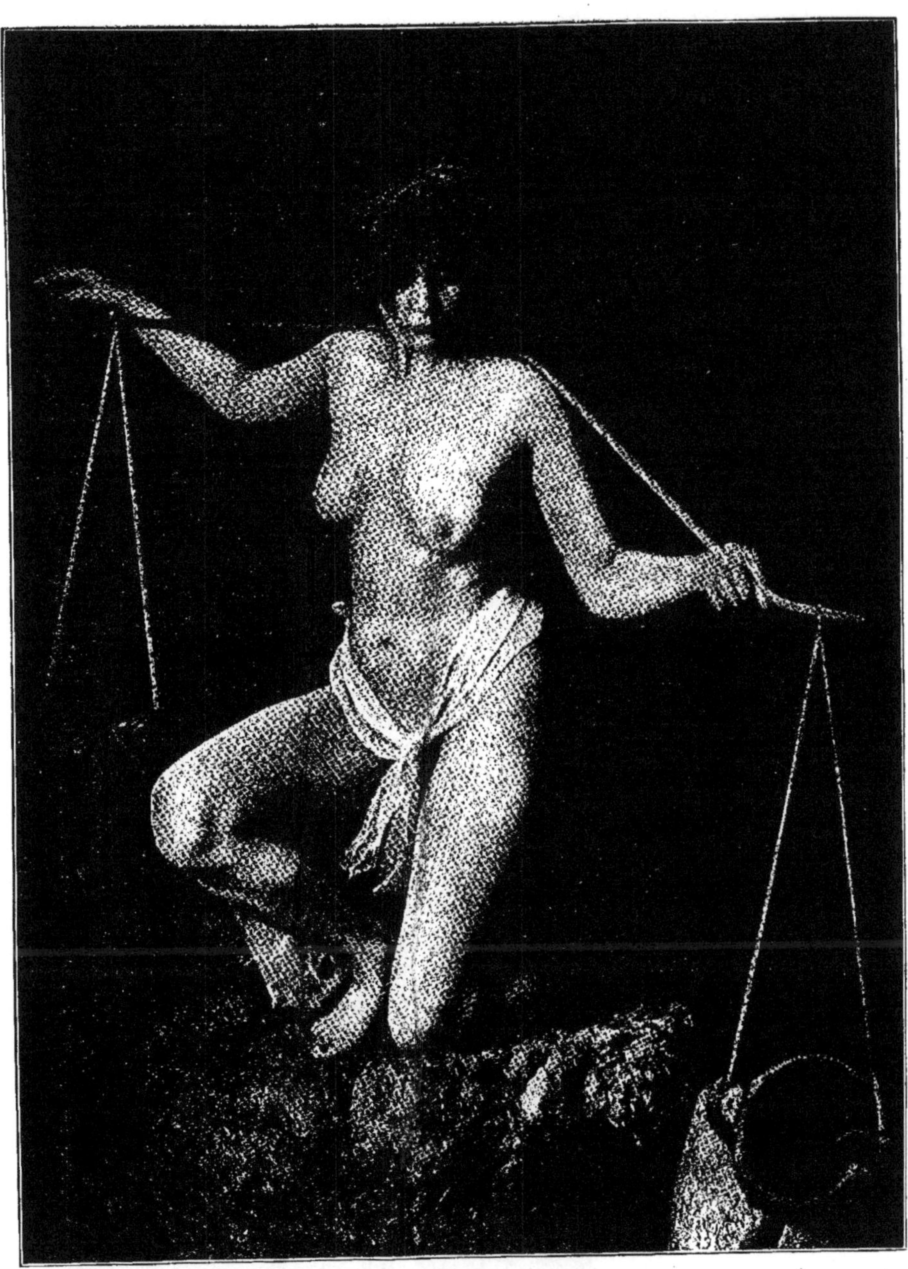

Avec un peu de goût, un peu d'art, un peu d'habitude, il est facile de leur donner une pose gracieuse, de les mettre à leur place exacte et de les faire concourir à l'harmonie générale du modèle.

Le Gérant: COUSTAL.

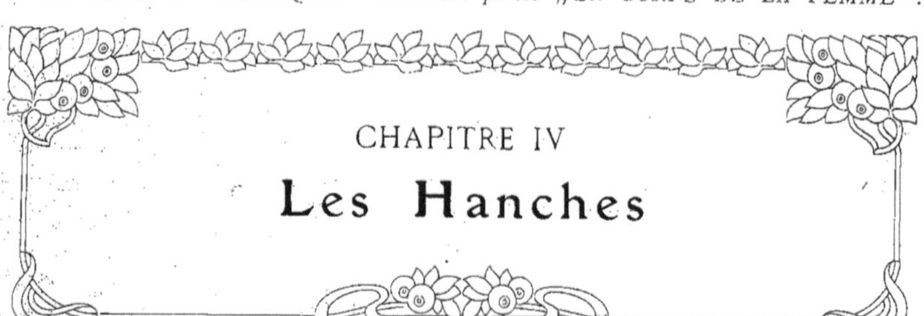

CHAPITRE IV
Les Hanches

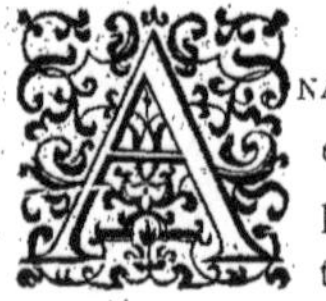

ANATOMIQUEMENT, la hanche est la région correspondant à la jonction des membres et du tronc.

Dans l'académie féminine, la hanche est, plus vulgairement, la partie saillante extérieure du bassin, allant de l'aine à la naissance de la fesse. Ainsi englobe-t-on sous le nom de jambe, par extension, le membre inférieur tout entier qui se compose d'une série de parties bien distinctes : la cuisse, le genou, la jambe, le mollet, la cheville, etc.

Dans le corps de la femme, les hanches sont, avec les seins, une des choses qui frappent tout de suite par leur développement ; on comprend aussi que la nature a pensé, avant tout, à l'œuvre de procréation qui est le vrai rôle de la femme et dont l'ont fait dévier les vagues sentimentalités humaines.

Les hanches sont fortes, solides, dé-

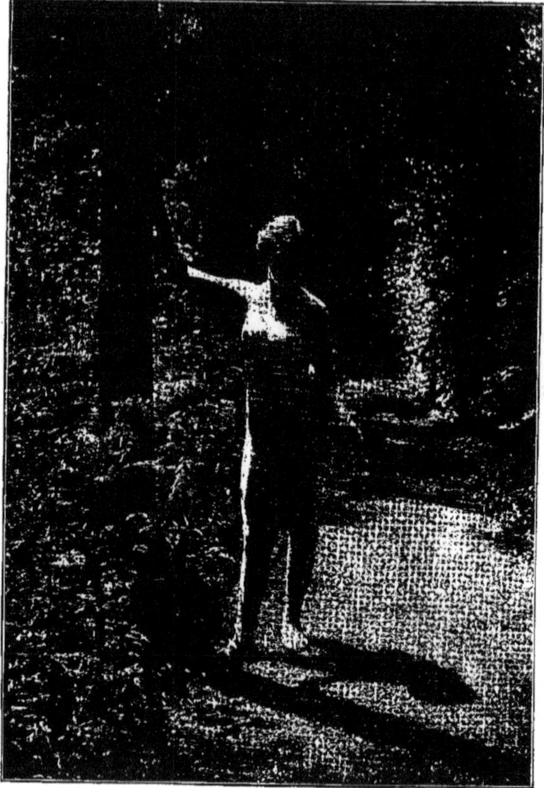

LES HANCHES, beauté de la femme.

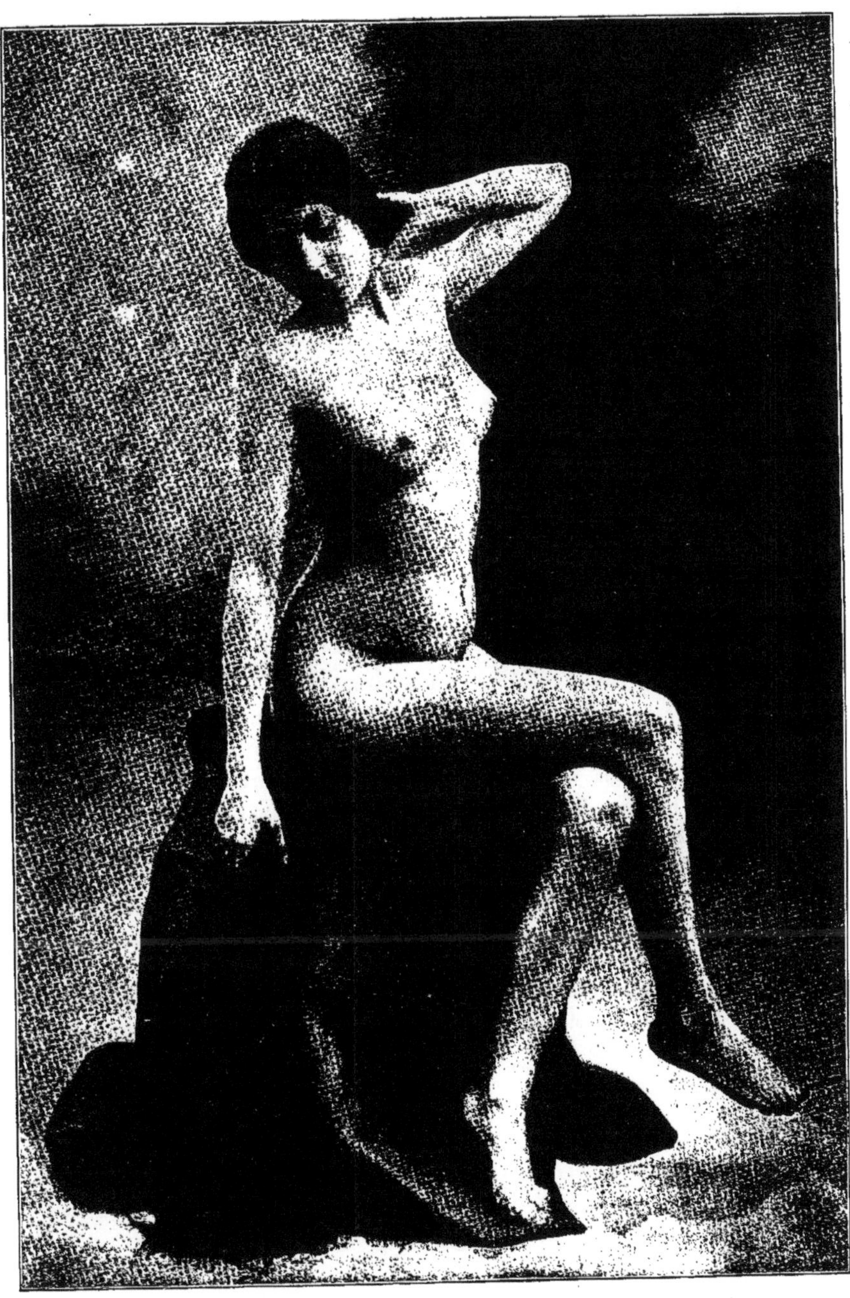

La hanche est une beauté particulière à la femme. Elle ne doit être ni exagérée, ni trop fluette.
Elle doit s'harmoniser avec la cambrure des reins.

veloppées, contrairement, sans doute, à l'esthétique parfaite, de façon que la femme ait la force de porter son enfant, de même que les seins sont formés de manière qu'elle l'allaite. Le principe de la nature, malgré l'opinion d'un grand nombre de physiologistes, paraît donc être que la fonction crée l'organe.

A première vue, cette différence dans la structure mâle et femelle saute aux yeux ; toute la force de l'homme semble placée dans la partie supérieure, celle de la femme dans la partie inférieure ; d'ailleurs, il est facile de s'en rendre compte par ce schéma de l'anatomie comparée d'un sexe et de l'autre :

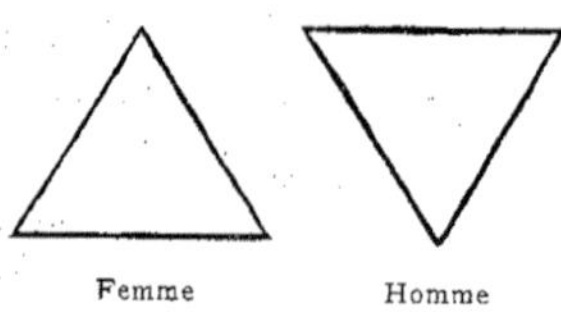

On comprend, par cela même, l'influence qu'ont les hanches de la femme, au point de vue artistique.

Les statuaires grecs, dans leurs recherches perpétuelles du type parfait de la beauté — on pourrait dire du critérium, — se sont refusés à donner aux hanches de la femme l'importance qui, ainsi qu'on l'a vu plus haut, les caractérise.

Les divers Aphrodites que nous devons à la sculpture antique, comme les Vénus de Milo, Vénus de Médicis, Vénus de Cnide, n'ont point les hanches très saillantes, la plupart se rapprochent beaucoup du type des hermaphrodites, plus viril que la femme, plus efféminé que l'homme et dont on trouve dans l'art grec de si nombreuses répliques.

Les hanches larges ne sauraient donc être admises comme un principe de beauté. La taille devant être fine et dégagée, on comprend facilement que l'harmonie d'un joli corps serait détruite par les hanches trop épaisses.

Il s'en suit qu'il faut laisser l'artiste maître de son impulsion personnelle vers la beauté. Les Maritornes de Rubens, aux formes puissantes, n'ont rien de désagréable ; mais, en revanche, les graciles silhouettes de l'école italienne ont un charme particulier, elles aussi.

Nous avons réuni, dans ce fascicule, un certain nombre de modèles qui feront comprendre, mieux que toutes les explications, les différentes questions et les divers défauts que l'on peut trouver dans l'académie de la Femme, en raison de la largeur ou de l'étroitesse de ses hanches.

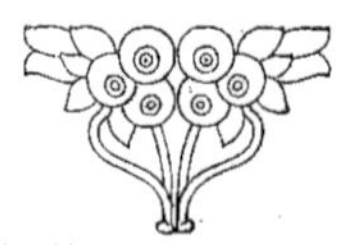

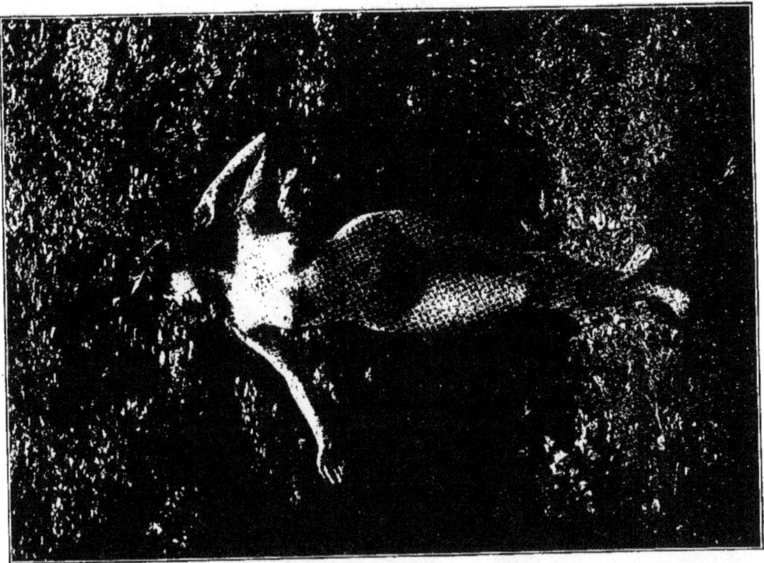

Alors que chez la femme formée elle est épaisse, large, parfois lourde.

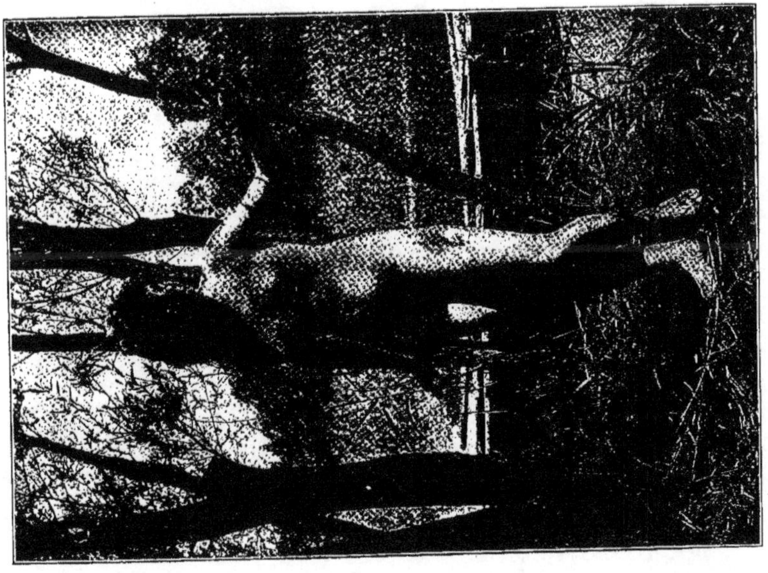

Chez la jeune fille elle est à peine développée.

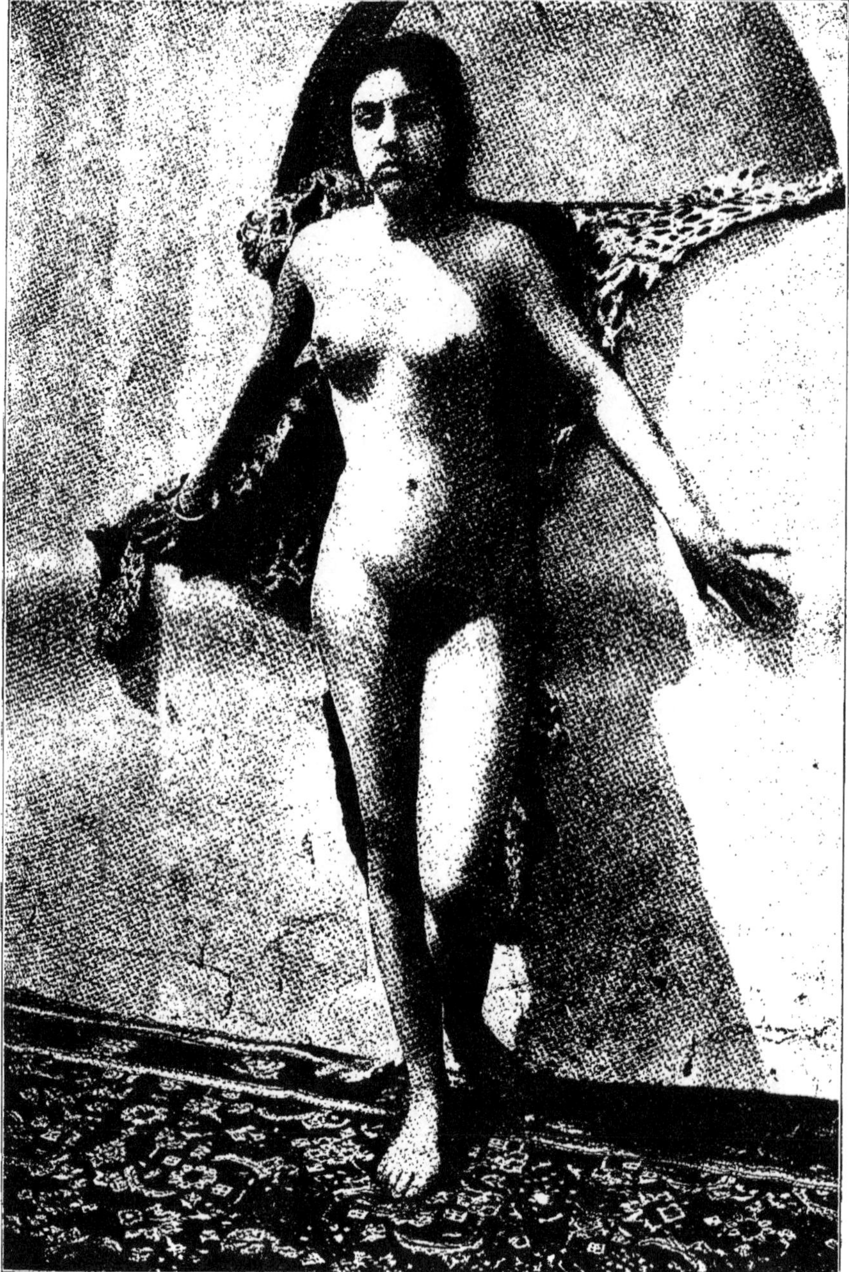

Chez les Orientales, les hanches sont minces en général, l'Orientale est femme beaucoup plus tôt que les Européennes.

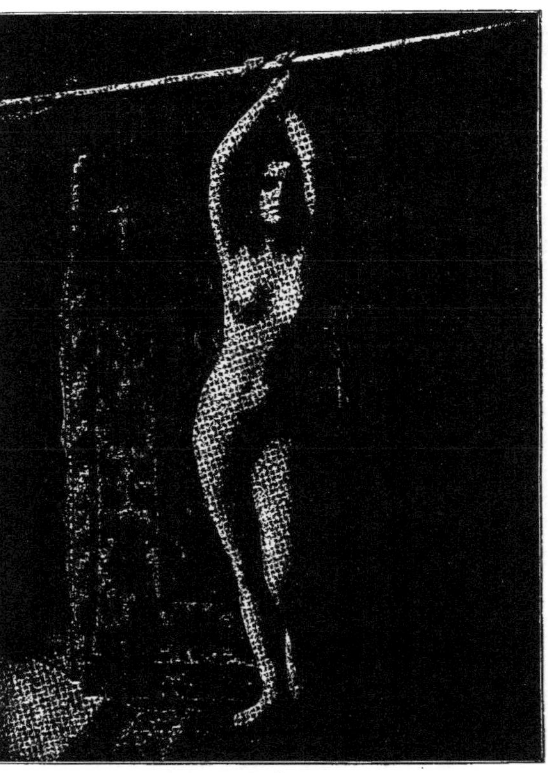

L'harmonie de la hanche se développe par l'aplomb. Il peut porter sur une jambe ou sur l'autre, nécessairement,

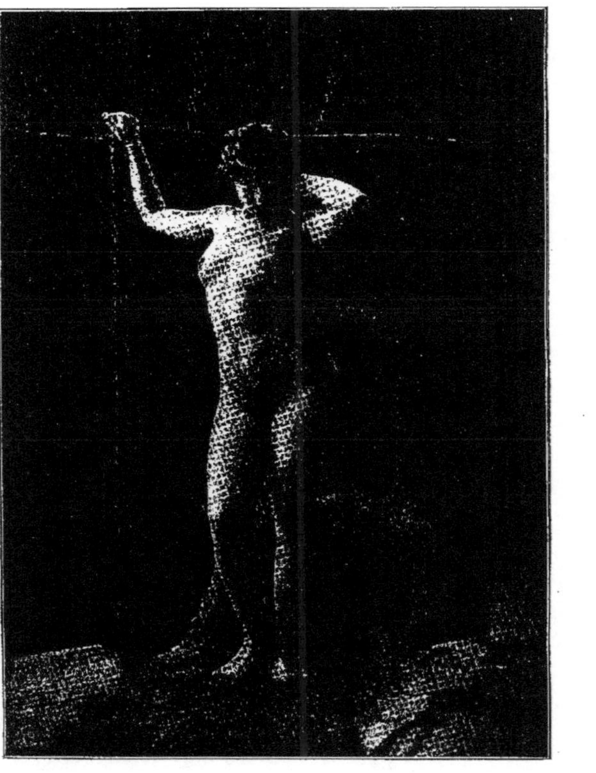

de même que cet aplomb est plus ou moins accentué.

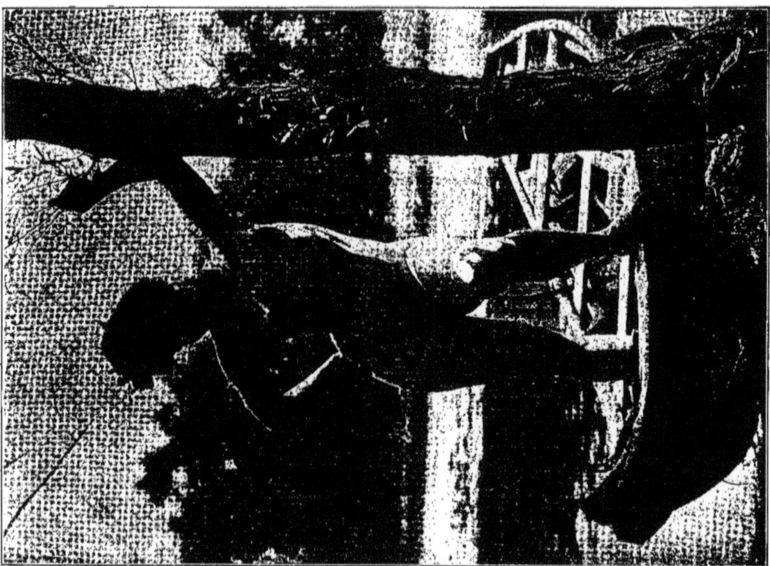

Mais l'élèvement des bras donne toujours à la silhouette une grâce particulière.

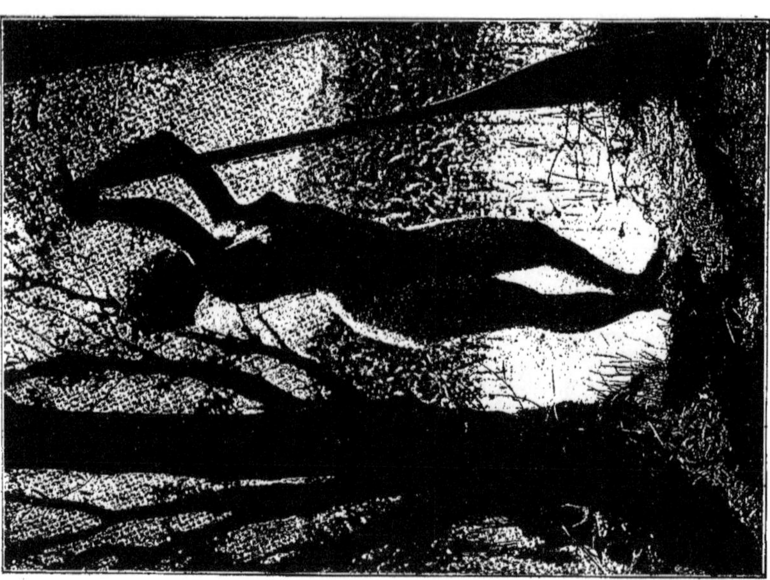

L'aplomb peut être direct ou indirect; par la position des jambes on le modifie de cent façons différentes.

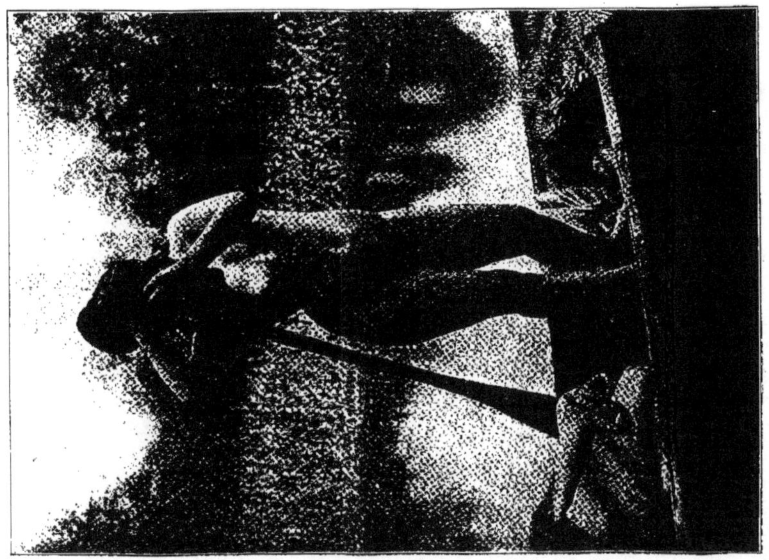

Et c'est toujours au détriment du corps tout entier malgré une bonne pose parfois.

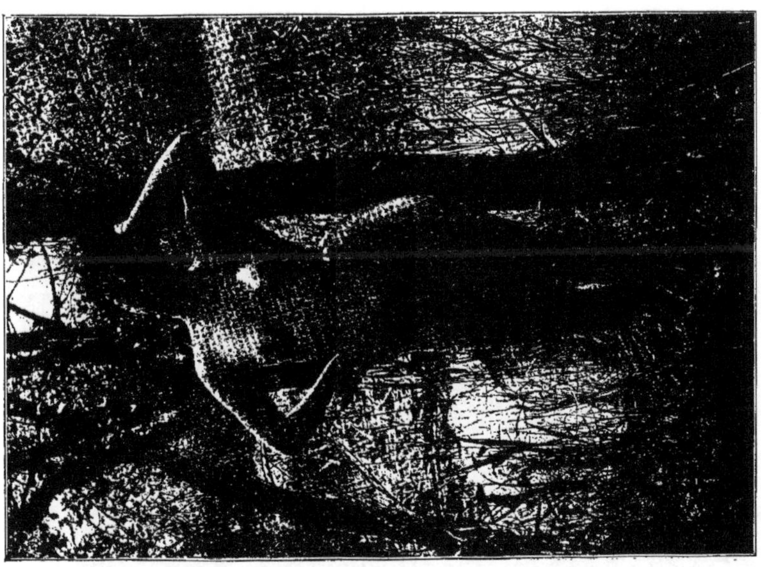

Il faut se garder d'une exagération fâcheuse, elle donne à la hanche trop de développement.

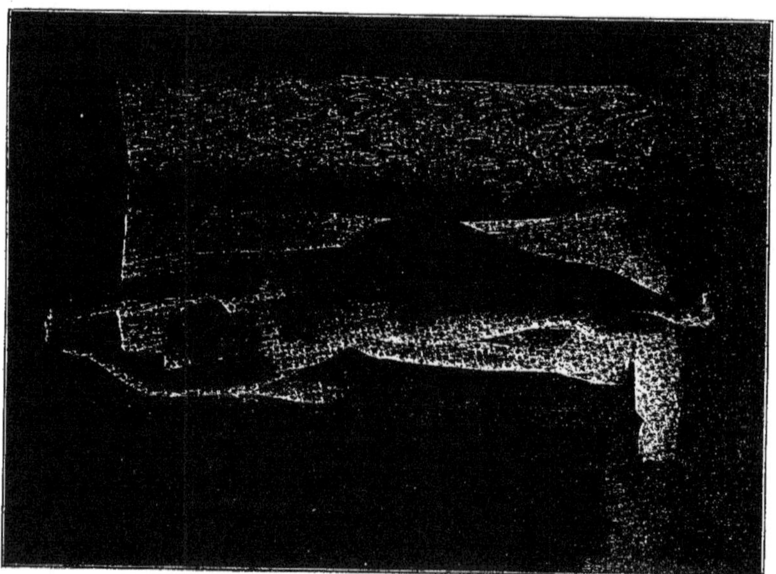

Une juste mesure est nécessaire. On lui doit une harmonie svelte ; la hanche saillit bien et concourt à l'élégance générale.

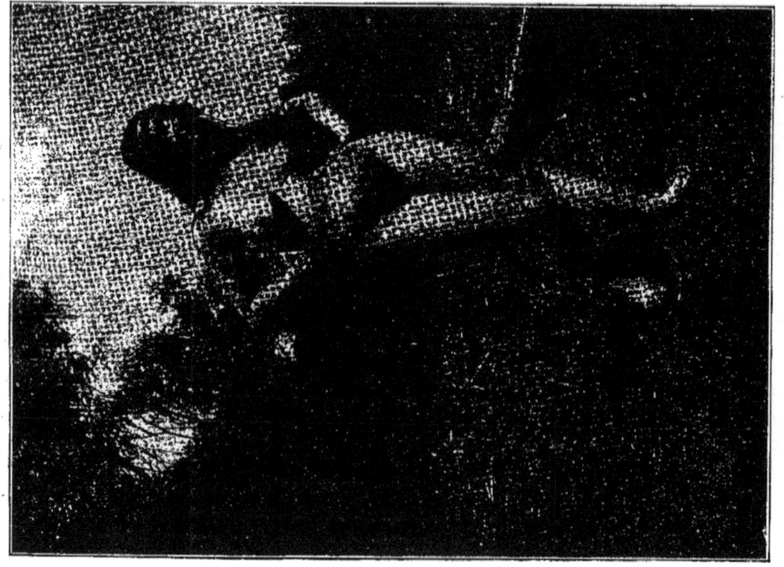

On arrive à des effets forts imprévus qui peuvent ainsi ressembler à des déboîtements de la hanche.

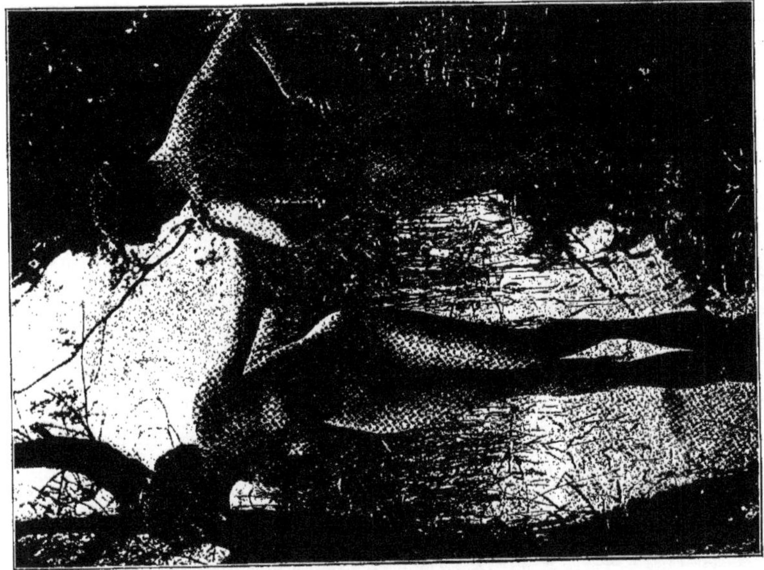

Alors que, naturellement, la courbe des reins d'où dépend la gracilité des hanches est élégante.

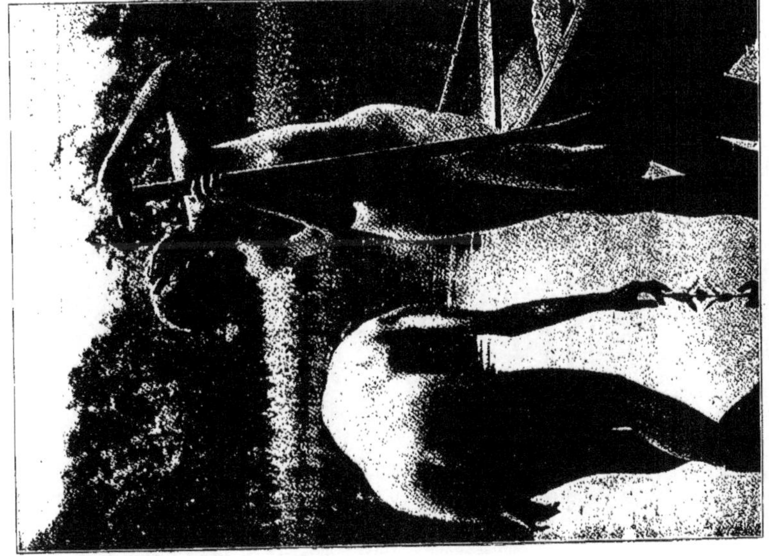

Ces principes s'appliquent également aux académies de dos, où une pose défectueuse devient tout de suite ridicule.

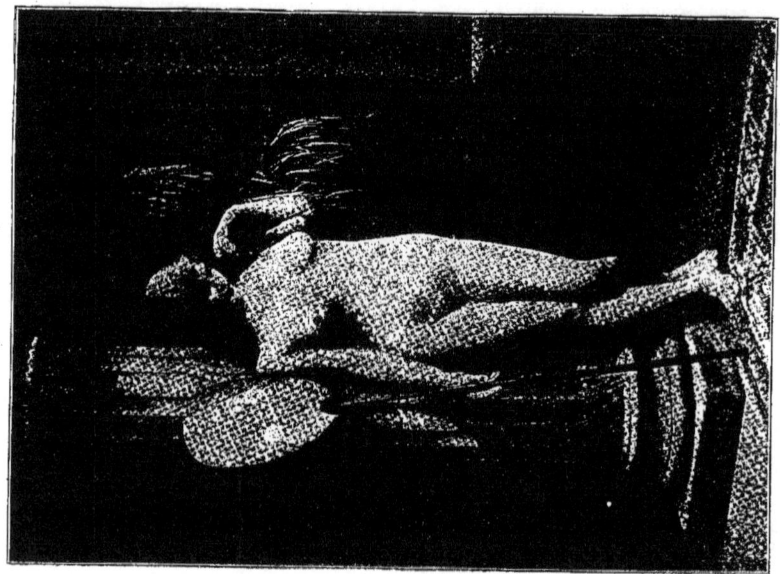

L'importance donnée à la beauté de la hanche l'est toujours au détriment de quelqu'autre partie du corps.

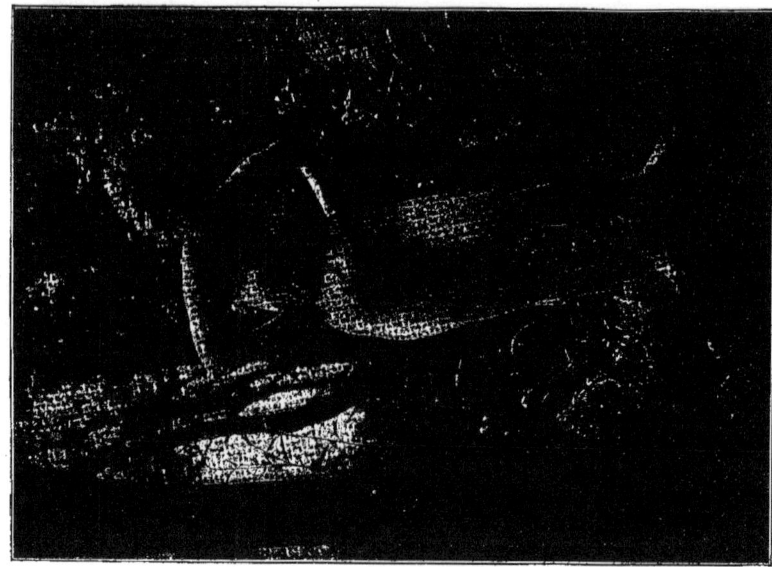

Éviter rigoureusement toute pose vulgaire, comme les mains sur les hanches.

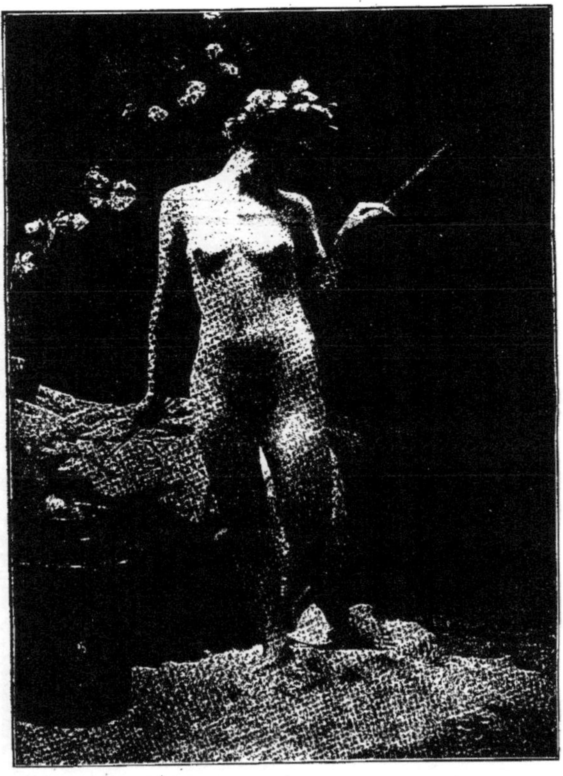

Un simple accessoire suffit pour faire ressortir les hanches ou leur donner l'allure nécessaire.

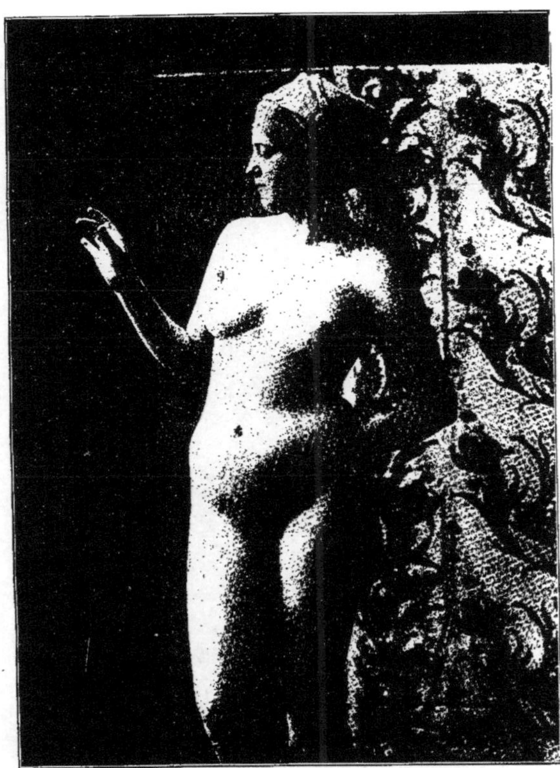

Mais, il ne faut pas oublier qu'elle est le pivot de l'harmonie structurale de la femme.

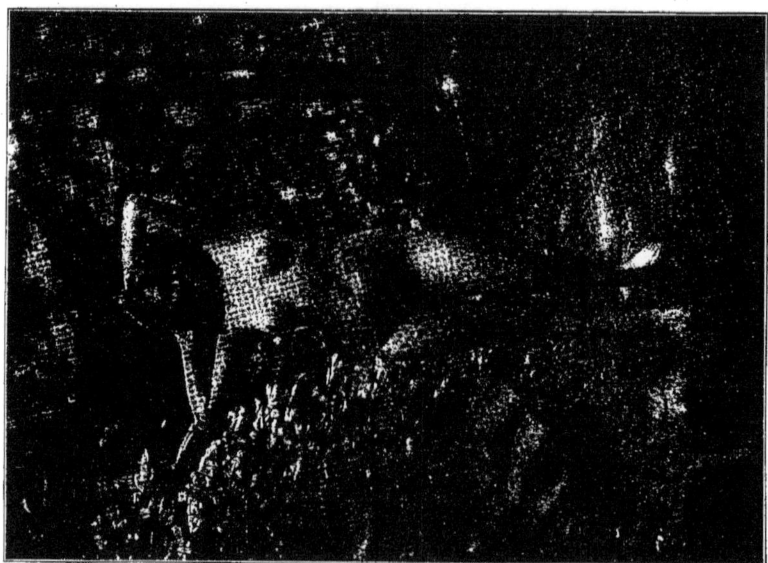

Le mieux encore est de chercher l'aplomb de cette gracilité par la disposition naturelle des bras et des jambes.

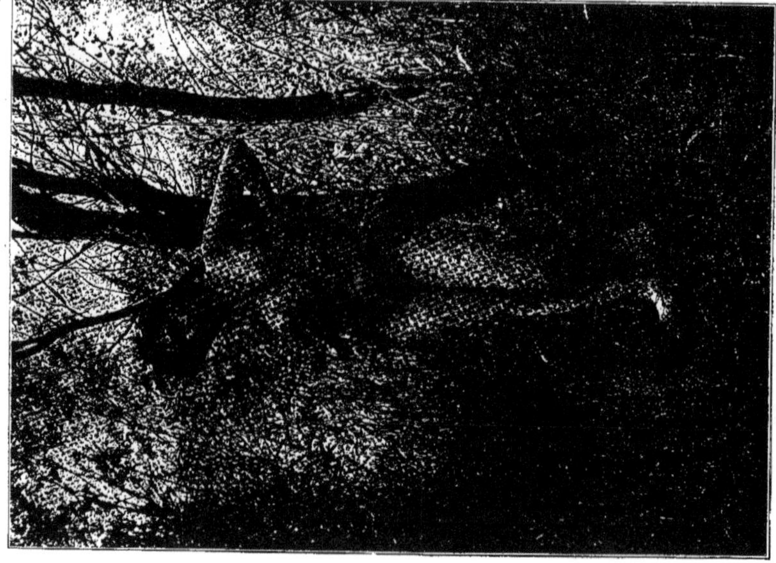

Mais il faut bien se garer d'une exagération sautant manifestement aux yeux.

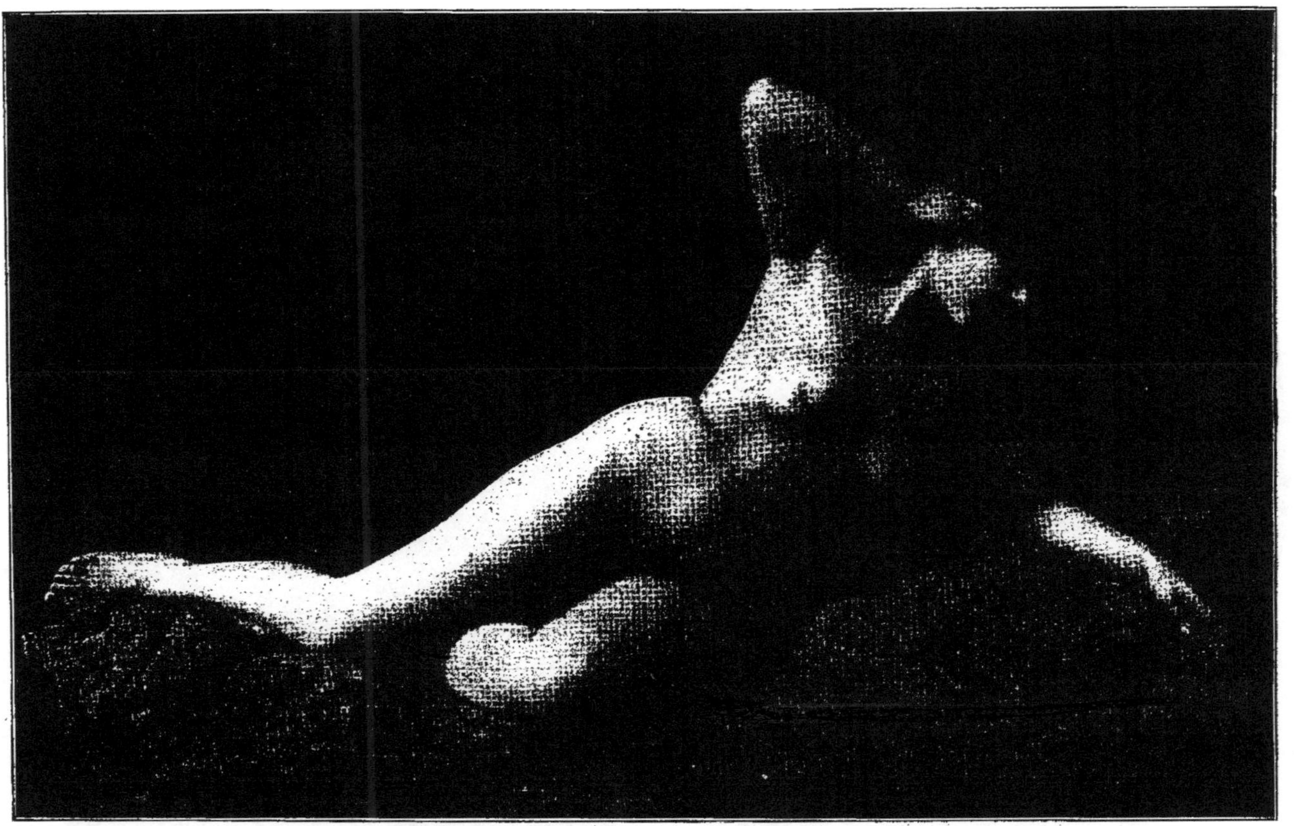

Avec la position couchée du modèle l'artiste a beaucoup plus de facilité.

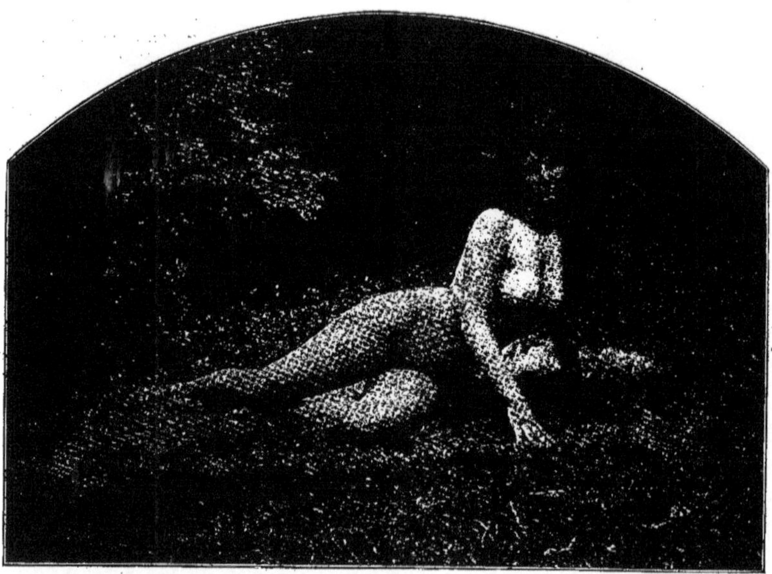

La hanche prend sa place plus naturellement. Le modèle n'a pas même besoin d'être guidé.

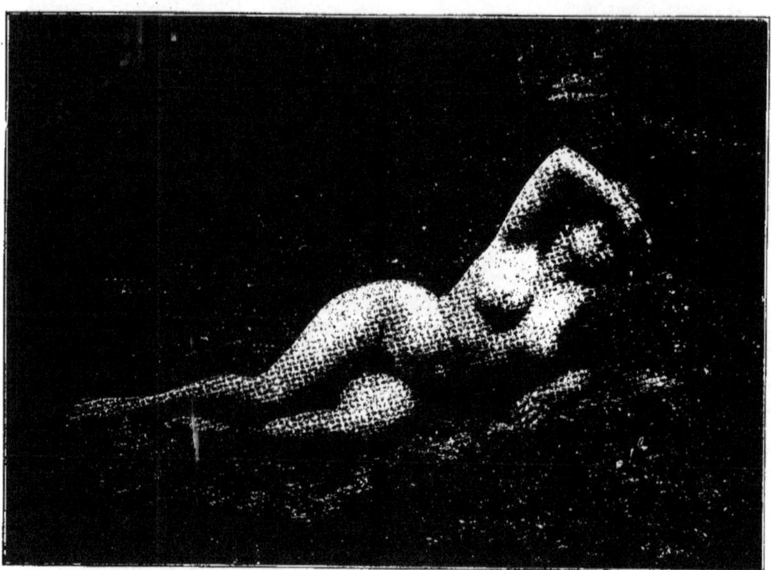

Mais il ne faut pas chercher une pose trop savante qui tomberait bien vite dans le grotesque.

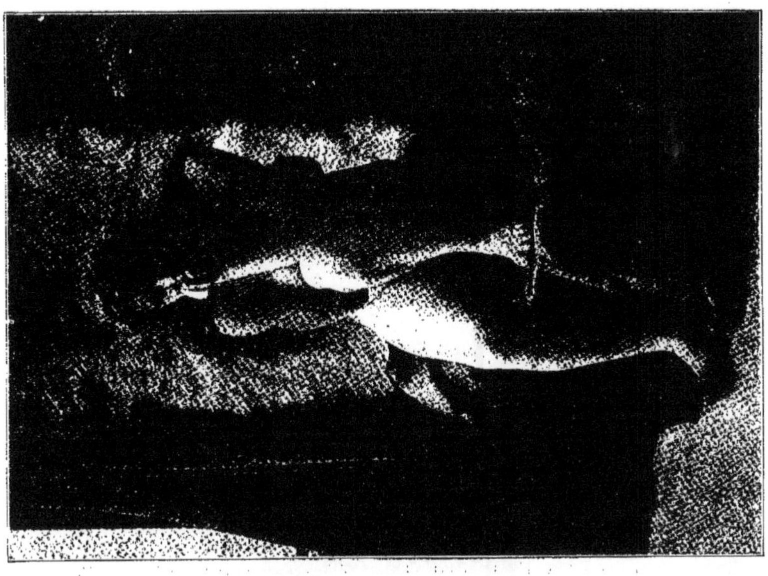

Et ne serait-ce qu'une vérité de Monsieur La Palisse : il est toujours facile,
quand la hanche vous gêne, de la dissimuler.

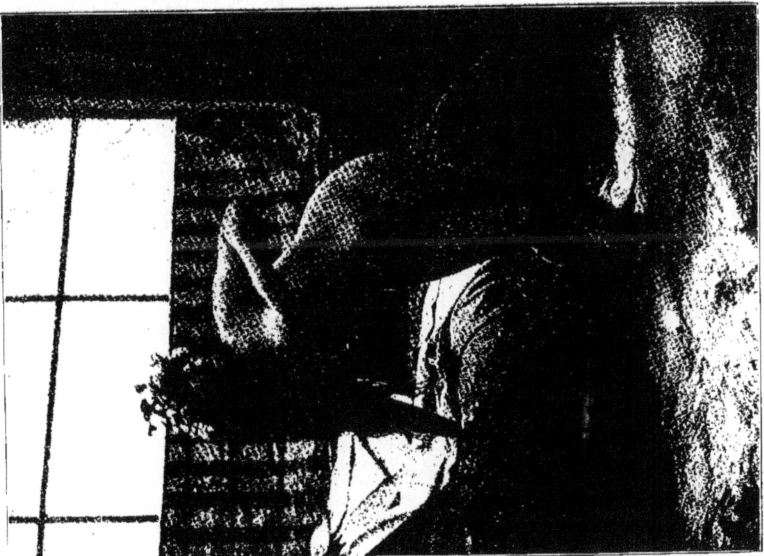

Exemple d'une pose trop cherchée.

Le Gérant : COUSTAL.

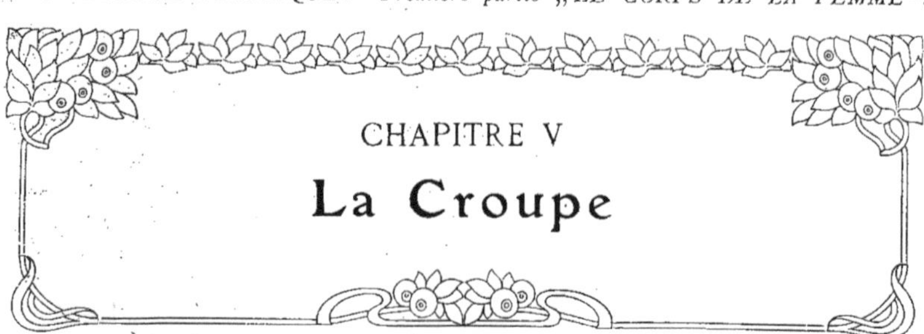

CHAPITRE V

La Croupe

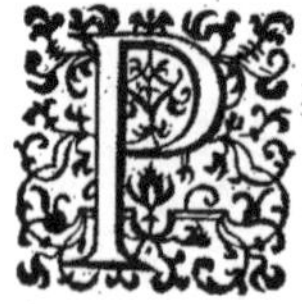EUT·ÊTRE, en sous·titre de ce fascicule, devrions-nous inscrire cet exergue: *Honny soit qui mal y pense !*

La définition du mot «croupe» par Larousse le justifierait aux yeux de certaines âmes pudibondes, prêtes à sortir perpétuellement de leur poche le mouchoir fameux de Tartufe, car elle n'y est autre que « derrière d'une personne, en particulier d'une femme ». On devrait dire plus simplement les *fesses*, si cette expression n'était de celles qu'il est délicat de prononcer à cause de la vulgarité qu'on y attache immédiatement.

On a pu se demander parfois pourquoi la morale publique avait décrété certaines parties du corps plus honteuses les unes que les autres, d'une manière, quant au reste,

essentiellement arbitraire, puisque si, en France, on peut nommer, n'importe où, du mot *ventre* la grande cavité qui

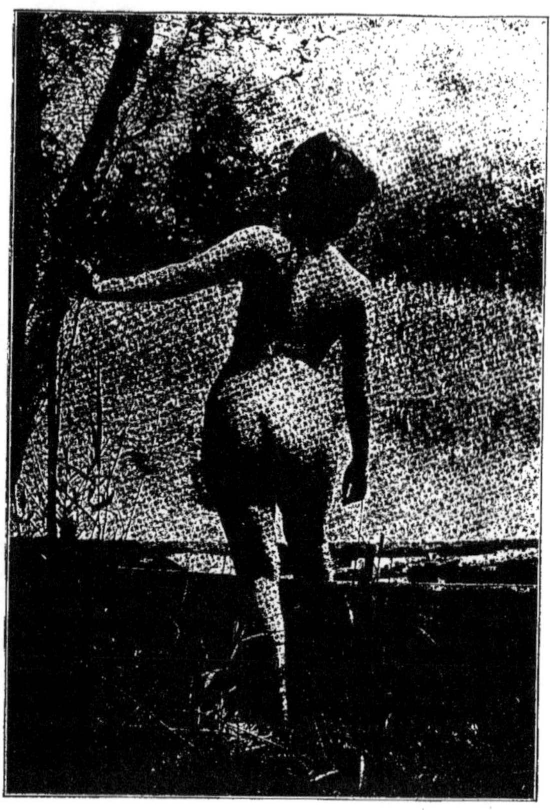

LA CROUPE

5

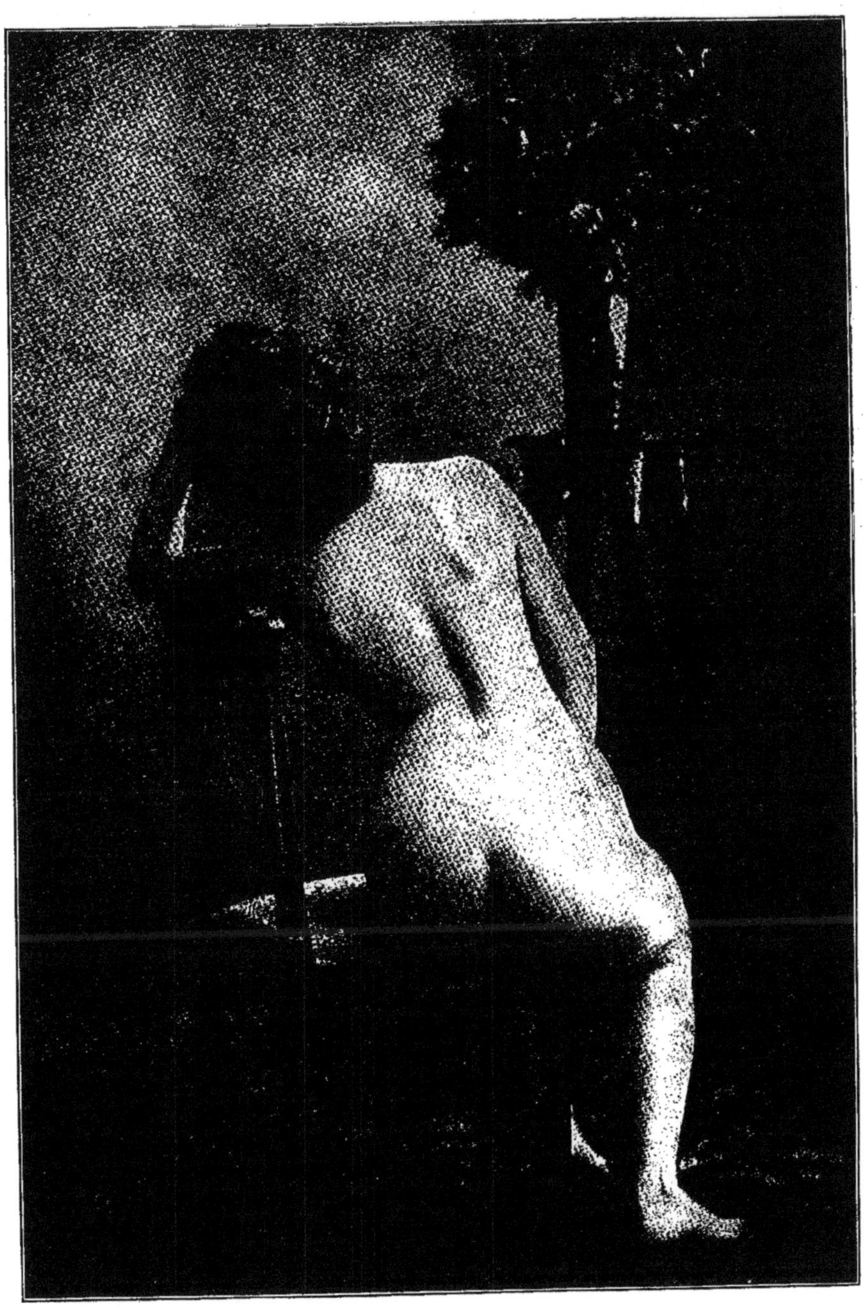

La croupe de la femme doit être ronde, formée de globes égaux, un peu épaisse.

contient les intestins — ce qui n'a rien d'éminemment suggestif — en Angleterre une lady se respectant ne saurait l'appeler, même devant son médecin, que l'*estomac français !*.....

Quoi qu'il en soit, il demeure constant que la croupe est de ces organes humains auxquels est attaché une idée naturelle de pornographie, et c'est pour cela qu'il nous faut répéter une fois de plus, ici, que notre ouvrage ne s'adressant qu'aux artistes, auxquels il a la modeste prétention d'être utile, nous n'avons pas plus le droit de laisser de côté la croupe que les seins ou les jambes. Honny donc soit qui mal y pense !

Revenons à nos moutons.

La croupe est, chez la femme, généralement développée d'une façon particulière. Nous avons étudié dans un numéro précédent les causalités de la structure de l'anatomie féminine. Nous avons vu pourquoi la nature avait doté certains de ses organes d'une force spéciale, de tous ses organes peut-on dire concourant, d'une façon quelconque, à la maternité — son but, son essence, sa raison d'être. Nous avons compris que c'était pour cela que toute la partie inférieure de son corps était plus solide que la partie supérieure, parce qu'elle était en rapport direct avec tout l'appareil génératoire.

Au point de vue esthétique, il en est différemment et la croupe ne dépend aucunement, comme on pourrait se l'imaginer, des hanches.

Il n'y a entre elles aucun rapport apparent, attendu que les hanches peuvent être larges, la croupe étroite — et inversement. Il en résulte dans ce cas, qui est naturellement très fréquent, une disproportion fort désagréable, au point de vue artistique, mais qu'il est facile de corriger, selon les principes de l'esthétisme et de tendre ainsi vers la beauté académique parfaite.

Les Grecs qui, dans leur statuaire, semblent n'avoir point admis que la hanche développée fût belle, n'ont pas éprouvé la même impression pour la croupe : les Aphrodites grecques ont, presque toutes, cette dernière assez massive. On peut s'en convaincre aisément en regardant la *Vénus accroupie et l'Amour* (Musée de Rome), la *Vénus sortant du bain* (Musée de Rome), et la *Vénus Callipyge* (Musée de Naples), qui est le prototype le plus célèbre de la beauté de la croupe, qui l'identifie en quelque sorte et la personnifie. Par contre, la *Vénus de Médicis* a la croupe fuyante, relativement mince, et cela n'enlève rien de sa splendeur.

Résumons-nous d'un mot : la croupe doit se composer de deux globes bien ronds, bien proportionnés, bien égaux, légèrement rosés et terminés par d'agréables fossettes..... *et un trou du cul au fond.*

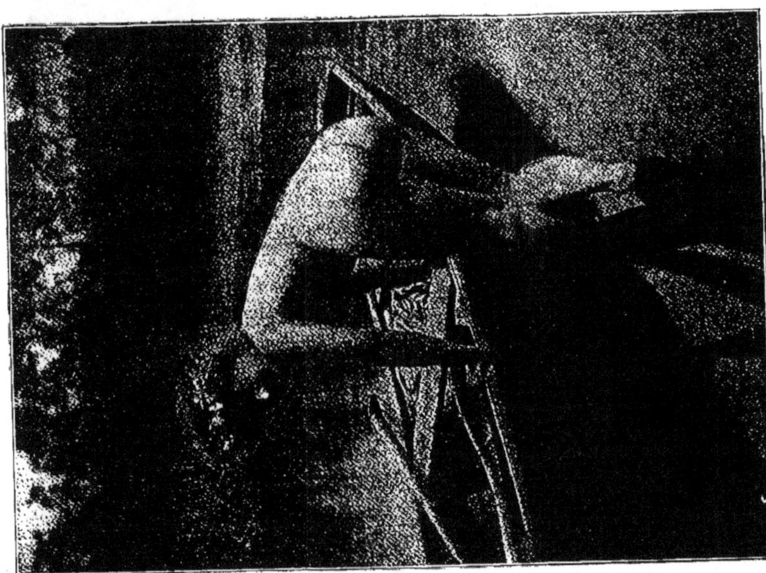

La croupe a un rapport direct avec l'aplomb du corps. Il peut être sur la jambe gauche...

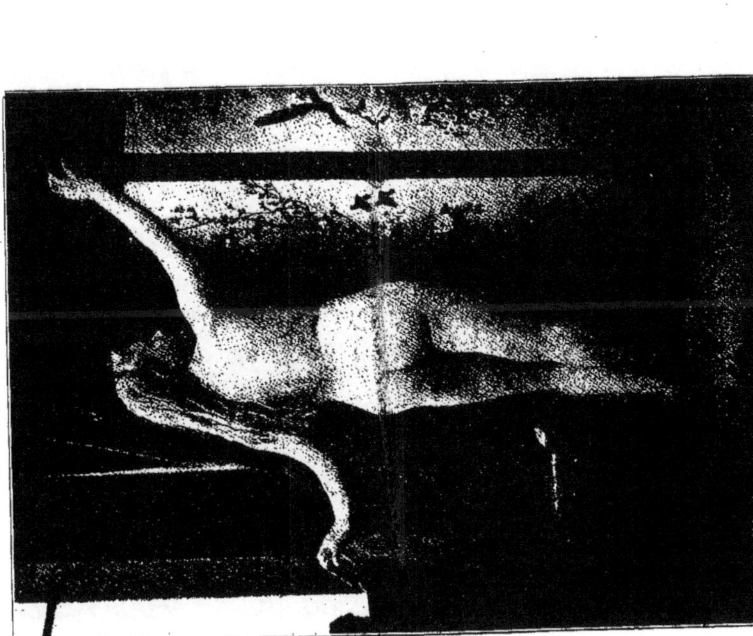

Les principes énoncés pour la hanche s'appliquent également à la croupe.

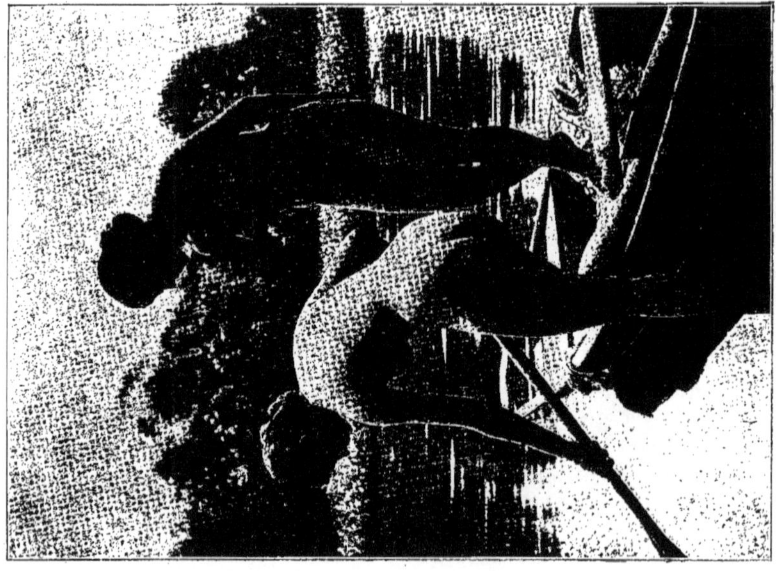

Nous le montrons par l'opposition des hanches et de la croupe, que l'on voit ici les unes à côté des autres.

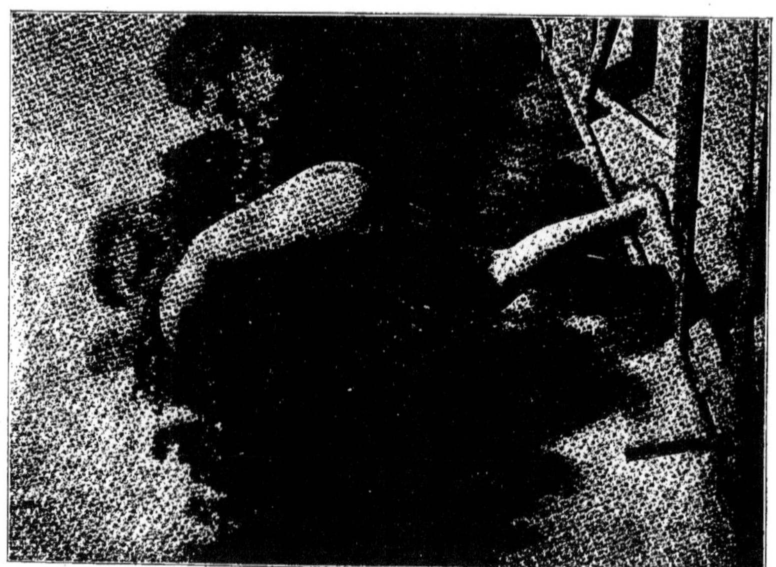

Ou bien sur la jambe droite, et plus ou moins direct.

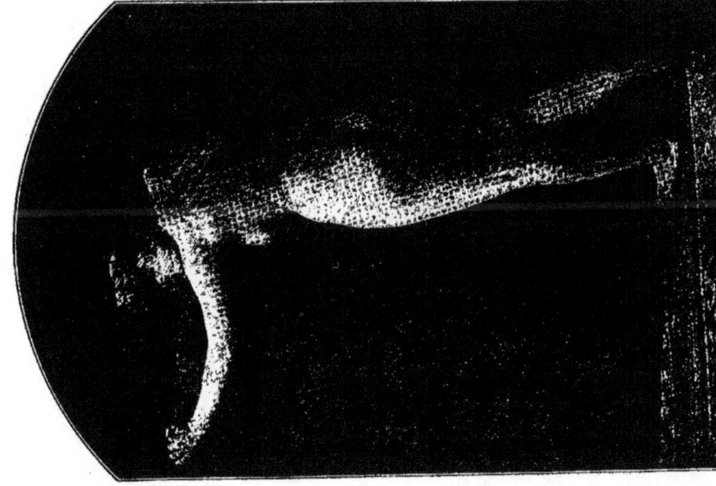

Qui donne à la croupe une importance exagérée.

Il faut se garder néanmoins d'exagération. Il en résulte un défaut d'équilibre.....

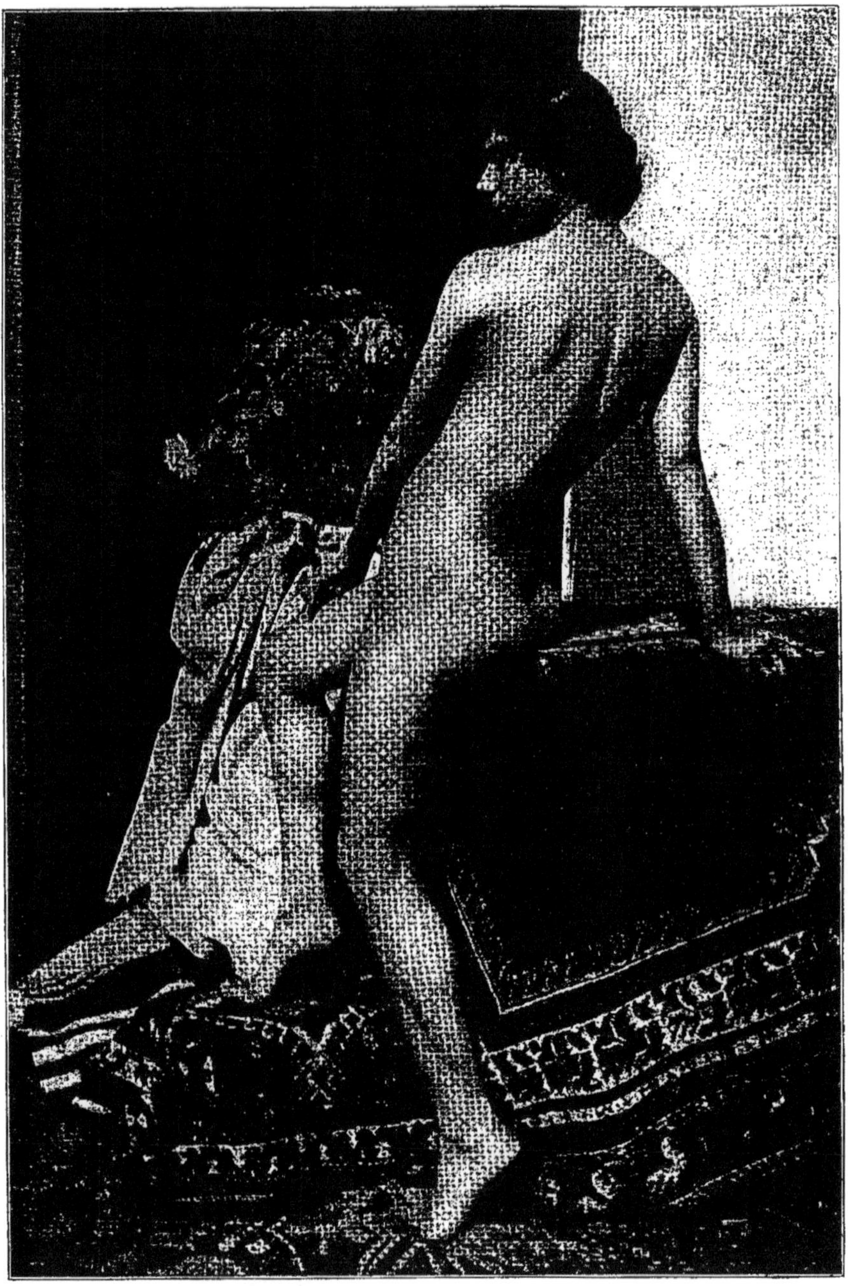

Ou qui enlève à la croupe l'importance de premier plan qu'elle devrait avoir dans certaines poses.

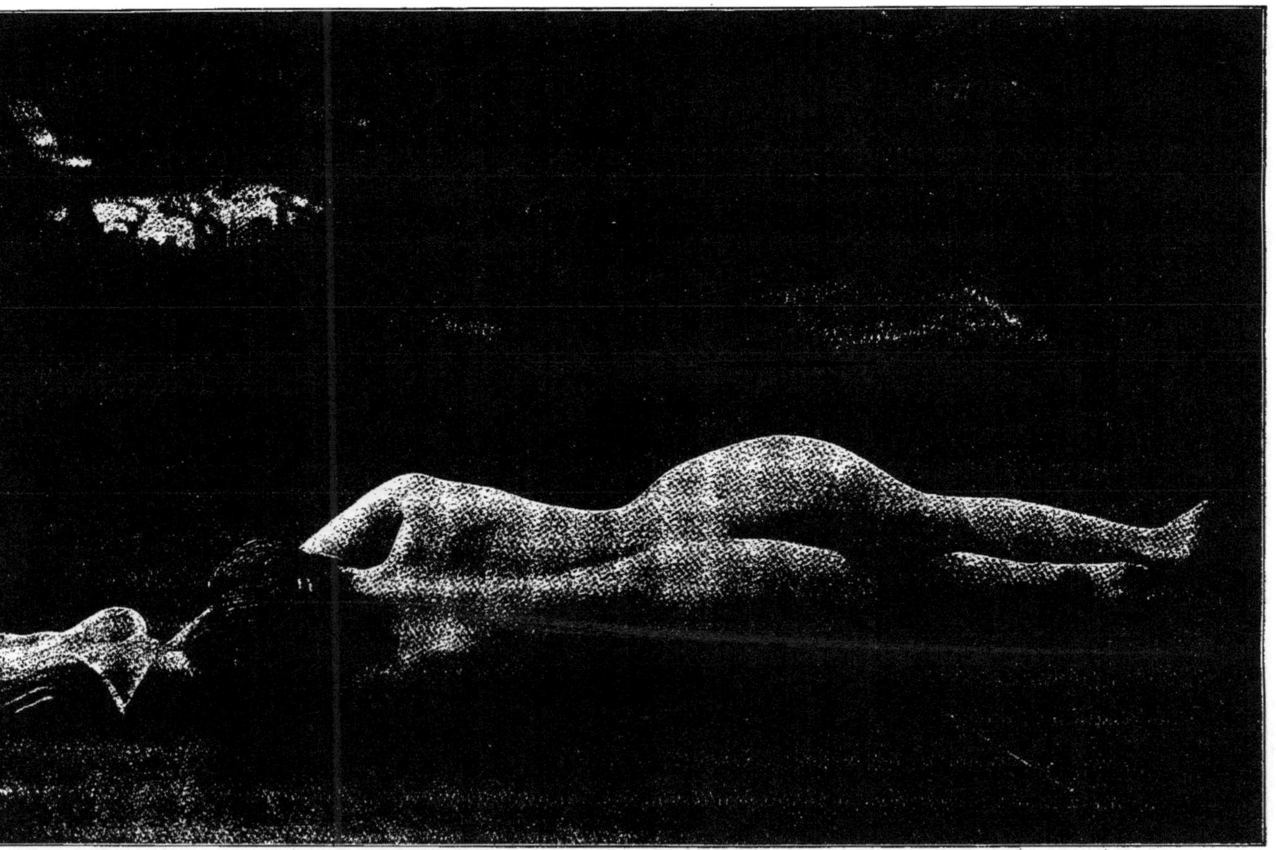

Tous ces défauts s'atténuent dans la pose couchée où la croupe prend sa position naturelle.

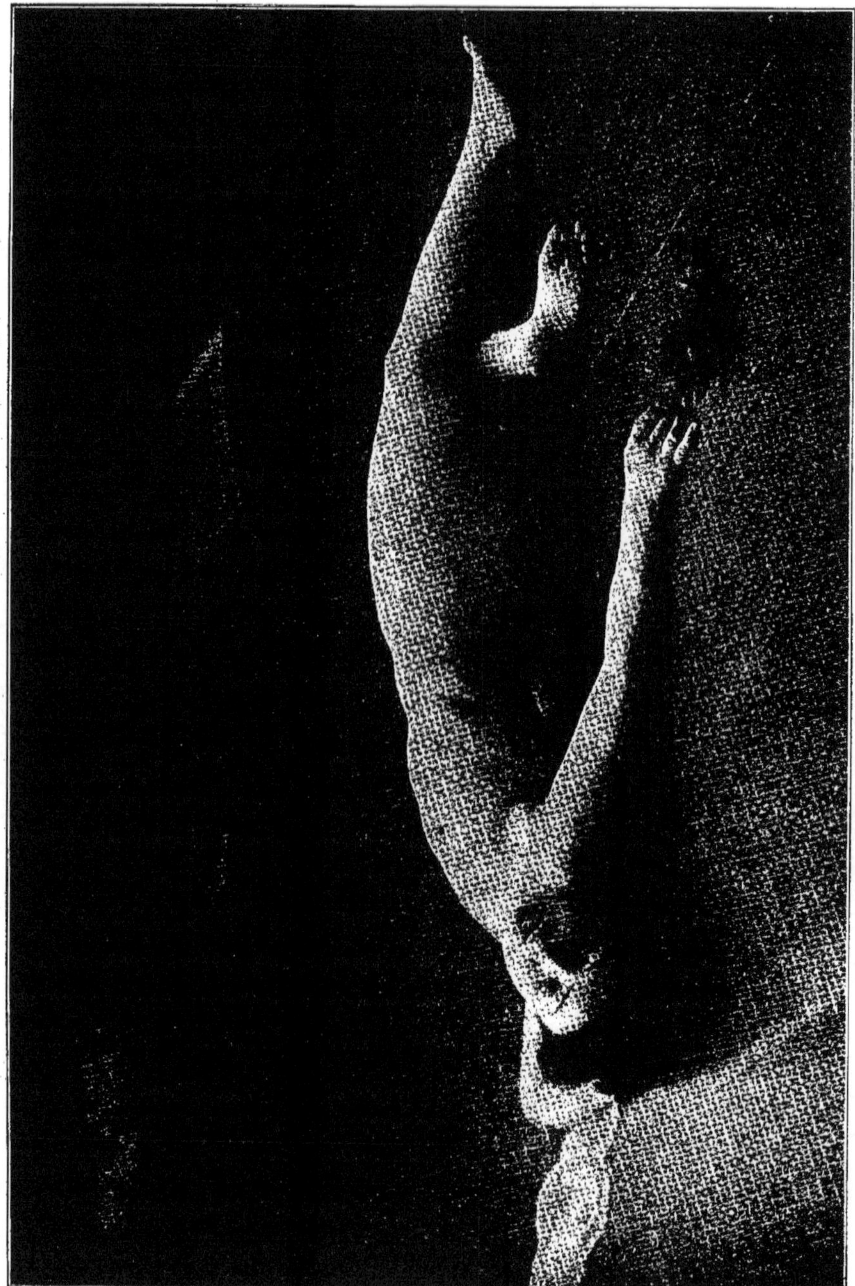

.... Et sans efforts, quelle que soit celle que prend la femme et quelque maniérée qu'elle soit.

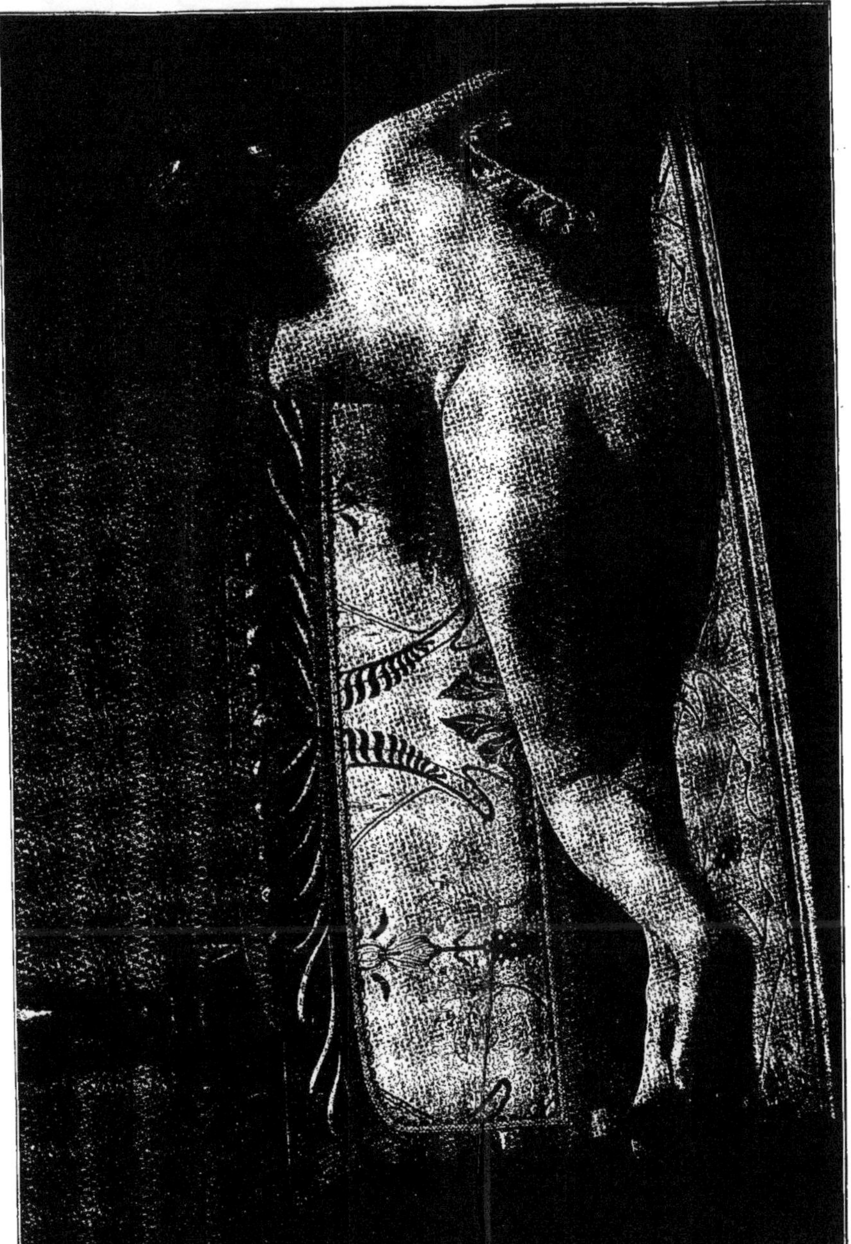

On en voit ici un exemple frappant, malgré l'effort d'imagination de l'artiste qui s'est porté sur les bras.

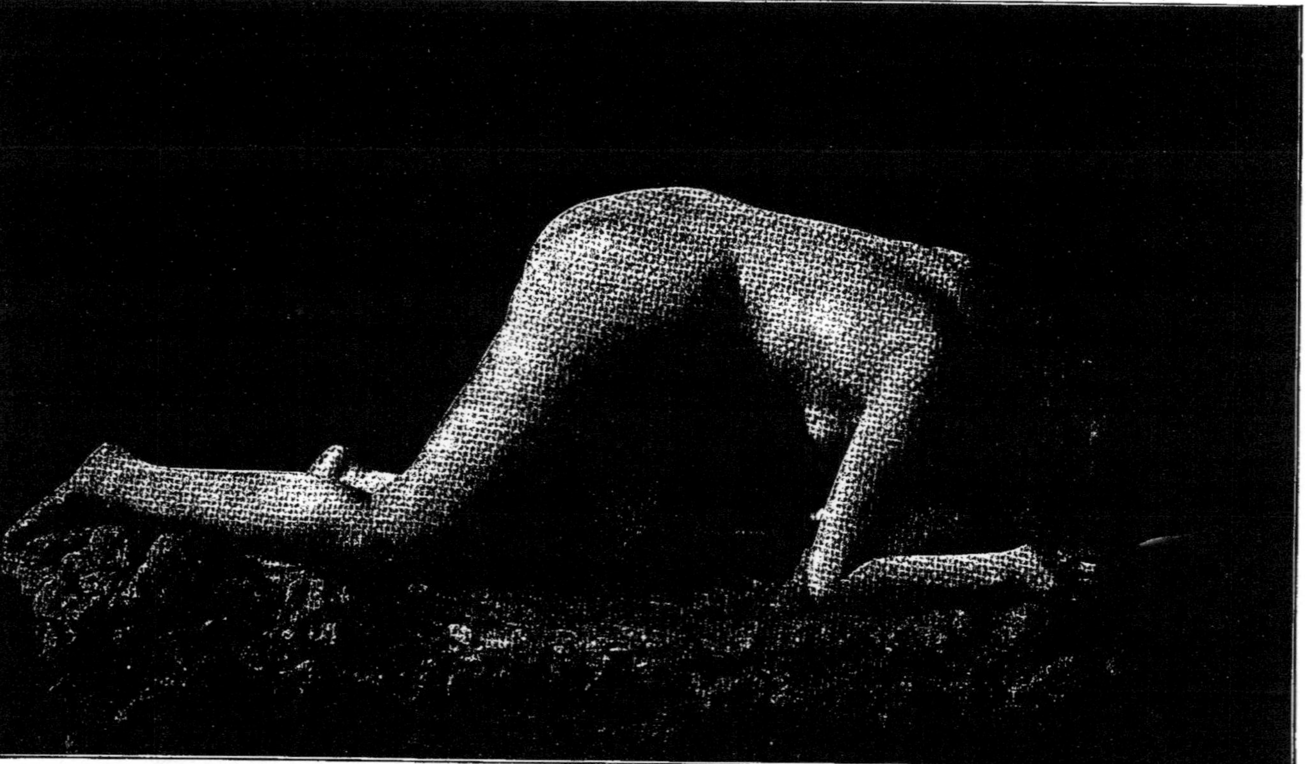

Ici également, dans une pose qui veut rendre le désespoir, mais avec trop de recherche.

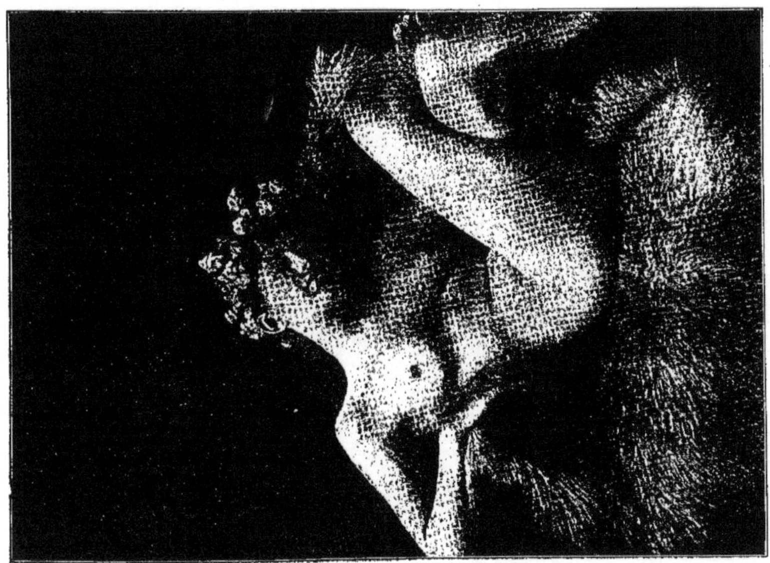

Elle s'atténue selon l'importance qu'on entend lui donner dans l'œuvre, et demeure souvent caché.

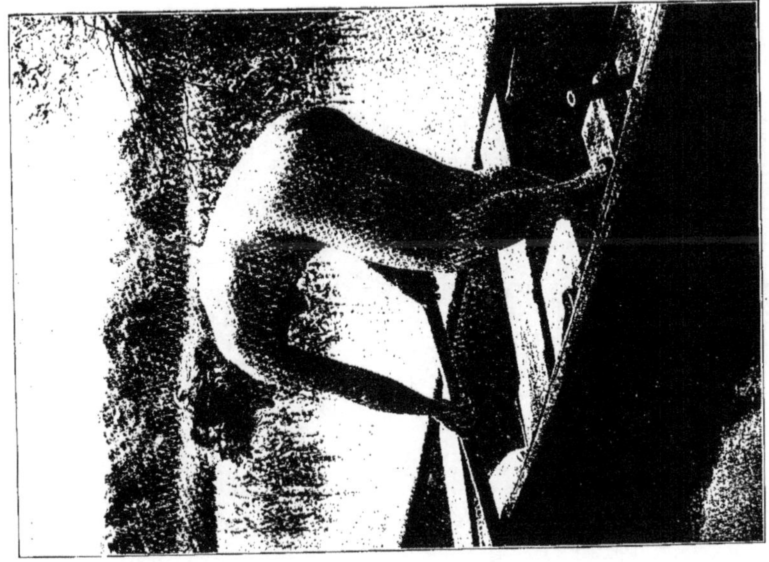

D'ailleurs si, dans certaines poses, la croupe prend naturellement le premier plan,

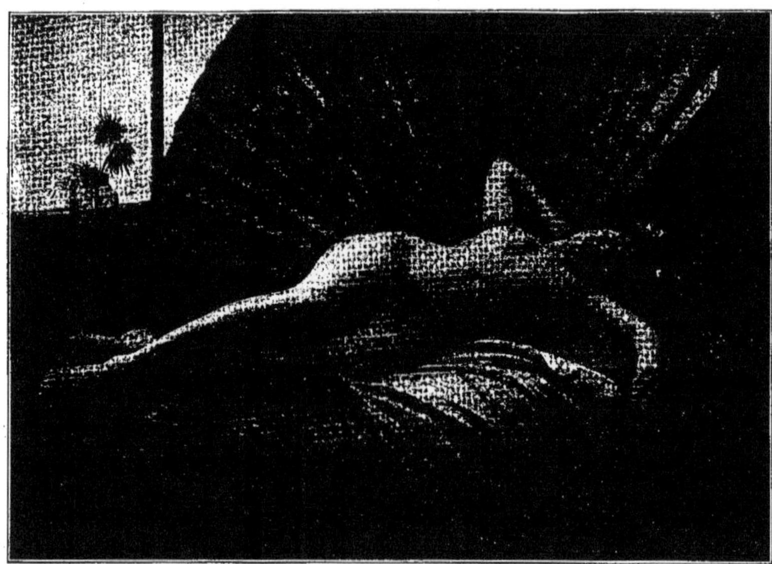

Mais on la trouve toujours, même au second plan, ne devenant plus qu'un détail.....

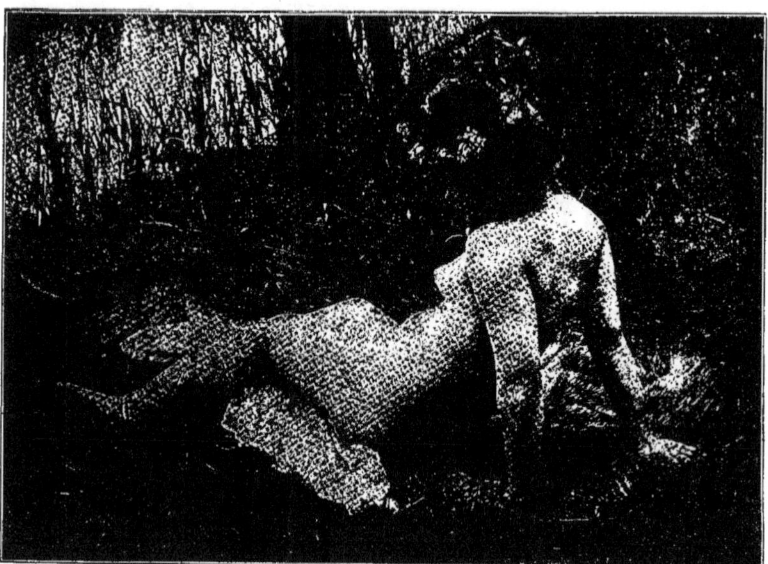

Ou ne demeurant que le point d'appui naturel du corps, ce qui donne toujours à celui-ci une harmonie gracieuse.

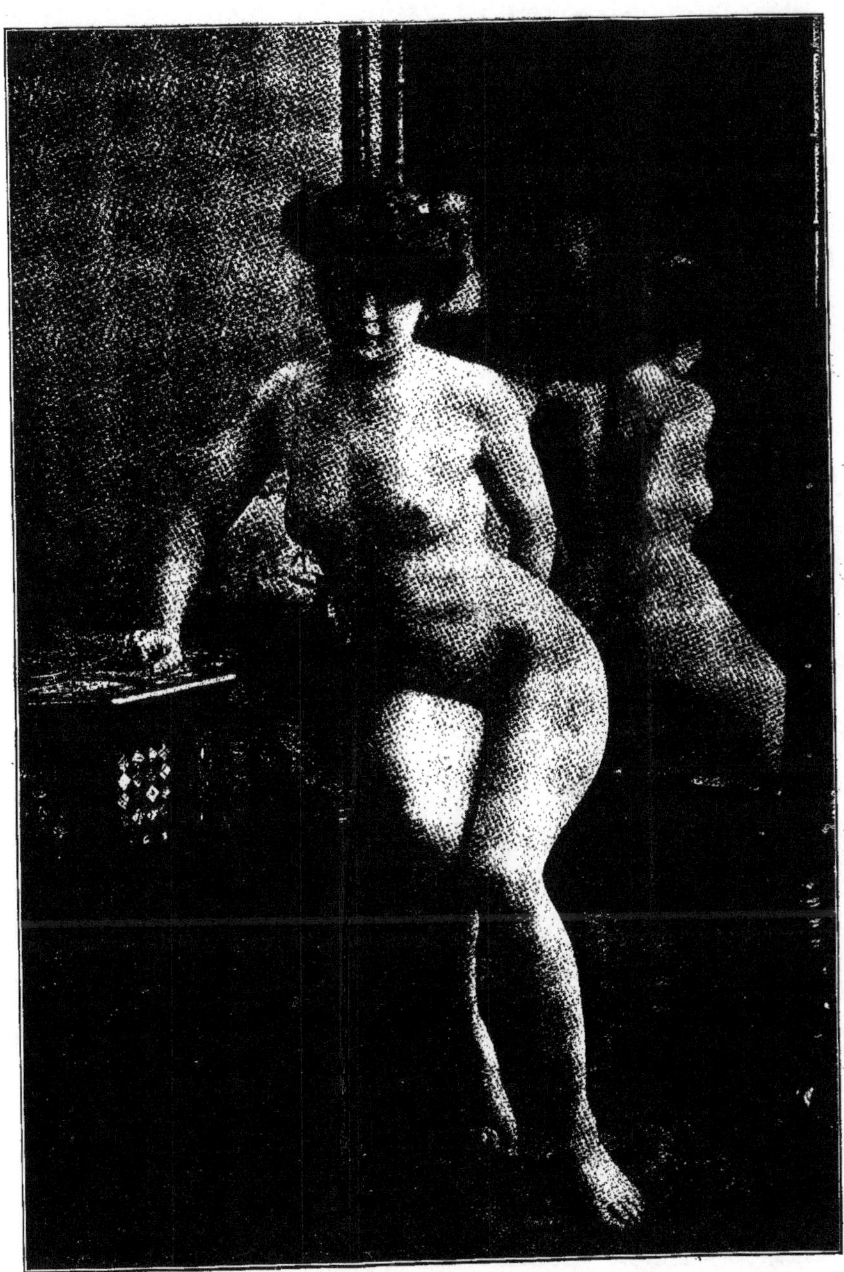

L'imagination des artistes peut se servir de la croupe pour sortir de l'académie froide et banale.

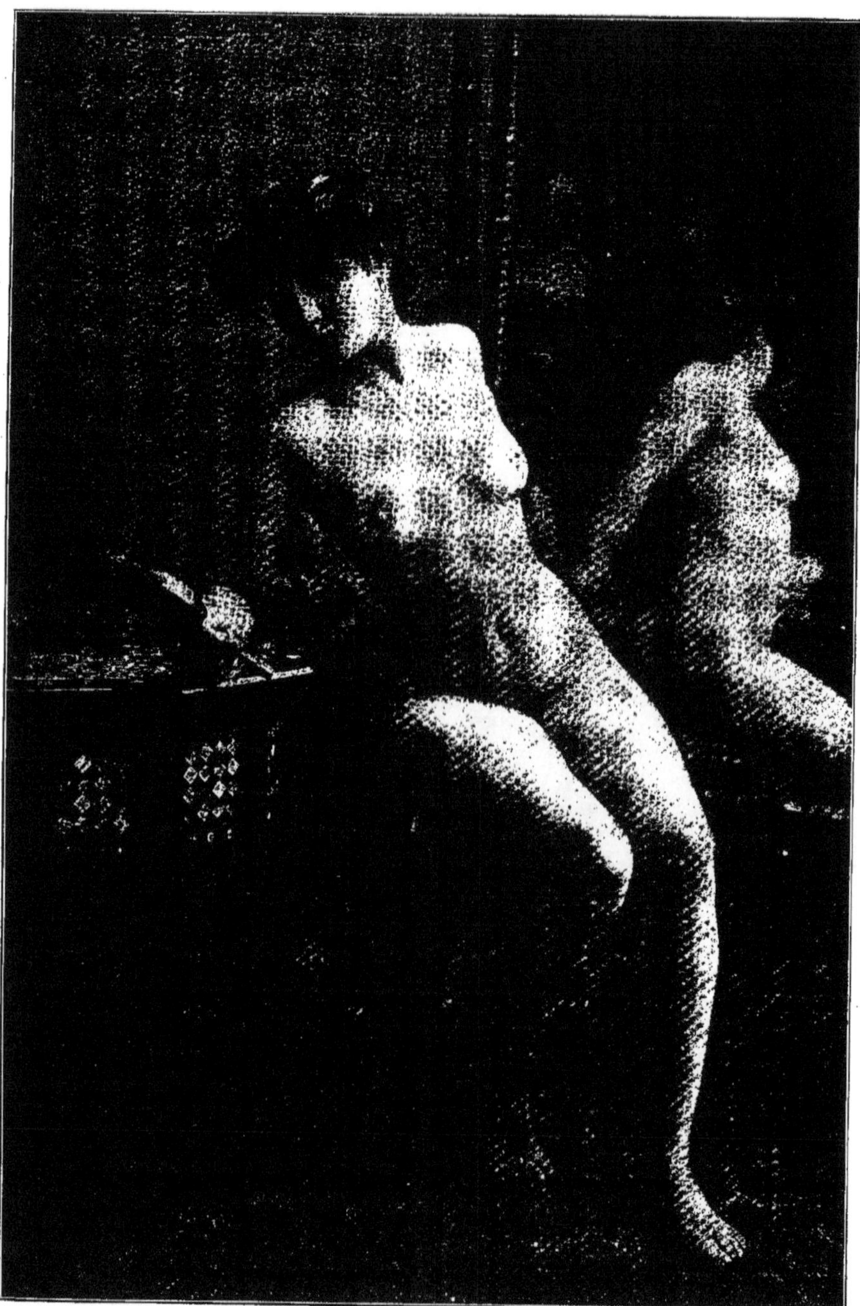

Faire voir la pureté de la ligne, la sveltesse de la forme.....

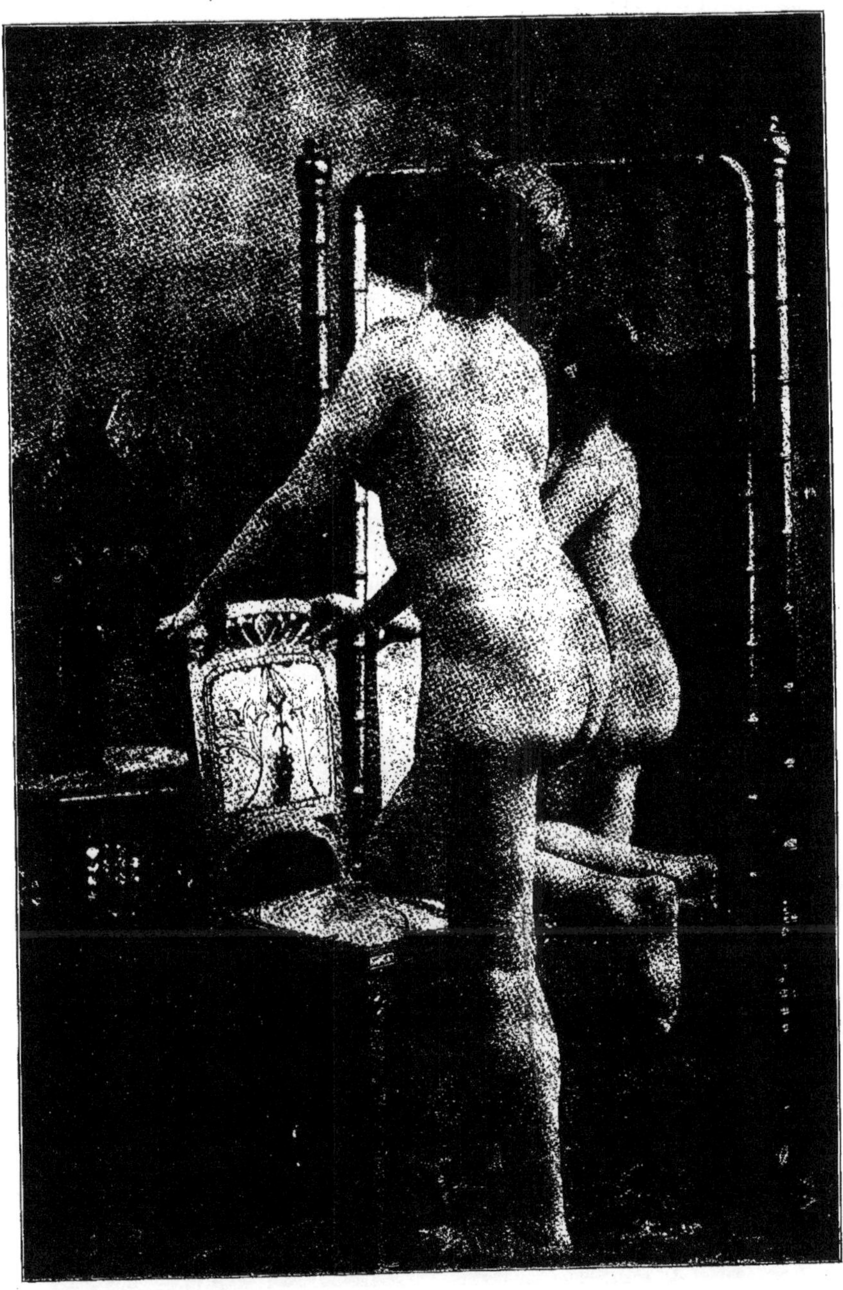

Et chercher de jolis effets de grâce dans cette beauté particulière à la femme.

Le Gérant: Coustal.

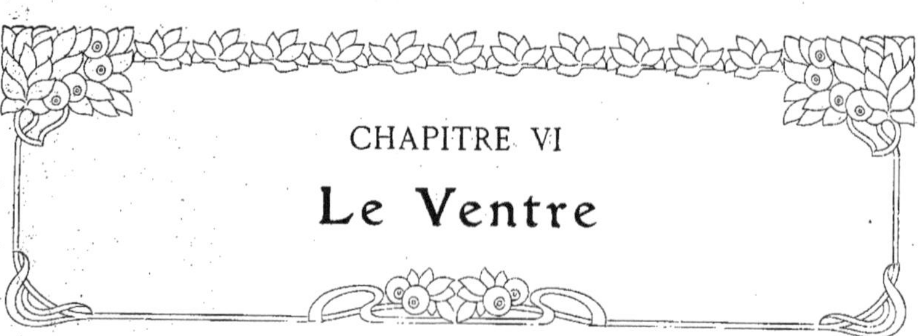

CHAPITRE VI

Le Ventre

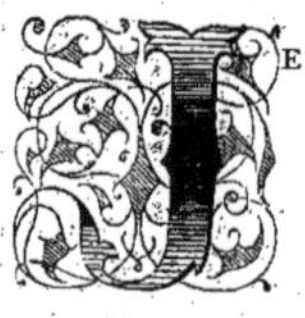E me rappelle qu'un de mes bons confrères — je ne sais vraiment plus lequel — ayant, dans une nouvelle passionnelle, à parler du ventre, et ne voulant pas le faire d'une manière trop vulgaire, s'avisa de mettre dans la bouche d'un amant énamouré ces vers qu'on apprend aux tout petits enfants, en même temps que le LOUP ET L'AGNEAU

O gentil petit oreiller,
Compagnon de mes rêves roses.....

C'était une jolie fiction. Mais la 9me chambre correctionnelle, sous la dénonciation d'un Père-la-Pudeur quelconque, apprit au malheureux écrivain qu'il est d'imprudentes comparaisons, en lui octroyant, agrémentés de quelques sévères considérants, un certain nombre de mois de prison qu'il fit ou ne fit pas.... cela importe peu à l'histoire.

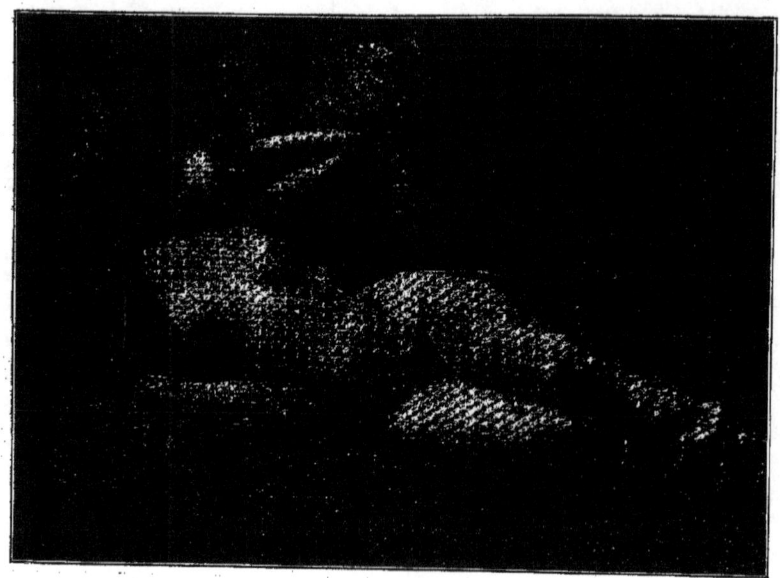

LE VENTRE.

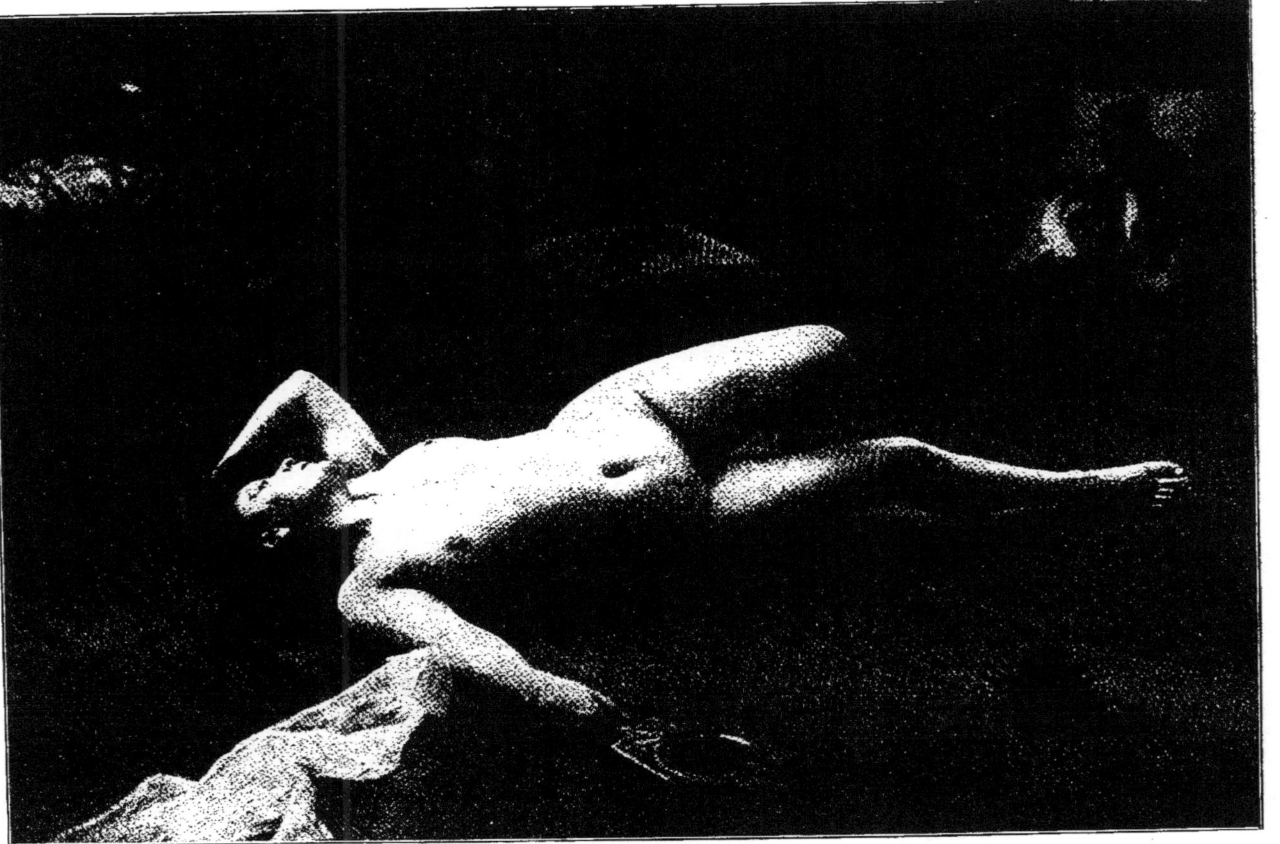

La pose académique qui avantage le plus le ventre est certainement la position étendue. Les muscles sont au repos et aucun effort ne tiraille ni ne tend le ventre dans un sens ni dans un autre.

C'était évidemment exagéré, mais l'hypocrisie de certaines gens — car je ne puis croire que ce soit un autre sentiment — a l'épiderme véritablement trop sensible en voulant que l'on ne parle jamais du ventre, comme l'exige impérieusement la pudibonderie anglaise, de même que de certaines parties du corps déclarées intrinsèquement immorales sans qu'on ait jamais bien su pourquoi...

Mais allez donc discuter, une fois de plus, là dessus!

Il est évident qu'en lui-même le ventre n'a aucune suggestivité propre, comme il n'a aucune poésie particulière.

Il n'a pas même de beauté personnelle. La beauté du ventre ne consiste qu'en son manque de défauts. C'est là une démonstration par l'absurde, pourrait-on dire. En d'autres termes, plus banals, le ventre n'est beau que par ce qu'il n'a rien de laid.

C'est peut-être pour cela qu'un ventre parfait est très rare. On le trouve surtout chez les jeunes filles, parce qu'il n'est point encore déformé par les plis ineffaçables de la gestation, ni par le ballonnement qui vient avec l'âge et qui est la première chose qui s'accuse chez la femme vieillissante. Il est vrai que le corset est là sinon pour le corriger tout à fait, au moins pour le cacher.

Il résulte de tout cela qu'il est excessivement difficile de trouver, même chez les plus beau modèles, un ventre parfait. Elles ont eu, à peu près toutes, quelqu'accident de jeunesse, — à l'Opéra jadis, cela s'appelait un mal au genou — qui leur a déformé le ventre, l'a épaissi, ou strié. Un de ces modèles employait cette jolie expression: *défiguré.* Et leurs lignes sont demeurées superbes, leurs seins magnifiquement puissants, leurs attaches admirables malgré la maternité, alors que leur ventre est devenu flasque et informe.

En termes de lapidaire, c'est « le crapaud » qui gâte le diamant.

On verra par l'examen même des documents que nous offrons aux artistes dans ce fascicule, combien il est difficile de réunir des séries d'exemples d'une diversité aussi grande que pour les seins ou la croupe et de les ranger dans un ordre rationnel.

Le ventre n'ayant, comme nous l'avons dit, aucune originalité propre, nous n'avons pu, on le comprendra aisément, suivre tout à fait notre programme d'offrir aux artistes, sans longues recherches et par de simples déductions, la pose académique dont ils auraient immédiatement besoin.

Nous avons pris néanmoins des modèles différents où ils pourront voir le rôle du ventre dans le corps de la femme et y puiser d'utiles enseignements.

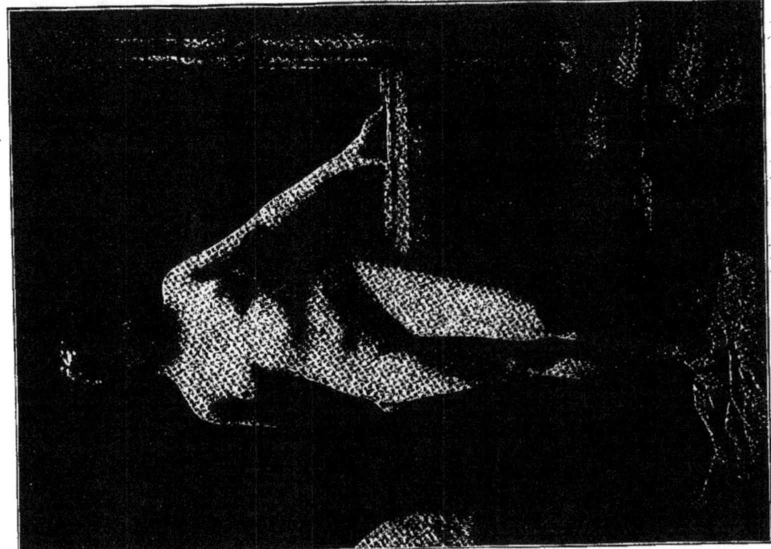

Comme on les retrouve, aussitôt que le ventre est revenu à une position normale qui ne corrige aucun de ses défauts.

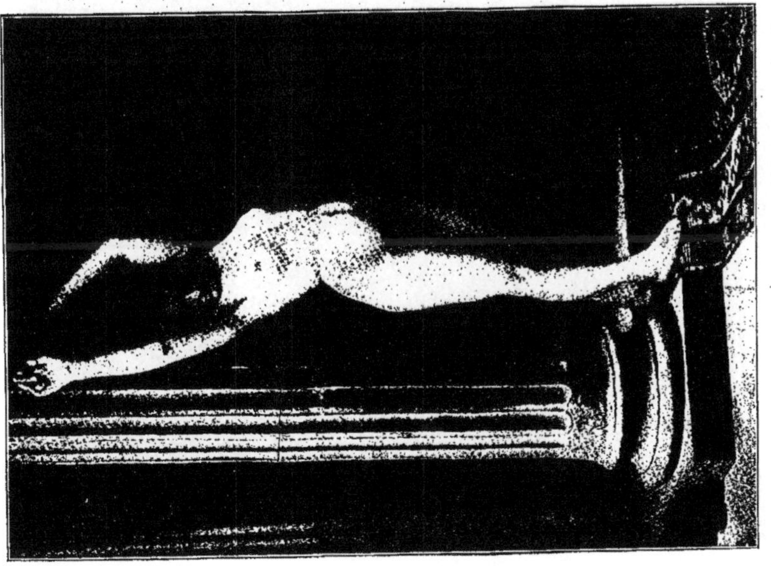

On ne trouve cet équivalent que dans une pose tout à fait inverse où la haute tension des bras efface la mollesse ou le ballonnement du ventre....

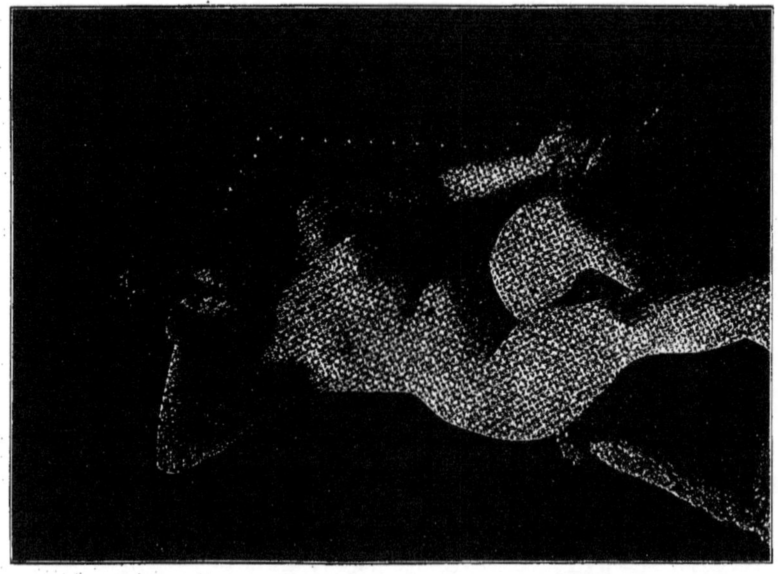

Il devra, cependant, faire bien attention à ne pas rendre son effort stérile, ce qui arrive fréquemment par une recherche incomplète de la pose.

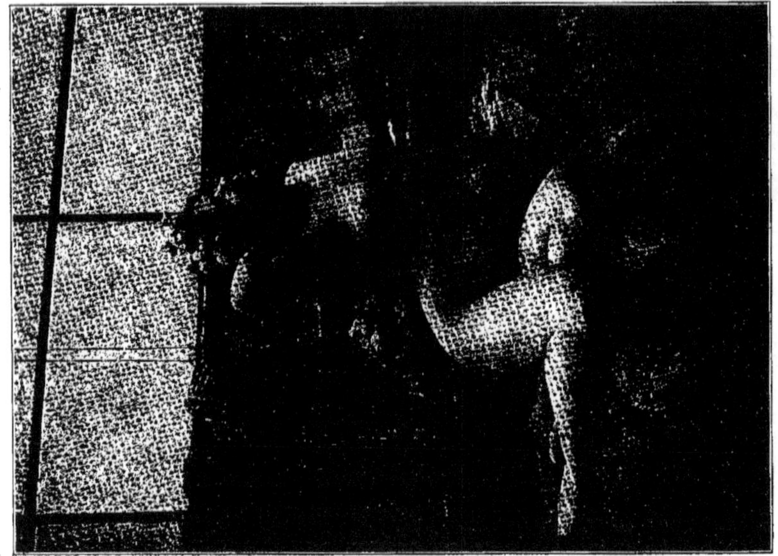

Cette tension peut, naturellement, se produire dans des poses plus compliquées que la simple élévation des bras ; c'est à l'artiste à en chercher l'harmonie.

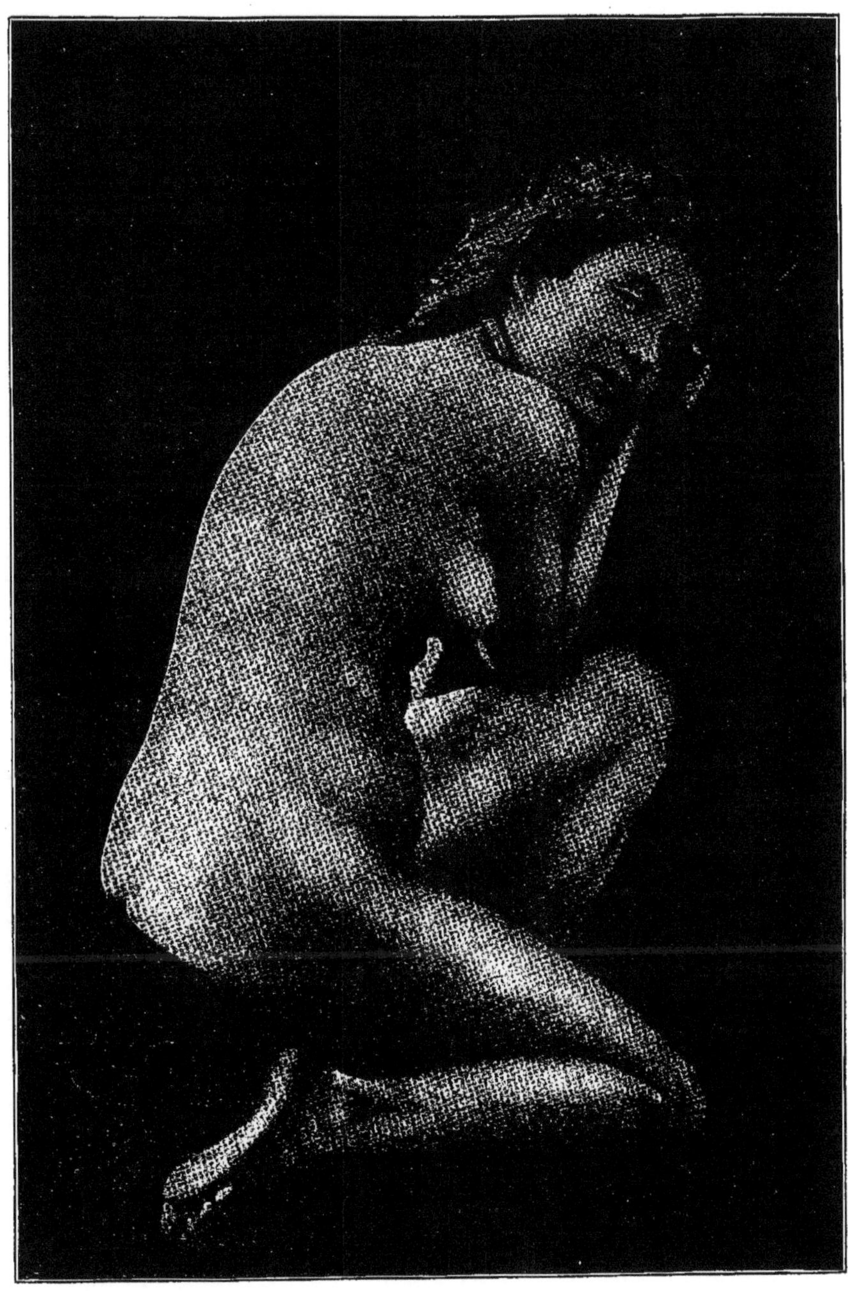

On a moins à craindre ces inconvénients avec le demi-profil qui permet de tricher facilement avec la nature.

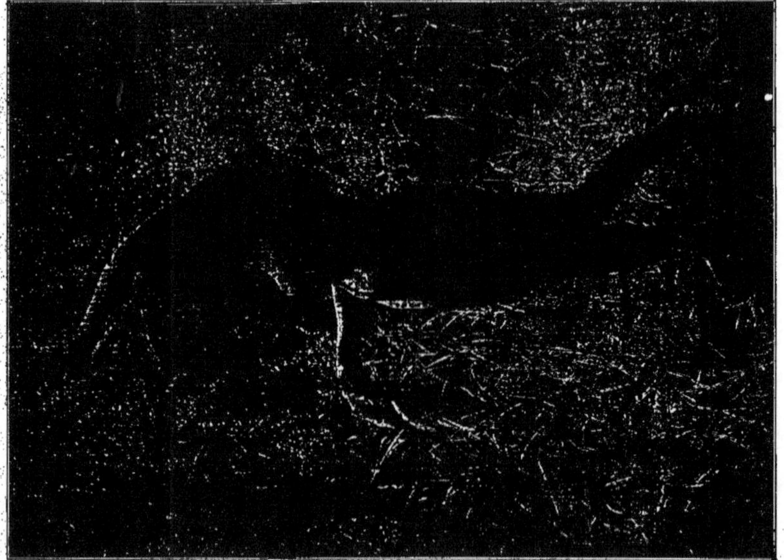

Vu de profil, le ventre n'est jamais avantagé quand le modèle est plié en avant. Non seulement les défauts apparaissent, mais encore ils s'exagèrent toujours.

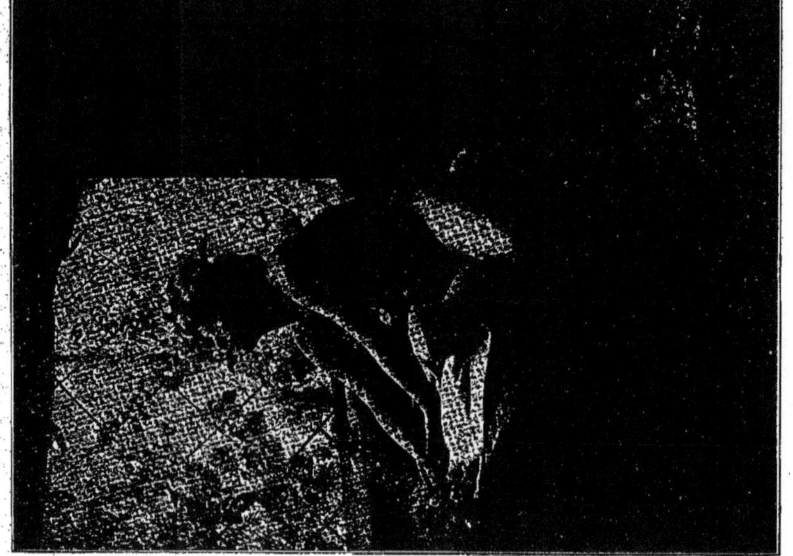

La pose des membres n'a aucune corrélation avec le principe précédemment expliqué. Tout ventre replié est par cela même défectueux.

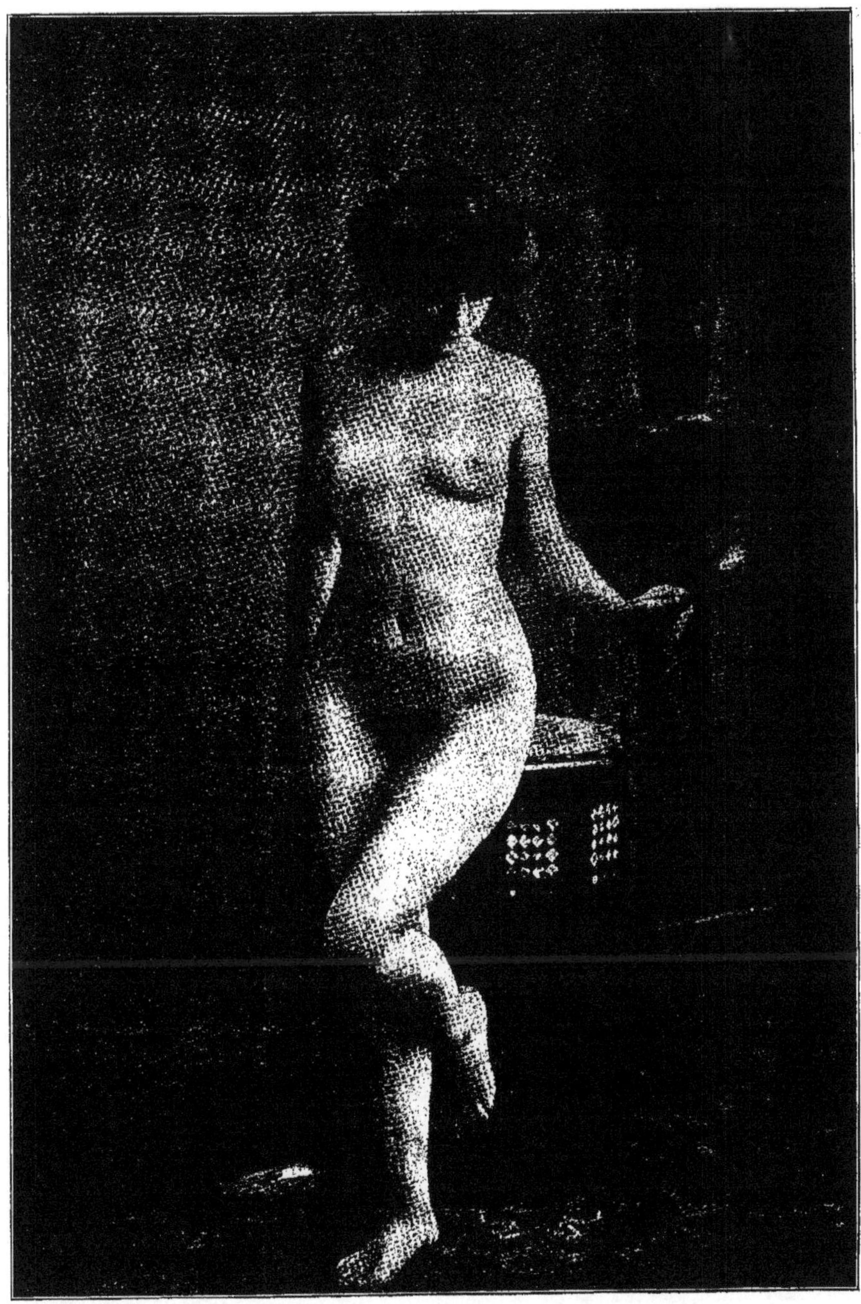

Un joli ventre, bien musclé, de proportions harmonieuses, est assez généralement l'apanage des femmes du Nord.

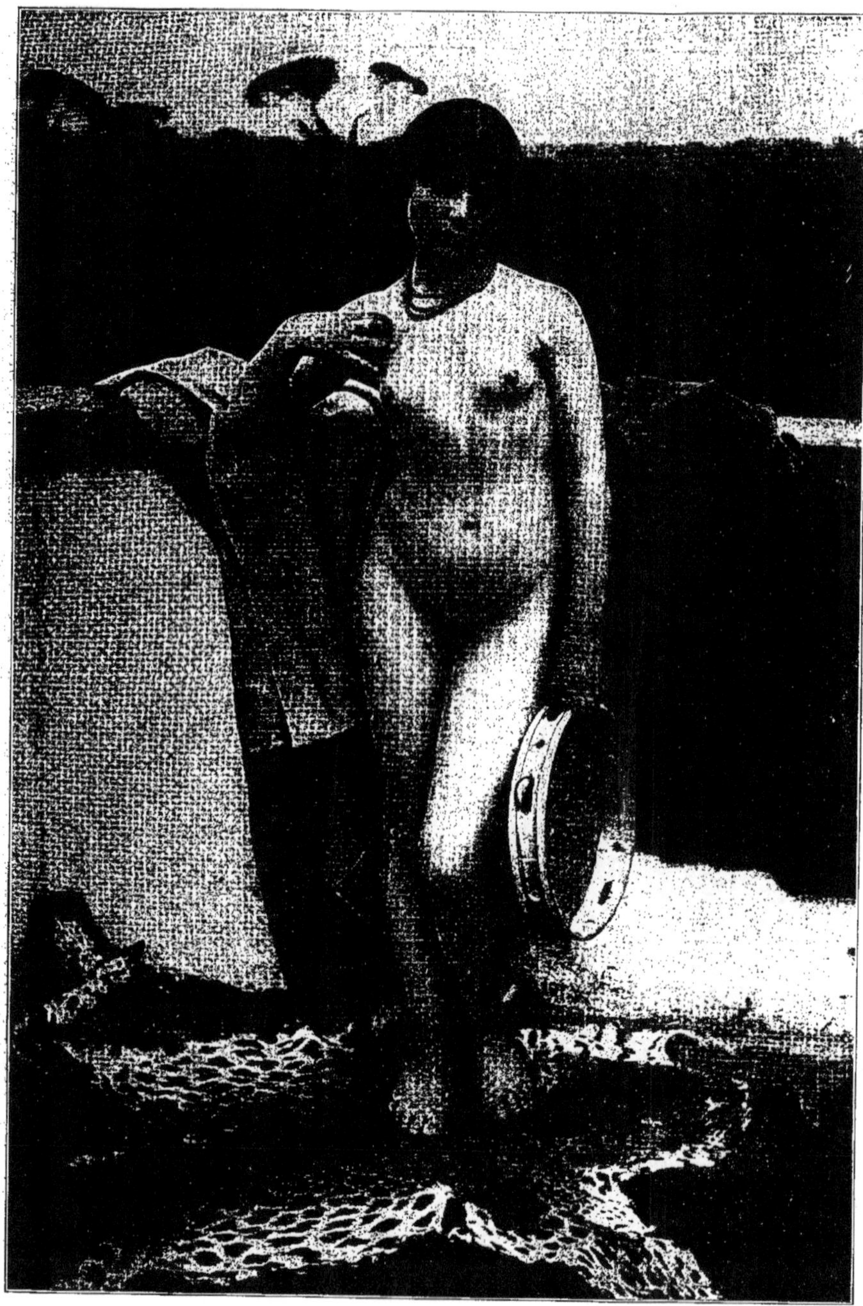

Celui des femmes du Midi est au contraire plus lourd, plus épais, de même que leur corps a moins de sveltesse, apparente, sinon moins d'élégance qui est une universelle beauté.

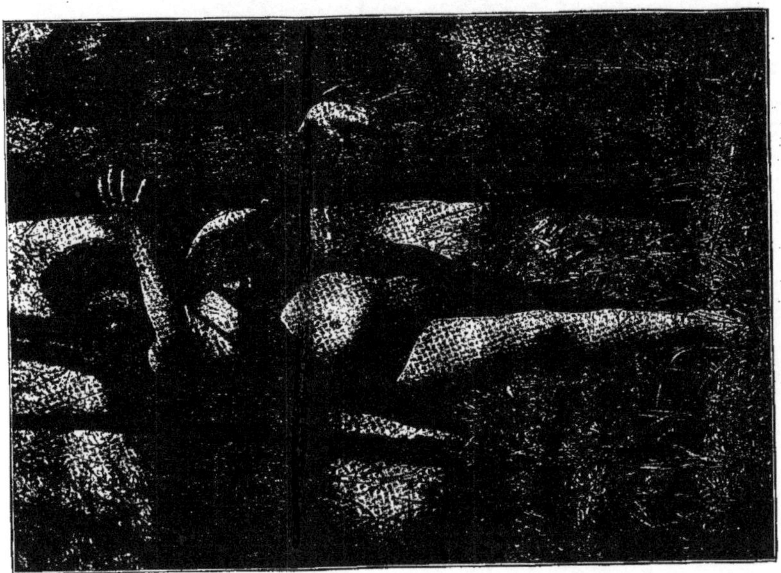

Quand chez les femmes d'un certain âge il a toujours une tendance à s'alourdir et à s'épaissir, proportionellement d'ailleurs aux hanches.

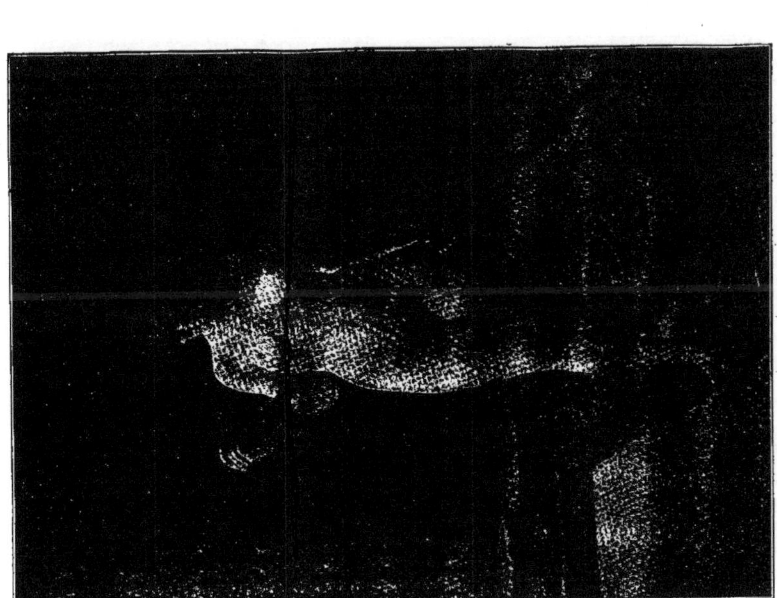

L'age, comme nous l'avons dit au commencement de ce fascicule, est un facteur important dans la beauté du ventre, généralement mince et svelte de la jeune fille.

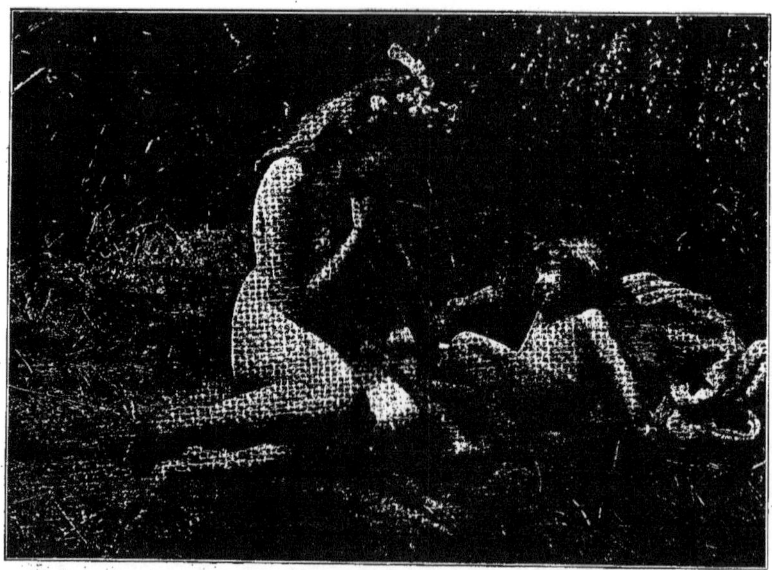

La maternité est son grand déformateur: il n'existe pour ainsi dire point de femmes qui retrouvent après elle la beauté complète de leur corps.

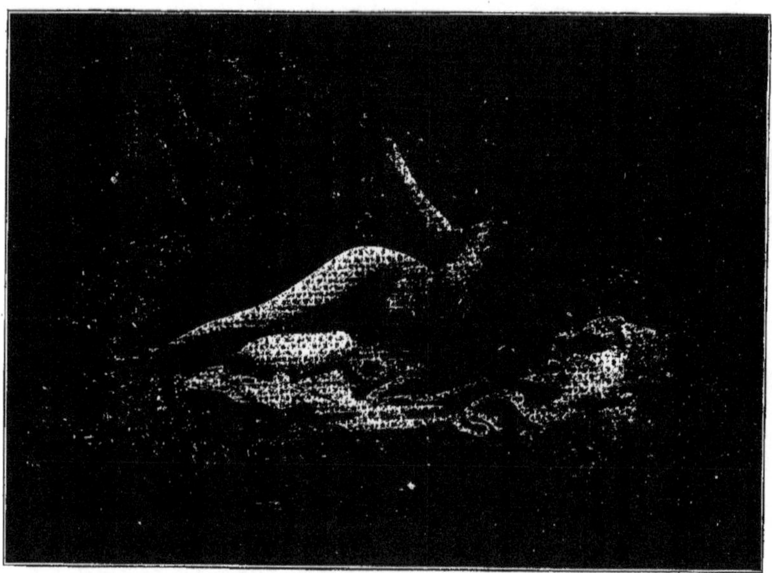

On peut néanmoins corriger tous ces défauts par une pose appropriée, un arrangement habile de draperie et d'éclairage. C'est à l'artiste qu'il appartient de rechercher tout cela.

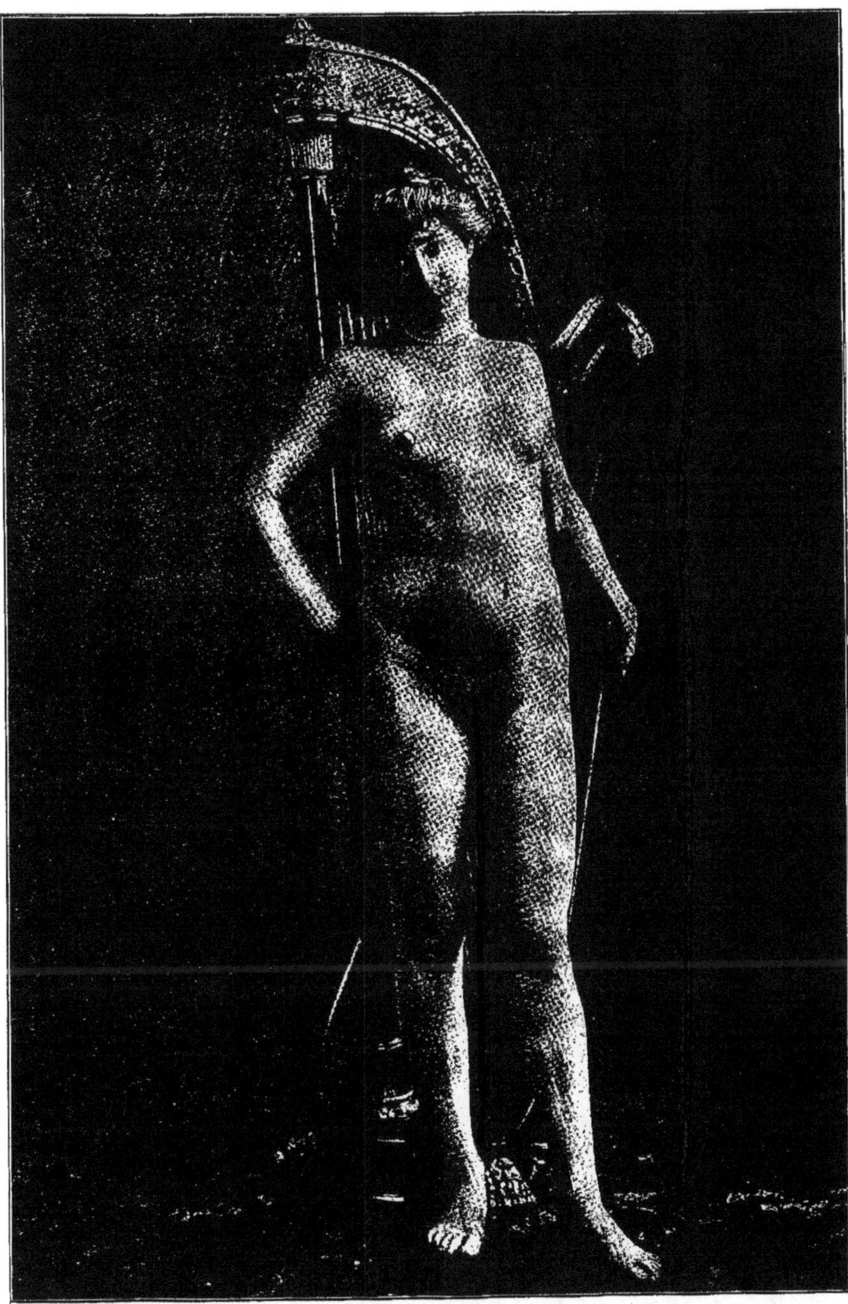

Mais c'est toujours une faute de lui donner une importance de premier plan qui mettra bien en lumière toutes ses imperfections.

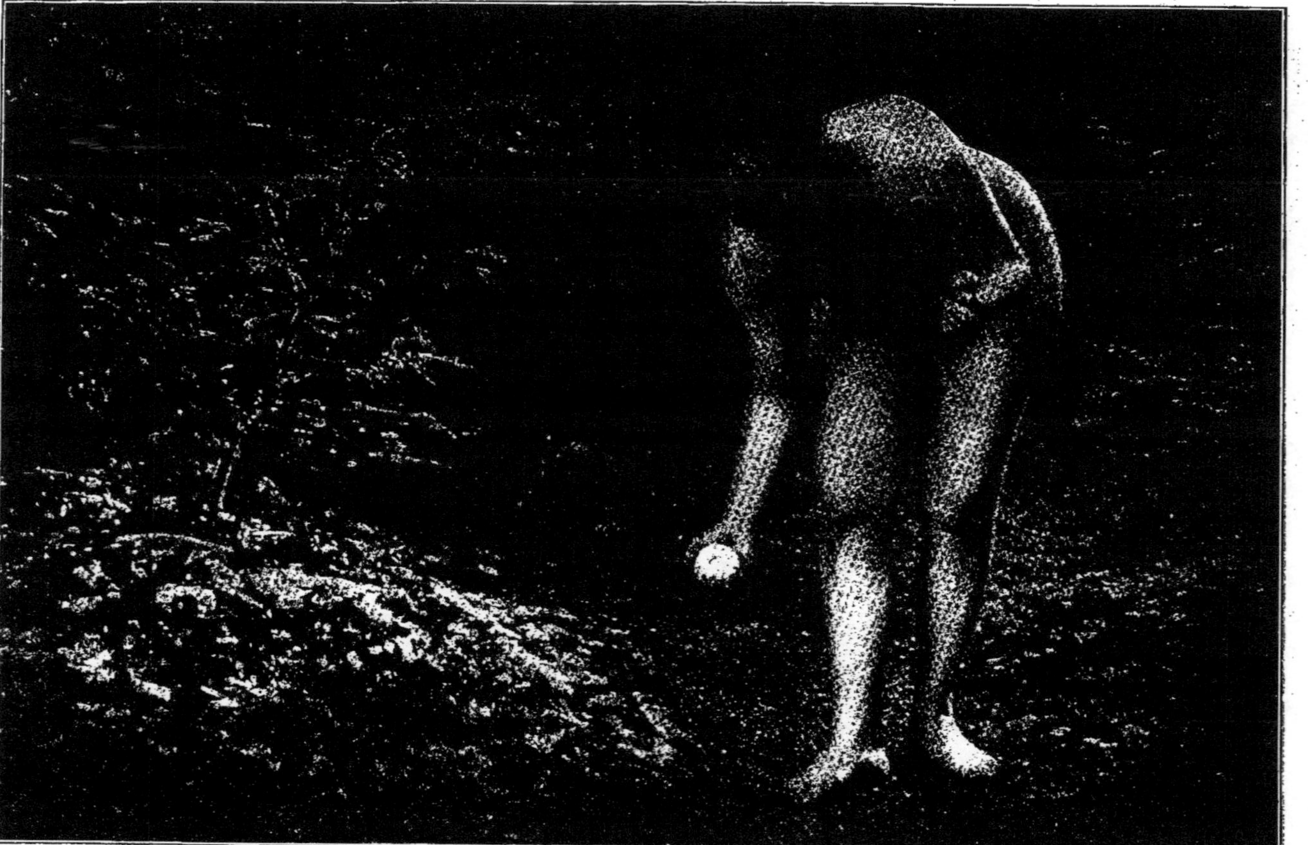

Vouloir dissimuler entièrement le ventre, n'est cependant pas possible : on risque de tomber non seulement dans l'inélégance, mais aussi dans le ridicule.

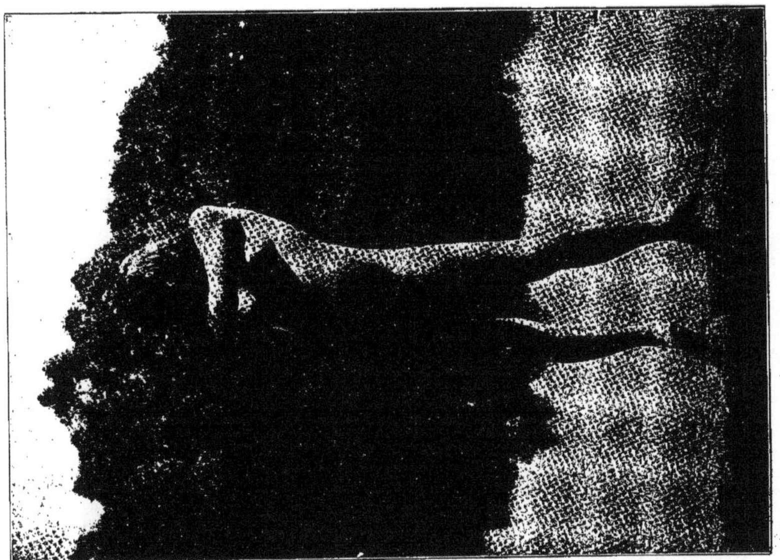

Et donner au corps de la femme des allures d'acrobates qui n'ont plus rien d'esthétique !

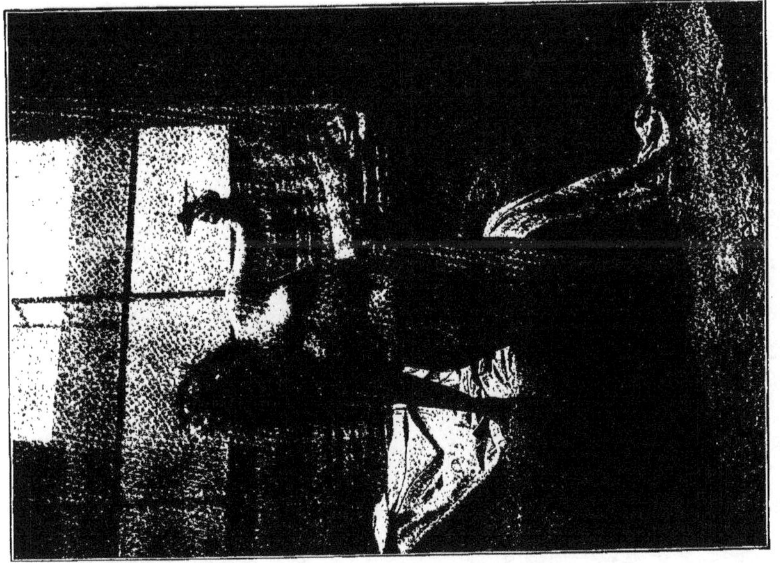

Il en est de même pour toutes ces poses trop recherchées où l'on n'évite un défaut que pour tomber dans un autre....

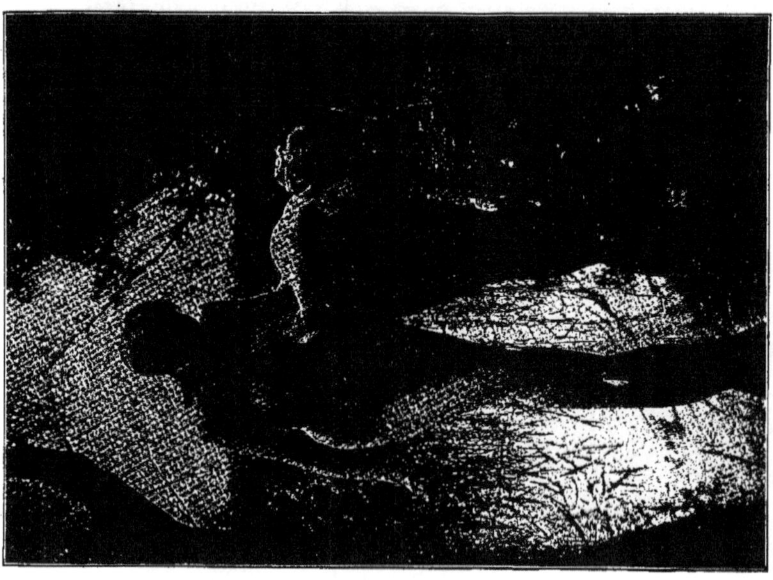
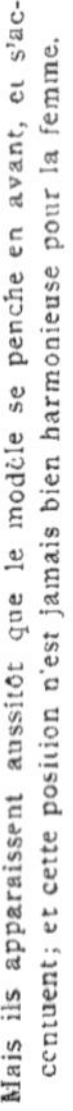

Mais ils apparaissent aussitôt que le modèle se penche en avant, et s'accentuent; et cette position n'est jamais bien harmonieuse pour la femme.

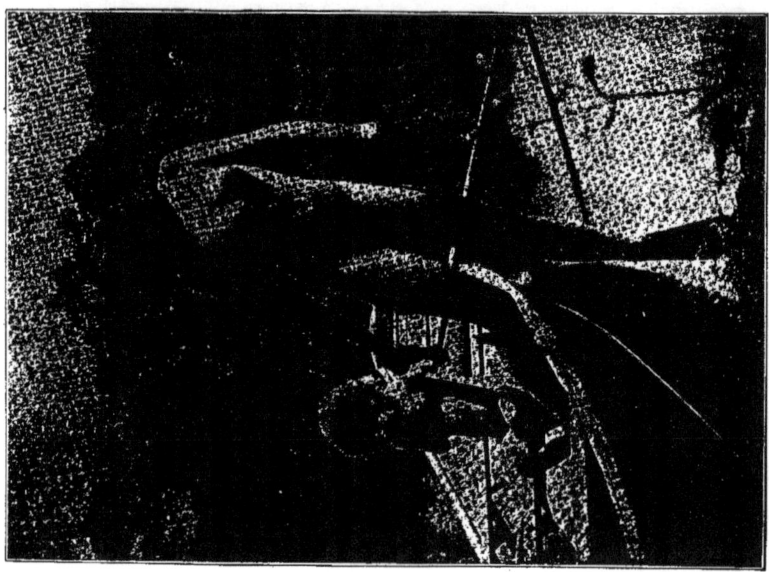

Les plis qui gâtent la beauté du ventre, peuvent être dissimulés, sinon disparaître complètement par toute cambrure du corps en arrière

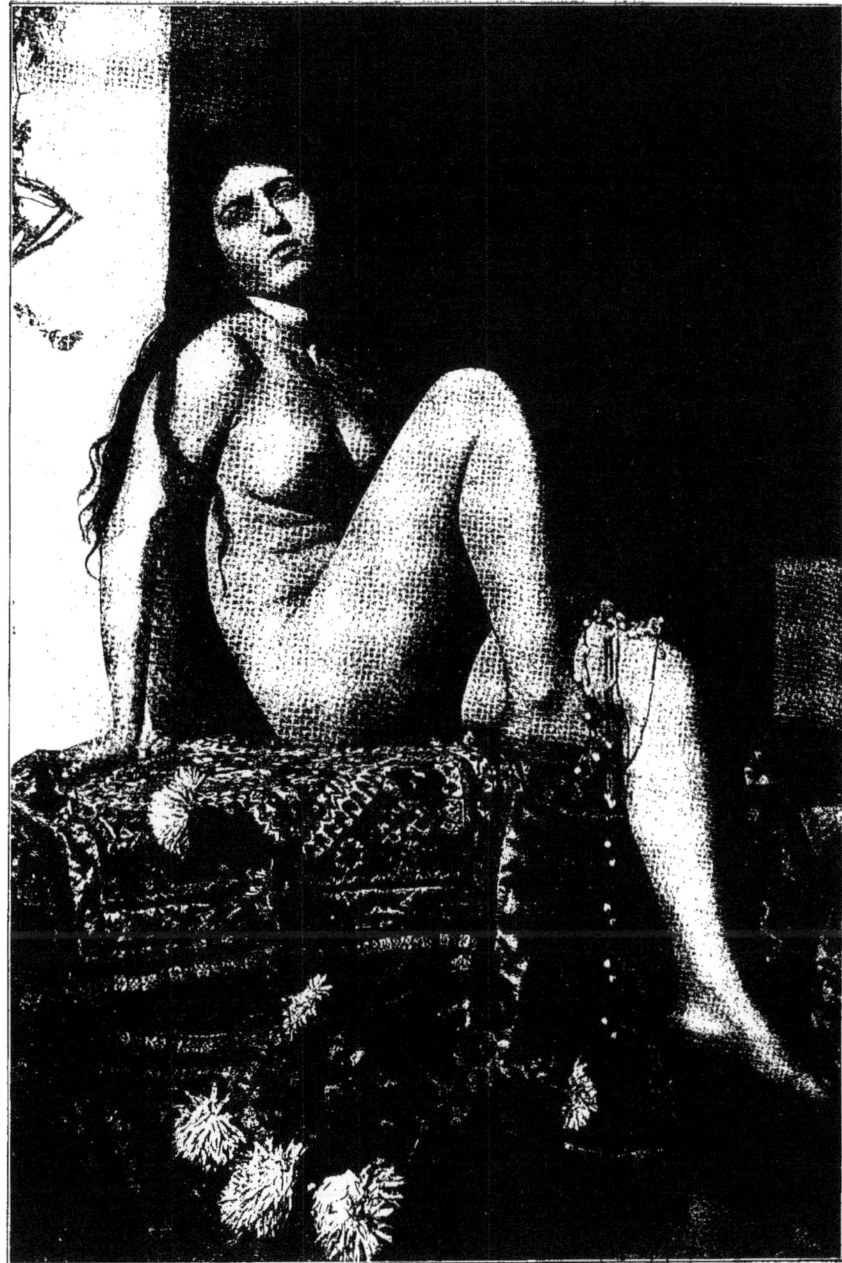

Nous résumons tous ces défauts dans une pose qui pourrait n'être ni sans charme ni sans harmonie, si elle n'exagérait trop les plis du ventre.

Le Gérant : Coustal.

Guy de Téramond
La Beauté du nu

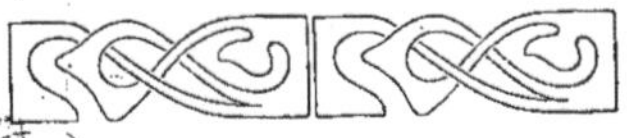

Dans l'antiquité,

la religion,

la vie moderne.

(Etudes physiologiques.)

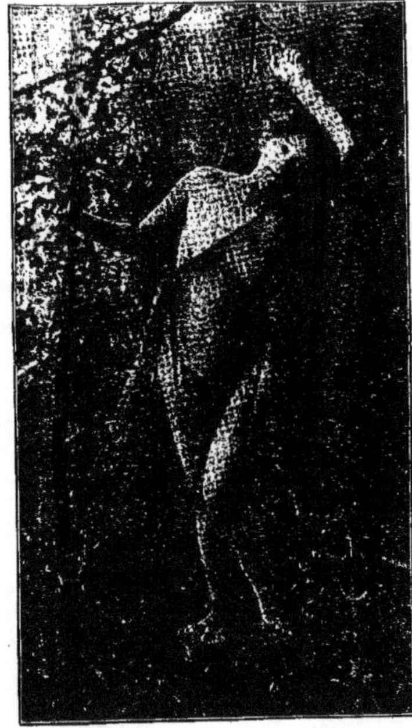

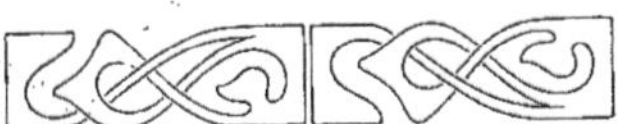

Ouvrage artistique

illustré par le nu photographique d'après nature.

100 Etudes. ▭ **Prix 3 fr. 50.**

PARIS, 10, rue du Mont-Thabor,
Librairie artistique et littéraire.

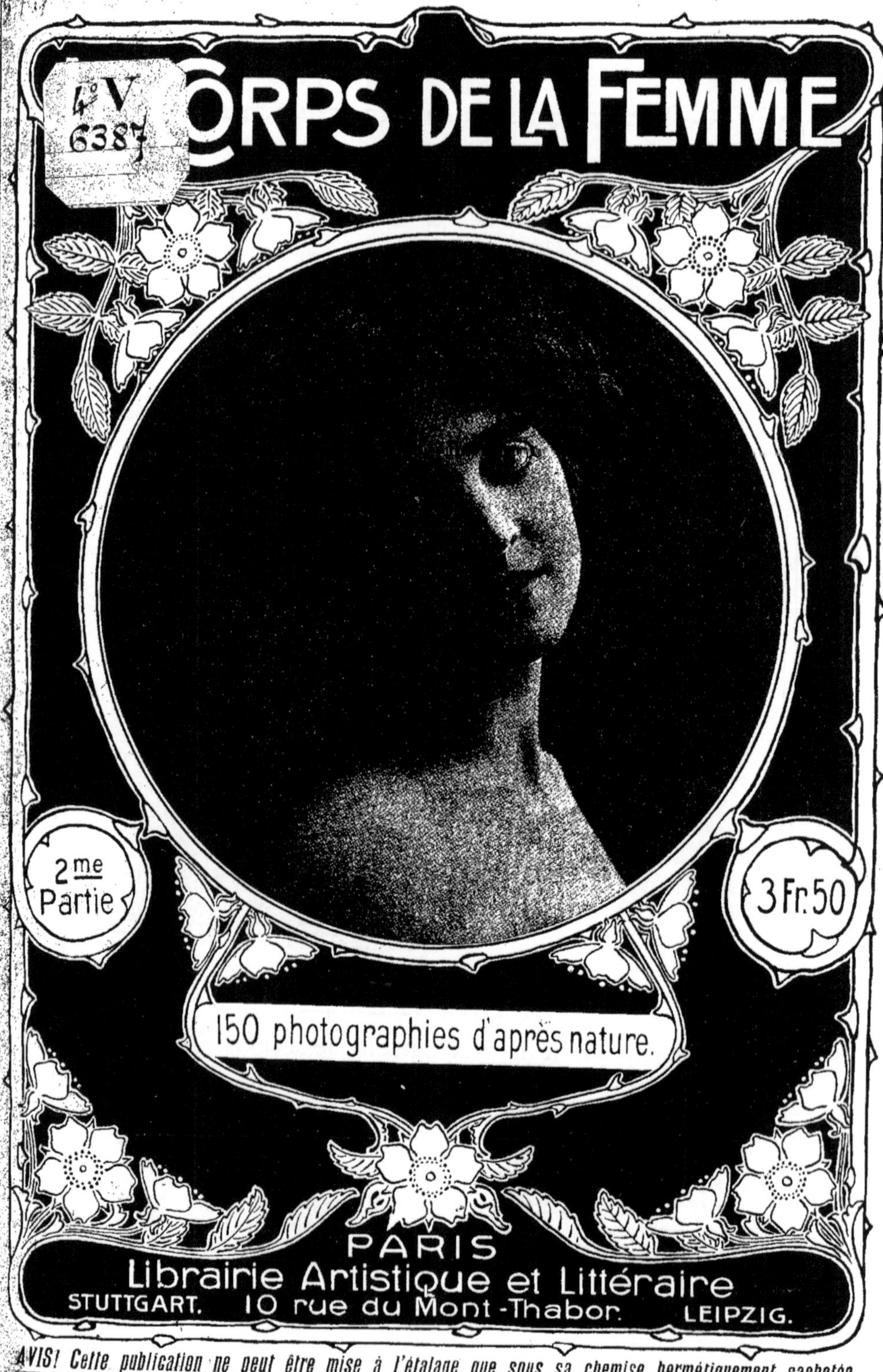
CORPS DE LA FEMME
2me Partie
3 Fr. 50
150 photographies d'après nature.
PARIS
Librairie Artistique et Littéraire
STUTTGART.   10 rue du Mont-Thabor.   LEIPZIG.
AVIS! Cette publication ne peut être mise à l'étalage que sous sa chemise hermétiquement cachetée.

Guy de Téramond

La Beauté du nu

Dans l'antiquité, la religion, la vie moderne.

(Etudes physiologiques.)

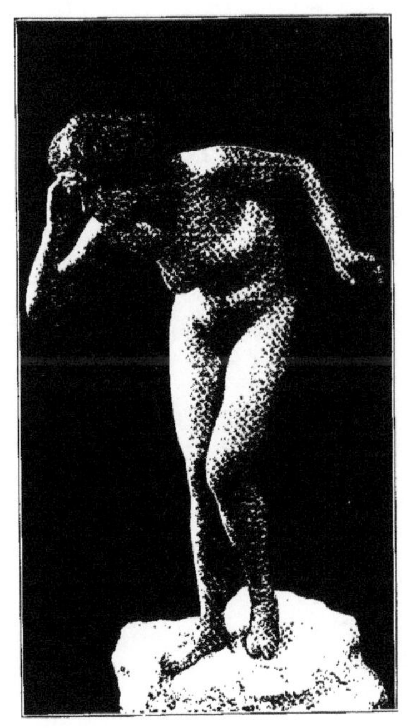

Ouvrage artistique

illustré par le nu photo-
graphique d'après nature.

100 Etudes. Prix 3 fr. 50.

Paris

Librairie artistique et littéraire

10, rue du Mont-Thabor.

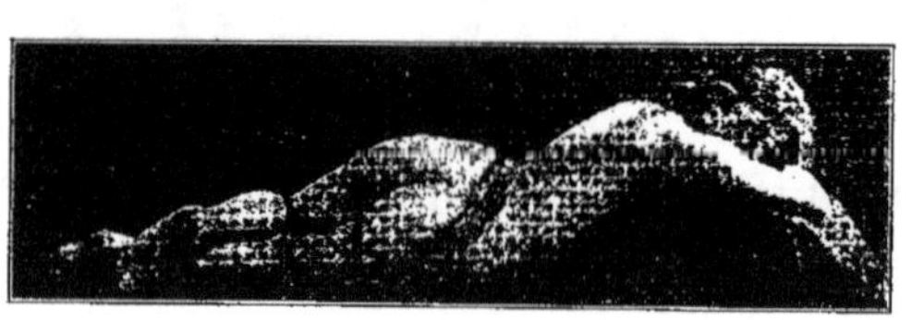

LE CORPS DE LA FEMME

Le Corps de la Femme

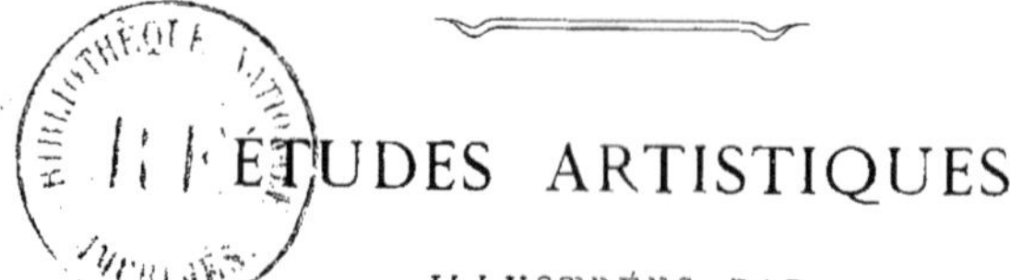

ÉTUDES ARTISTIQUES

ILLUSTRÉES PAR

150 PHOTOGRAPHIES

D'APRÈS NATURE

DEUXIÈME PARTIE

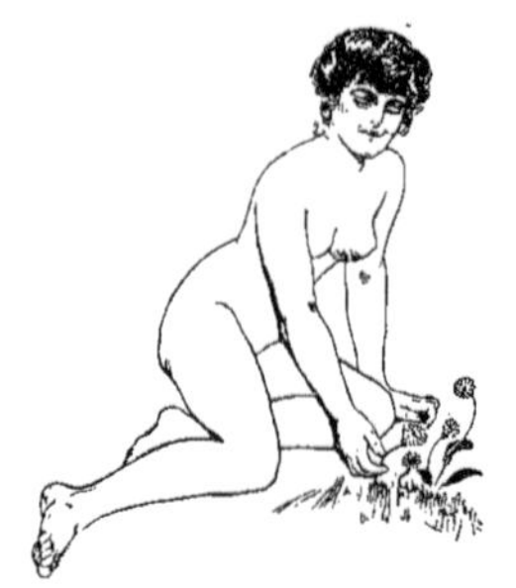

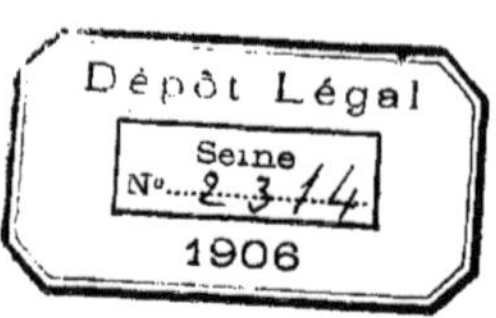

STUTTGART — PARIS — LEIPZIG

LIBRAIRIE ARTISTIQUE ET LITTÉRAIRE

10, Rue du Mont-Thabor

TABLE DE MATIÈRES

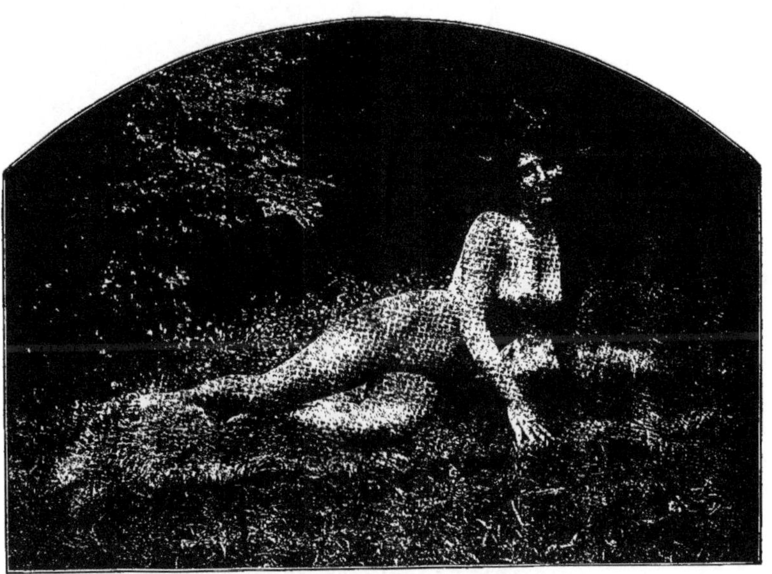

CHAPITRE VII
Le Cou

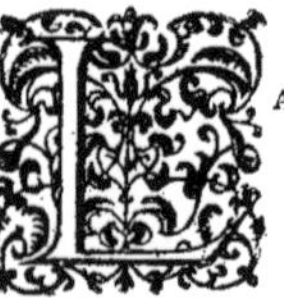

LA FEMME, par l'ordre, la « symétrie, par la pro- « portion, la figure et « la dis- « position de son corps « est, en long et en « large, très belle en « toutes choses. Renfer- « mons donc toute notre « peinture en un seul « trait : nul objet n'est « si digne d'admiration, « ni conséquemment ne « mérite d'être tant re- « gardé, contemplé, exa- « miné, épluché que la « femme. Elle est par « excellence le miracle « du créateur. A moins « d'être tout-à-fait « aveugle, il faudrait se « crever les yeux, pour « ne pas voir que Dieu, « pour le dernier coup « de la création, a réuni « et rassemblé dans la « femme toute la beauté « dont l'univers était ca- « pable. Or, sans con- « tredit, le Tout-Puis- « sant, qui n'agit jamais « sans raison, n'a pas fait cela pour « rien ; quel pourrait donc être son « motif ? Le voici, et je vous prie de

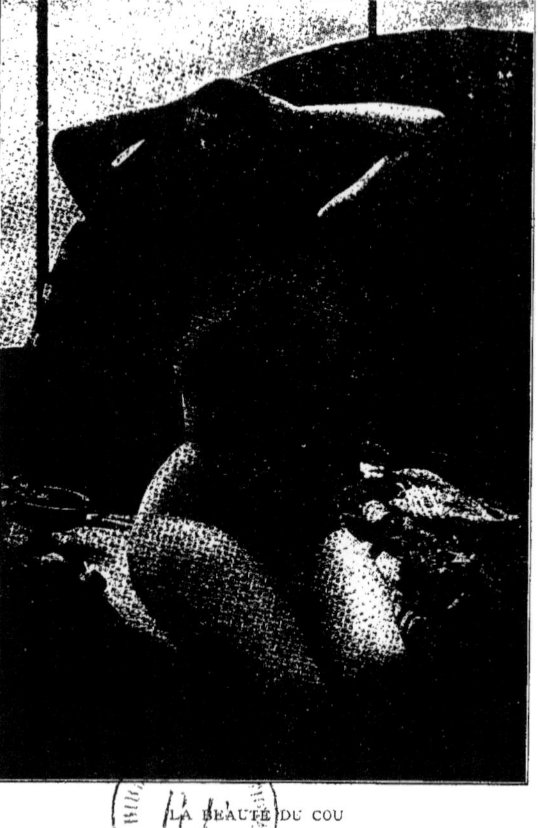

LA BEAUTÉ DU COU

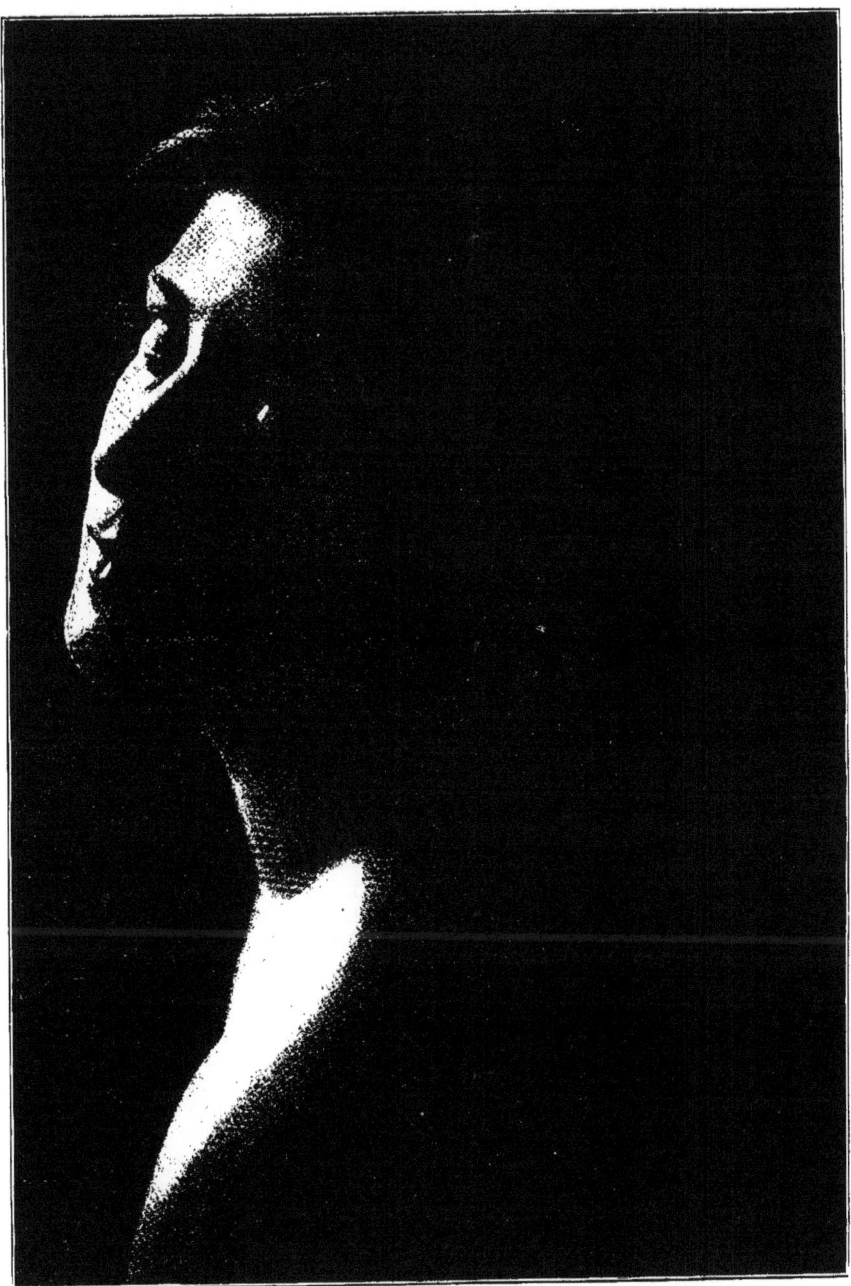

Le cou doit être plein de chair, un peu long ; sa peau blanche, délicate et gracieuse.

« le bien peser: Dieu a créé la femme,
« l'extrait, la quintessence de toutes les
« merveilles, afin qu'il n'y ait pas une
« seule créature qui, voyant cet ouvrage
« incomparable, ne soit frappée d'étonne-
« ment, d'amour et de vénération....... »

Ainsi s'exprimait Agrippa.

Et, de fait, il n'y a pas dans le corps de la femme une seule partie qui n'ait sa beauté très particulière et qui ne mérite une étude approfondie au point de vue de l'esthétisme de son harmonie et de son charme.

Prenons, aujourd'hui, le cou.

« Sous votre aimable tête, un cou blanc, délicat,
se plie et de la neige effacerait l'éclat. »

C'est en ces termes que parlait du cou le poète de l'amour, perdu en une rêverie profonde un soir qu'au Théâtre-Français il regardait la nuque *svelte et charmante*, se balançant sous une tresse noire, d'une spectatrice assise devant lui.

C'est que le cou est une des beautés de la femme, une de ses beautés, chantées par Agrippa, les plus rares et les plus personnelles. De même que les doigts et les chevilles, il est signe de race, moins, sans doute, mais néanmoins d'une façon qu'il est utile de remarquer.

Un beau cou doit être menu et un peu allongé, s'élevant d'aplomb au-dessus d'une paire d'épaules bien rondes.

Rien n'est laid comme le cou décharné de certaines femmes trop maigres où les muscles creusent leur sillon profond ; rien n'est horrible également comme le cou lourd et trapu des femmes du peuple, massives et communes.

D'ailleurs, la première condition de la beauté du cou, c'est l'harmonie avec l'ensemble du corps.

Or l'harmonie, « c'est la généralité des phénomènes physiques et moraux qui concourent à la formation d'un être parfait », ainsi que l'écrivait Benjamin Barbé. Celle-là, on ne la corrige point par des artifices, des fards et des bijoux.

Elle n'est due ni à un cordonnier ni à un tailleur. Elle n'est ni étudiée ni affectée.

Tout le charme du cou est donc dans sa beauté simple et naturelle.

D'ailleurs, la nuque — partie postérieure du cou — a toujours inspiré les amoureux ; et nous citerons pour finir ces jolis vers d'un autre poète, Guy de Téramond:

Comme un chatouillement de mouche
Emmi l'or touffu des frisons,
Font monter au cou des frissons
Les farfouillements de la bouche.

Et les reins — corps soudain farouche —
Se courbent d'un nerveux à-coup,
Sentant un agacement fou,
Comme un chatouillement de mouche.

Car la délicate escarmouche
Des baisers, savants polissons,
A la nuque apprend les leçons
Des farfouillements de la bouche.....

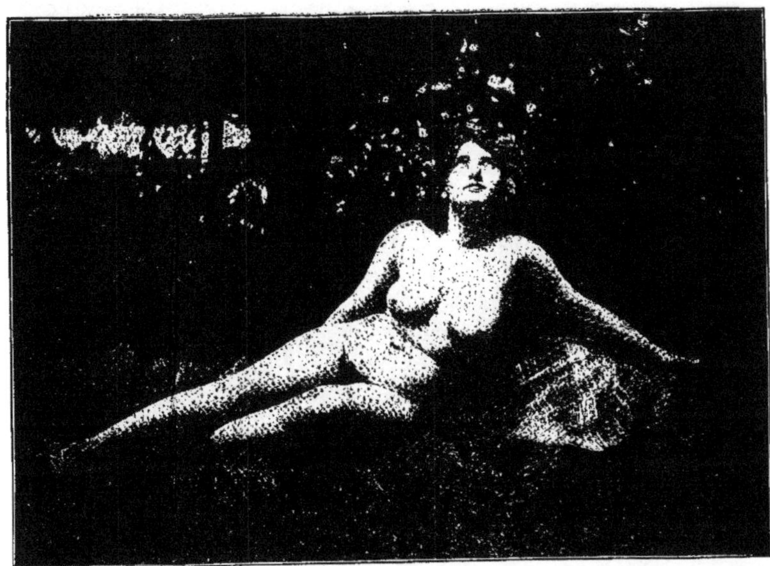

La position normale du cou est d'être droite, de façon que la tête paraisse bien d'aplomb sur les deux épaules.

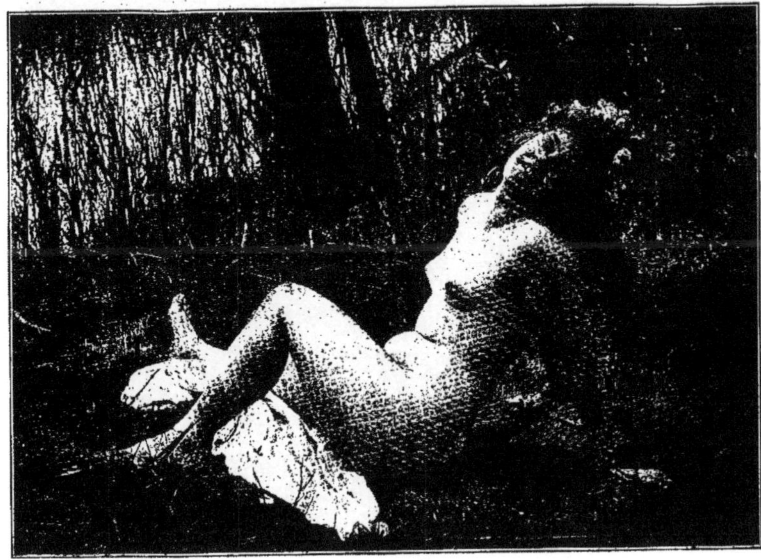

Car la tête penchée amène des contractions du cou, fait saillir les muscles disgracieusement et apparaître les veines en sillons foncés.

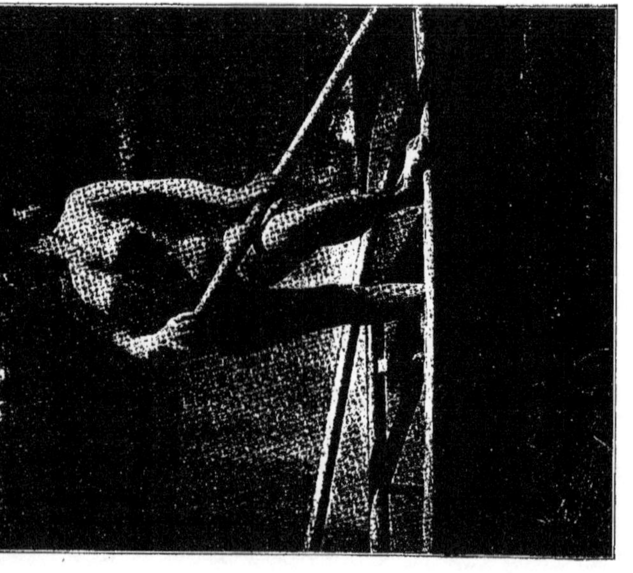

Soit à gauche, selon le côté vers lequel se portent les regards.

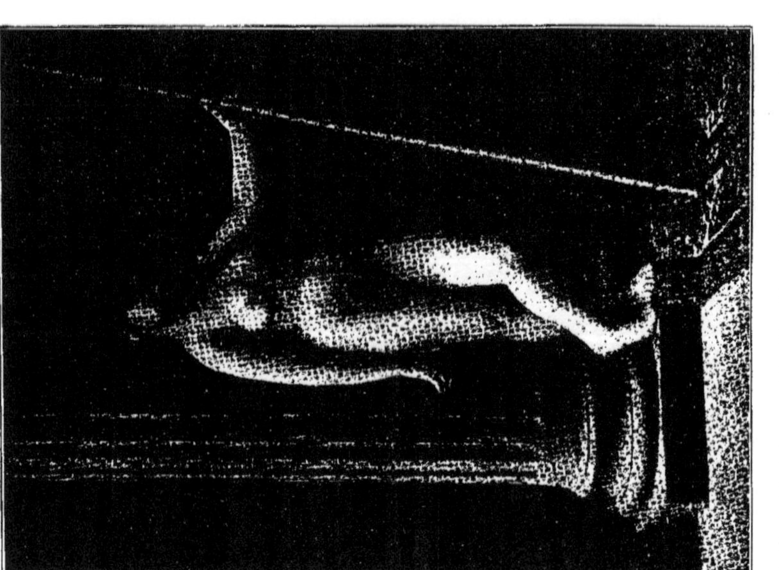

La tête pouvant être tournée néanmoins sur les épaules, comme sur un pivot soit à droite.....

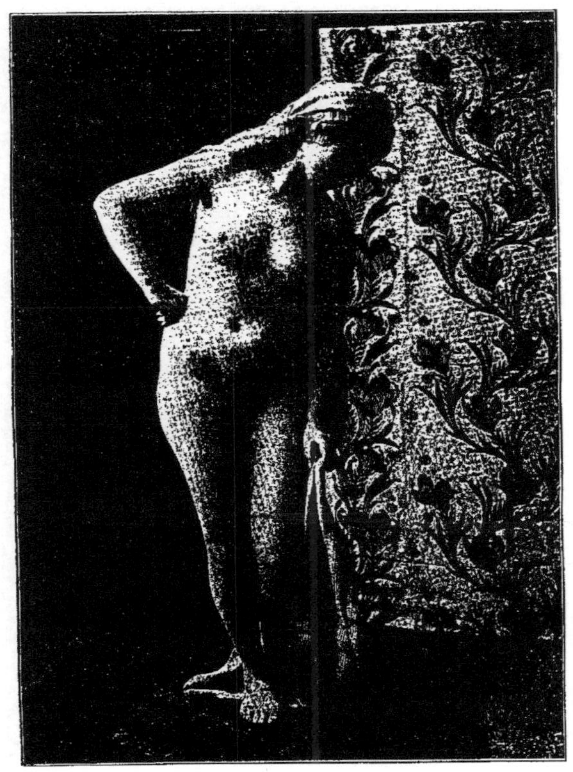

Une légère inclinaison du cou vers le sol, lui donne généralement une jolie harmonie.

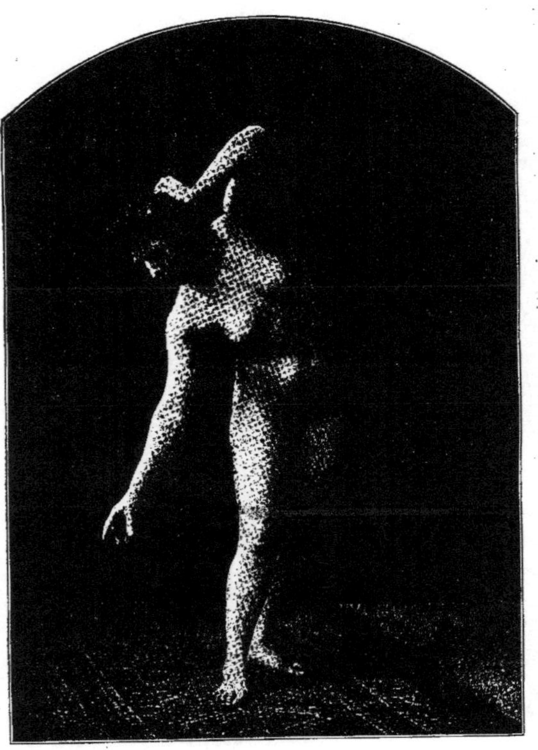

Mais il ne faut pas la confondre avec l'inclinaison du corps lui-même, qui laisse au cou sa position naturelle.

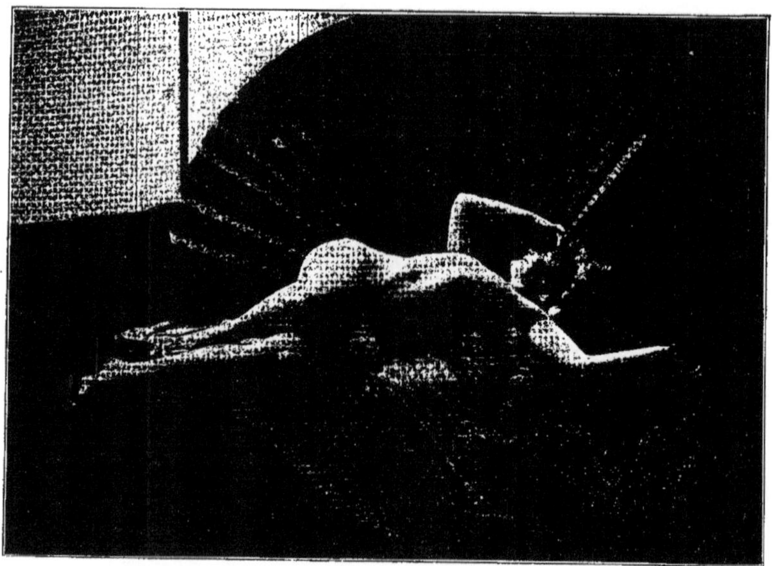

Il faut remarquer que les raccourcis du cou ne sont jamais bien harmonieux,
à cause des plis qu'ils y occasionnent.

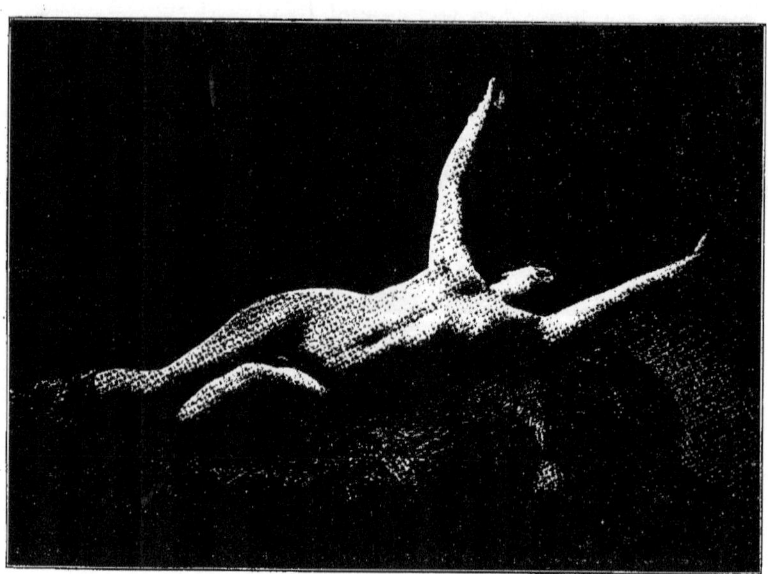

Il est possible, néanmoins, de les atténuer, en portant la tête plus en arrière.

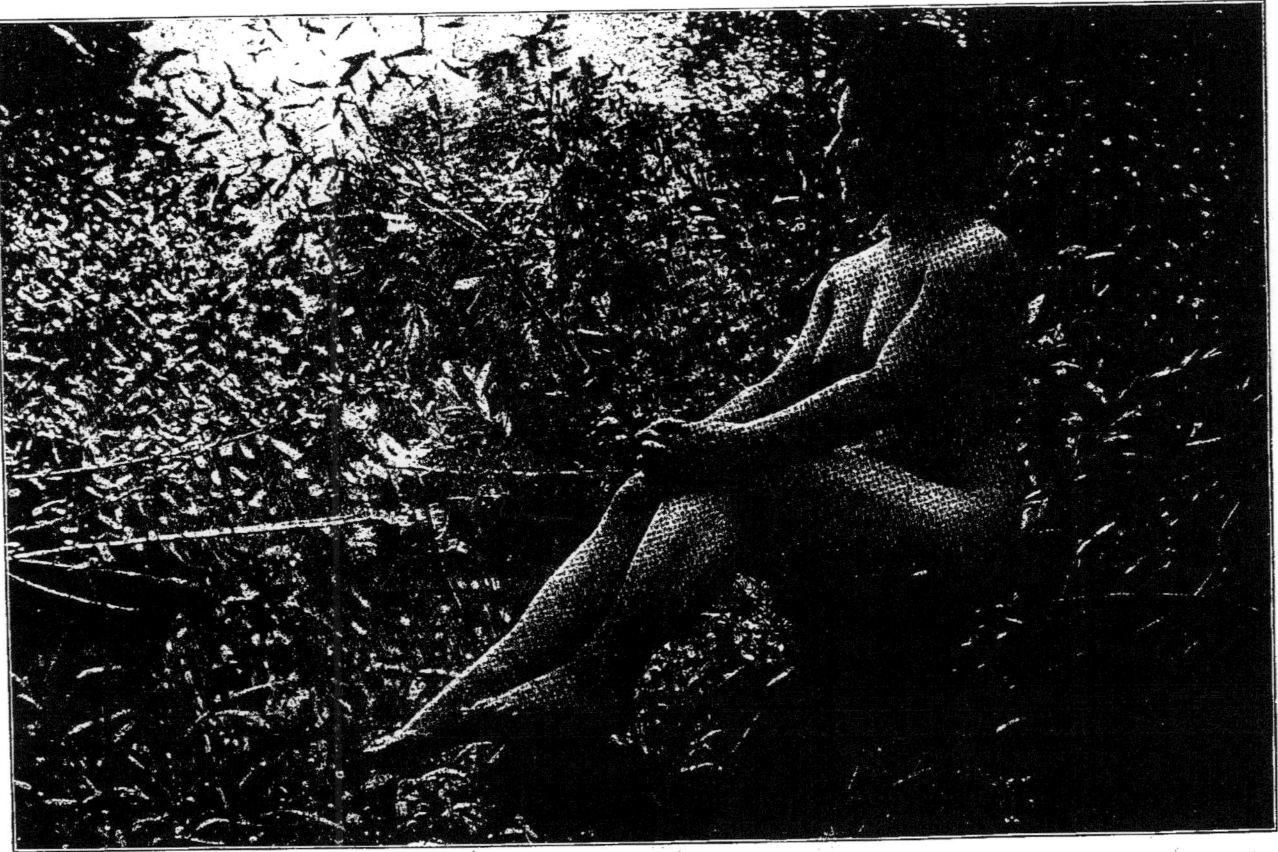

L'équilibre de tout le corps, sans recherche, sans afféterie, donne au cou sa position normale.

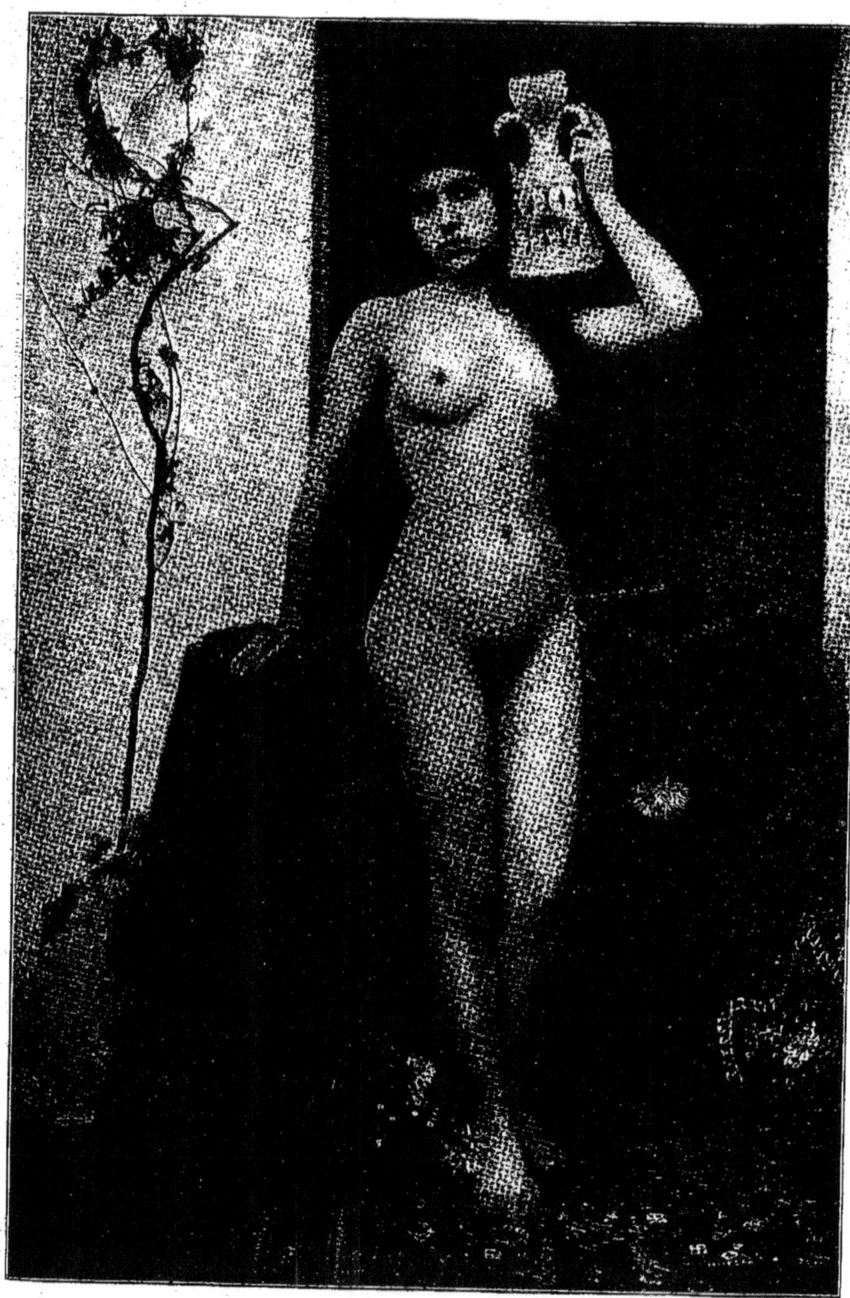

Un accessoire le rehausse agréablement, soit une amphore placée sur les épaules, soit une tresse de cheveux qui donne toujours à la beauté un charme piquant.

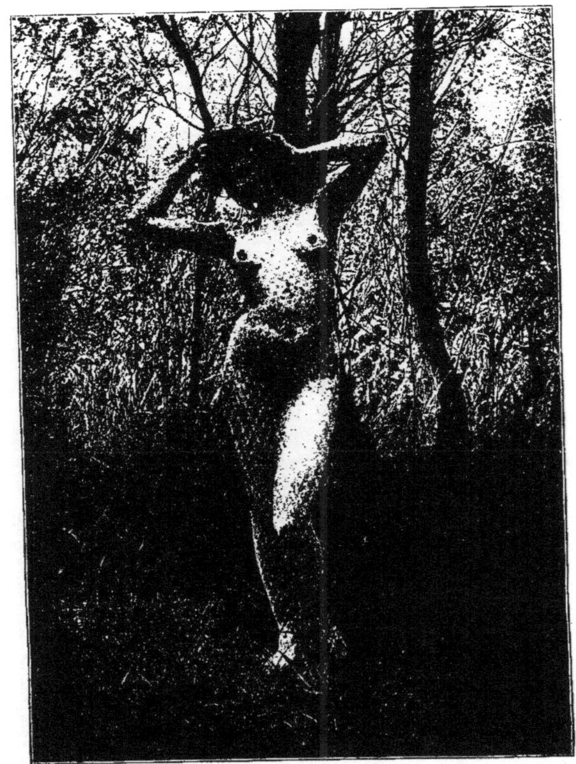

Ou celle des deux avant-bras qui, dans un mouvement facile à trouver,
dégagent les épaules, et le cou par conséquent.

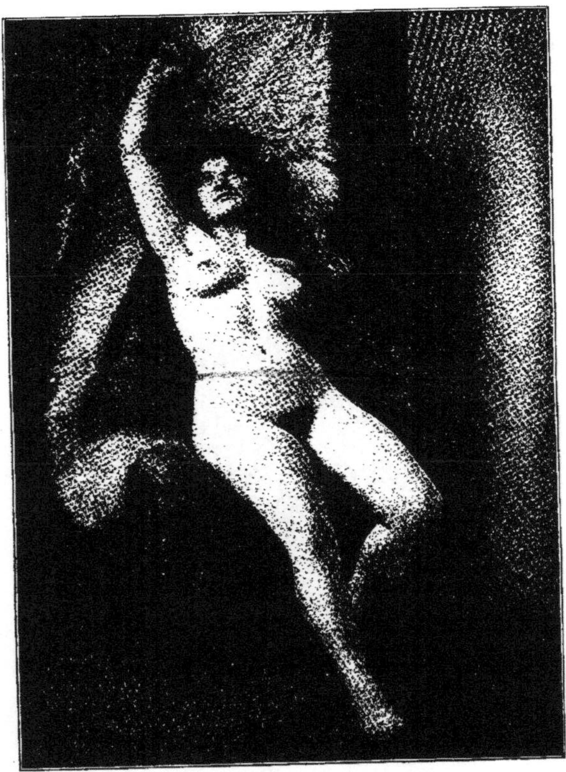
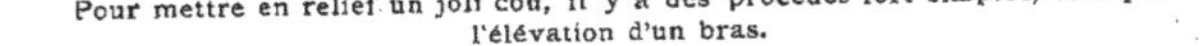

Pour mettre en relief un joli cou, il y a des procédés fort simples, tels que
l'élévation d'un bras.

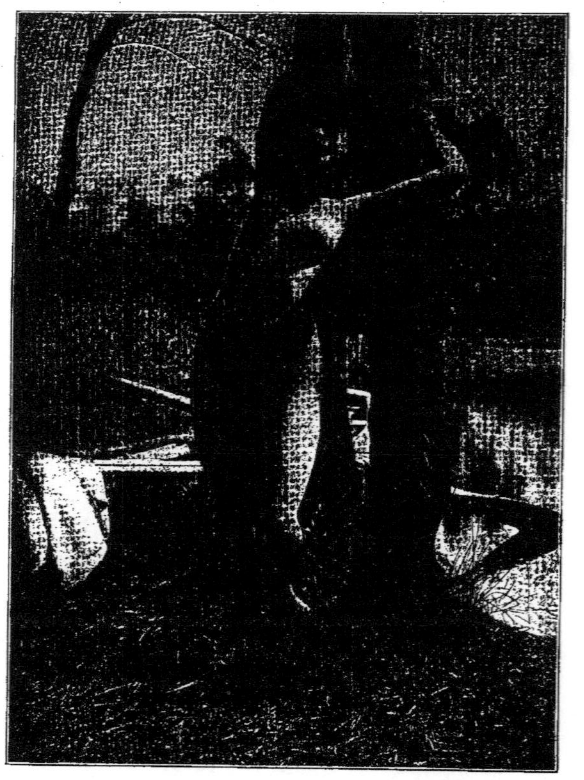

Avec un peu d'habileté, on arrive aisément à éviter ce défaut et à trouver une pose qui n'empâte pas trop le cou et ne détruise pas la jolie ligne de l'académie.

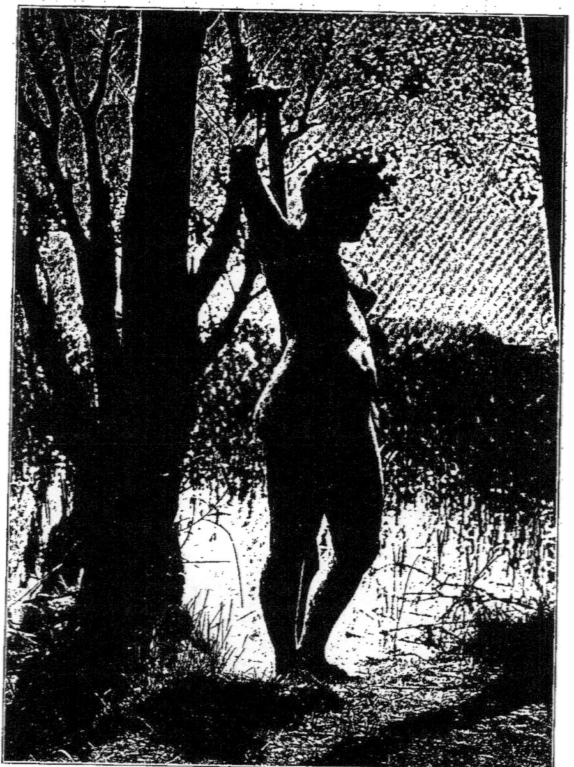

Il faut cependant soigneusement éviter que cette élévation du bras soit disgracieuse; ce serait le corps tout entier qui s'en ressentirait.

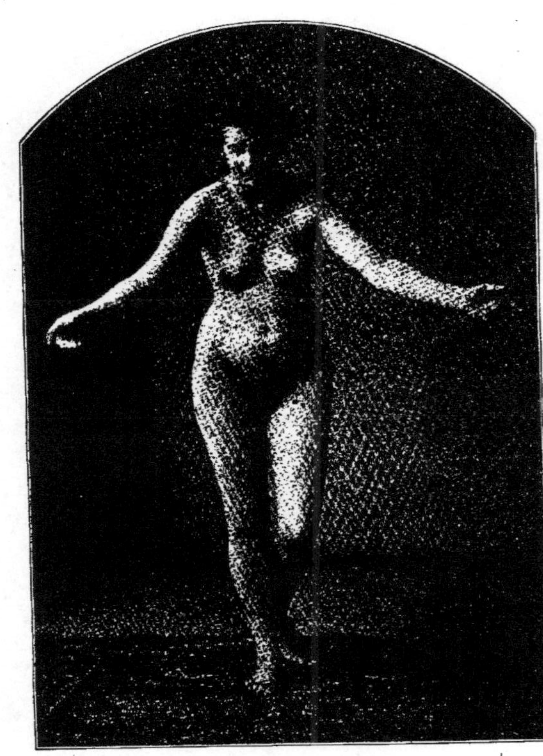

Un cou trop mince se corrige par un accessoire, un collier par exemple.

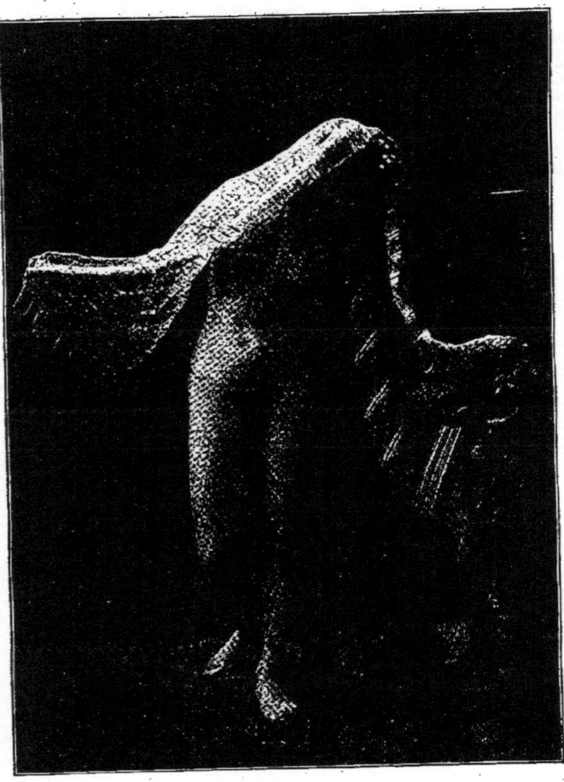

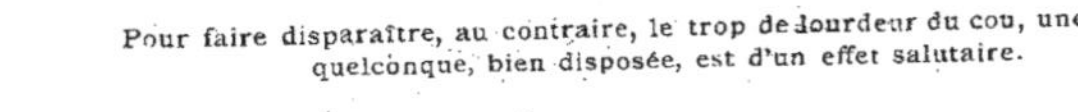

Pour faire disparaître, au contraire, le trop de lourdeur du cou, une draperie quelconque, bien disposée, est d'un effet salutaire.

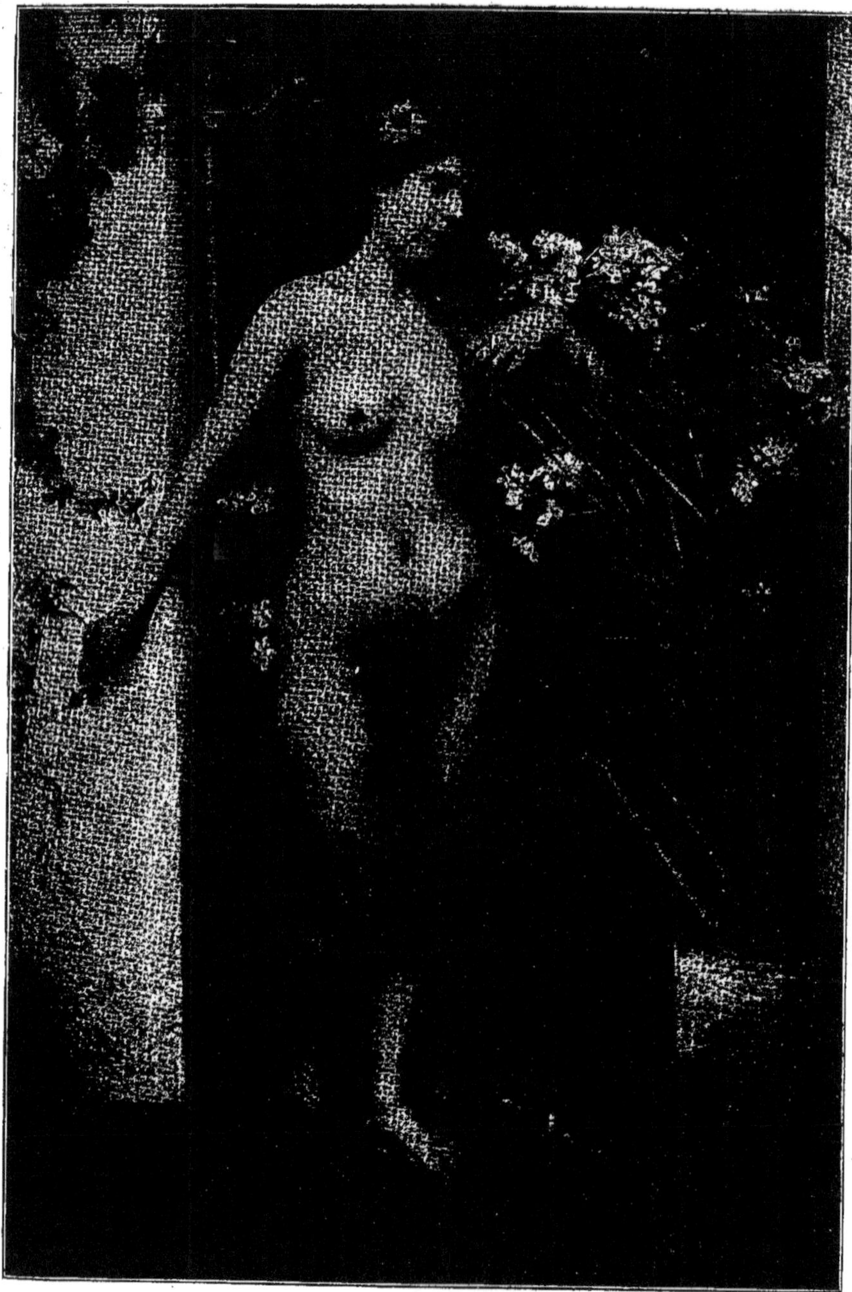

Mais il faut éviter de la mettre en relief par un accessoire qui appelle l'œil vers les défauts, comme dans l'exemple ci-dessus.

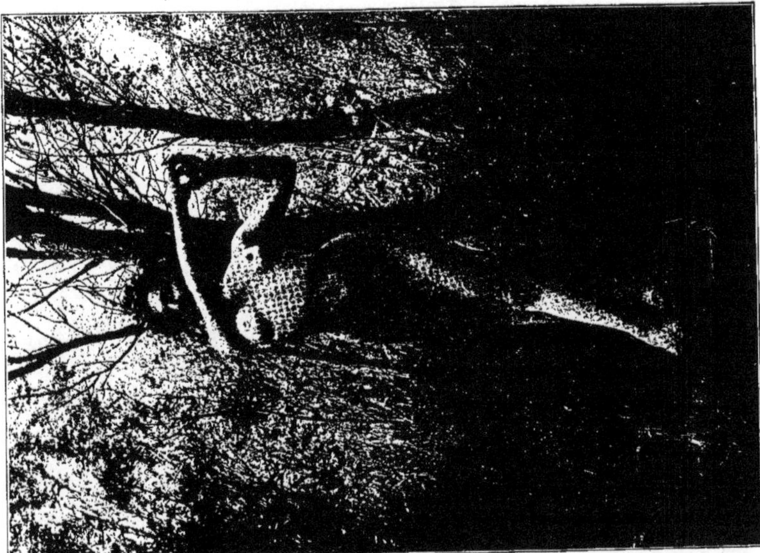
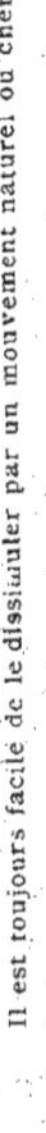

Il est toujours facile de le dissimuler par un mouvement naturel ou cherché.

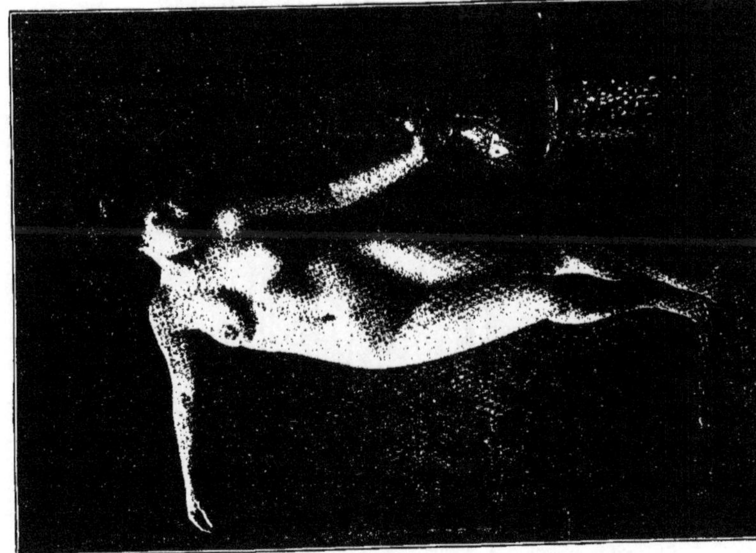

Éviter, comme disgracieux, toute tension des bras qui tire le cou.

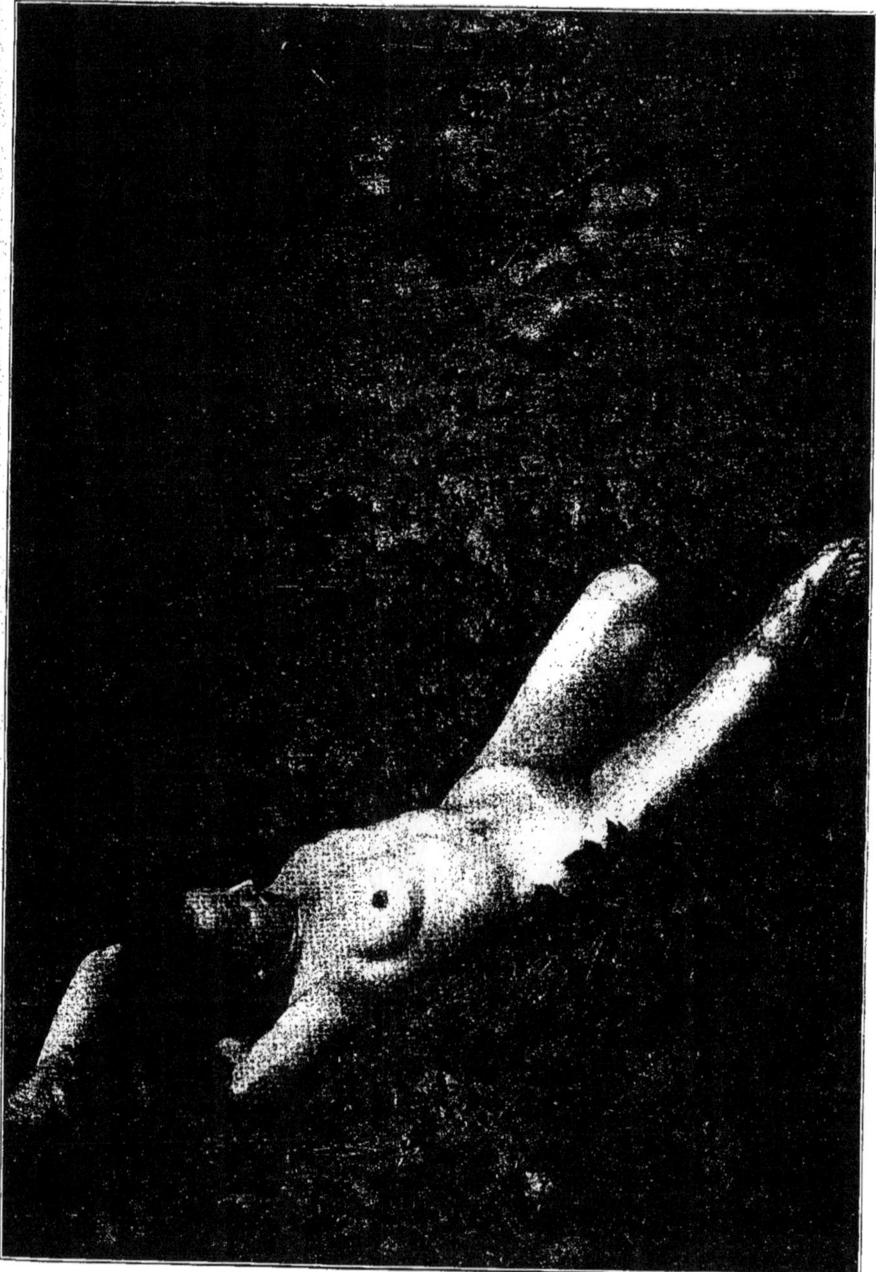

Une pose qui cache le cou, ne sera jamais bien gracieuse car elle tasse le corps et rapetisse la silhouette.

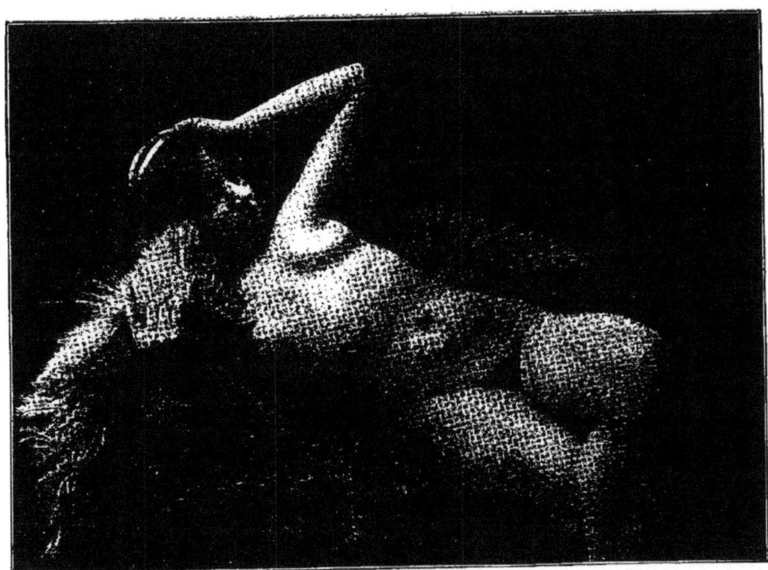

Ou elle risque de lui ôter son élégance naturelle, en détruisant l'harmonie de la partie supérieure du corps, des épaules et des seins.

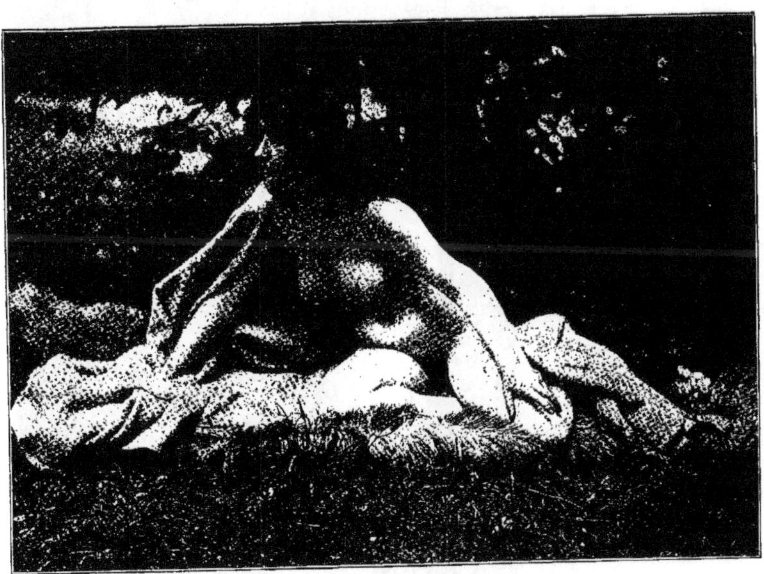

Alors que rien n'est plus joli qu'une académie où toutes les proportions sont gardées et où, notamment, le cou trouve la position et la proportion qu'il doit avoir.

Le Gérant : COUSTAL.

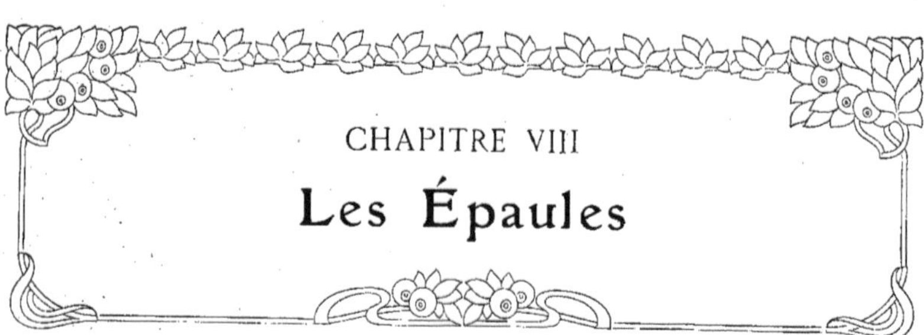

CHAPITRE VIII
Les Épaules

UOIQUE le miroir comporte plus de la moitié de la vie des belles et qu'elles le consultent à tout moment, l'art ne saurait si bien faire que la nature ; il demeure toujours beaucoup au dessous, — toujours.

A dire les choses comme elles sont, ce n'est pas elle qui fait ici la beauté, c'est son imitateur ; elle n'est que l'image de ce qu'on le croit être, ce n'est qu'une agréable illusion qui ne trompe pas moins la vue qu'elle lui plait et qui n'est pas moins fausse qu'agréable. En effet, il y a des personnes qui prennent tous les matins le blanc et l'incarnat de leur teint et de leurs lèvres dans leur toilette ; quelques autres y prennent leurs dents et leurs cheveux ; le fer et le feu travaillent seuls aux boucles de leur coiffure ; les poudres, les pâtes, les pommades et les eaux peuvent souvent donner une beauté postiche.

Les mouches dont elles se couvrent le visage prétendent qu'il doit toute

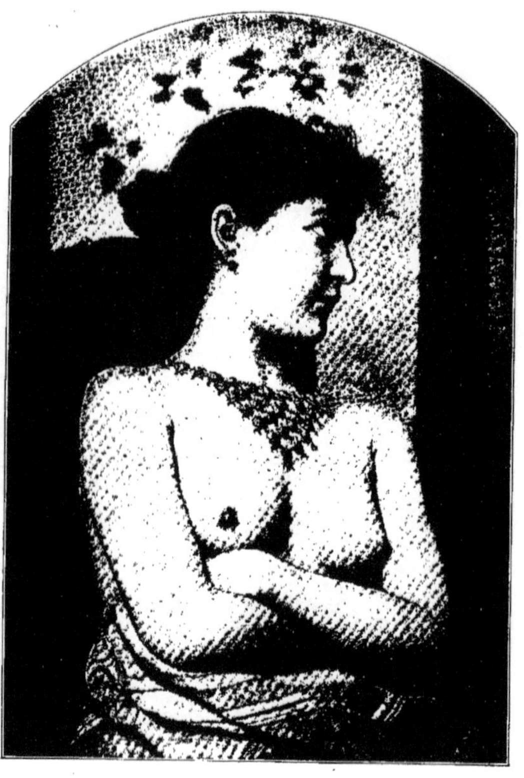

LES ÉPAULES

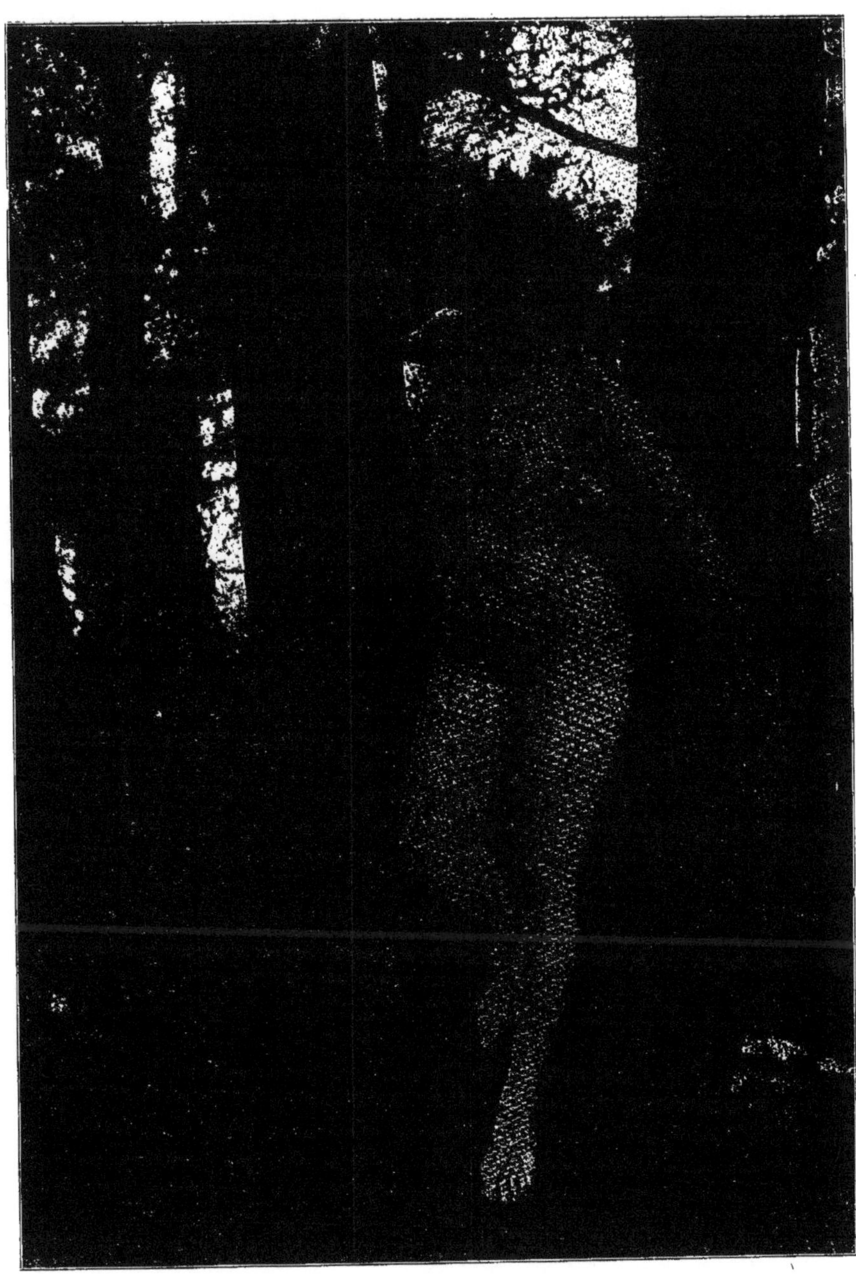

Les épaules doivent être rondes, égales, ne tombant pas trop.

la blancheur à leur noir ; les boucles d'oreilles, les bracelets, les bagues et toutes autres bagatelles qu'elles portent y contribuent aussi beaucoup ; rien de tout cela n'entre jamais dans le lit en même temps que les belles. Elles étudient tous les matins dans le miroir leurs regards, leurs sourires, l'air de leur visage, la situation de leur bouche, l'art de montrer leurs belles mains, celui de faire voir adroitement la propreté de leurs dessous.

Celle-ci qui a de belles dents rit toujours pour les montrer, eut-elle sujet de verser des larmes ; celle-ci qui les a laides n'ouvre pas plus la bouche que son portrait, et ne rirait point pour quoi que ce fût dans le plus grand sujet de joie. Enfin l'art fait tout et ne laisse rien à la nature. »

Ainsi s'exprimait Mademoiselle de Scudéry sur la beauté fardée.

Ne croyons point, cependant, que les épaules échappent à ce travail de retouche des imperfections naturelles. Ainsi, il est de fait constant que l'impératrice d'un pays voisin avait de fausses épaules, les soirs officiels où, par raison d'état, elle devait se décolleter.

La chose est rare. Les épaules factices ne sont pas encore adaptées par nos belles mondaines. Celles qui les ont belles, c'est-à-dire rondes, bien en chair, pas trop hautes, mais légèrement tombantes, les montrent. Les autres les dissimulent sous des crépons touffus ou des tulles légers. Aussi quand, derrière un éventail, nous entendons murmurer à mi-voix :

— Je ne puis me décolleter.... j'ai la poitrine tellement délicate que j'attrapperais une fluxion de poitrine !.... je suis obligé de me couvrir toujours les épaules et les bras...

Méfions-nous. Une jolie femme ne craint pas un rhume pour faire ressortir sa beauté. C'est qu'il y a quelque chose sous ces voiles discrets, que l'on ne tient point à montrer. Respectons la coquetterie et faisons semblant de croire.

L'épaule joue d'ailleurs, dans la galanterie, un rôle important. N'est-ce pas elle qu'effleure, dans l'enlacement d'une valse, le premier baiser de l'amoureux ? Caresse sans conséquences qui met un peu de carmin aux joues de la danseuse et si léger qu'on n'ose s'en fâcher.

Et l'on se souvient encore de cette pièce du boulevard où un amant au premier rendez-vous, ayant réussi à obtenir de l'objet de ses désirs qu'elle lui laissât ôter son corsage et parcourir sa chair rosée de ses baisers éperdus s'écriait :

— Vous êtes pour moi tout l'univers : — je vous embrasse de l'épaule nord à l'épaule sud !.....

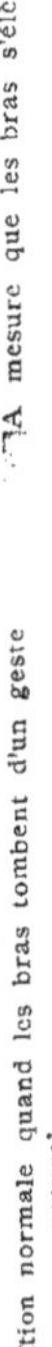

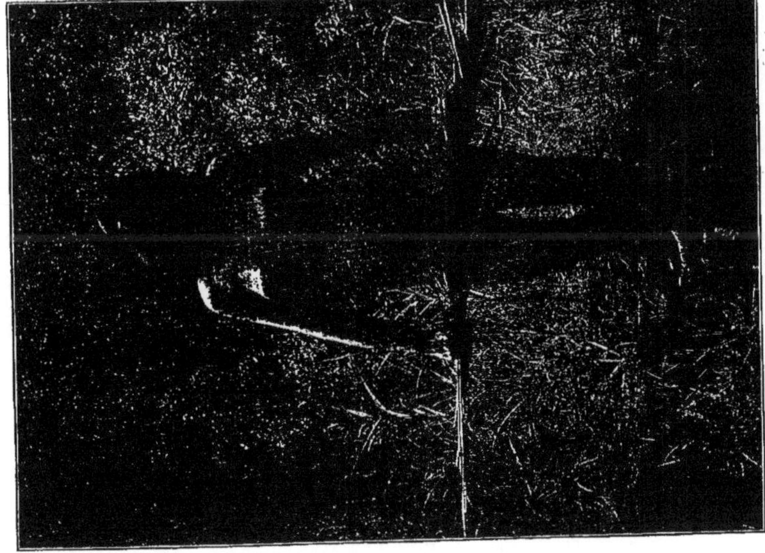

A mesure que les bras s'élèvent, les épaules tendent à suivre le même mouvement.

Les épaules ont leur position normale quand les bras tombent d'un geste naturel.

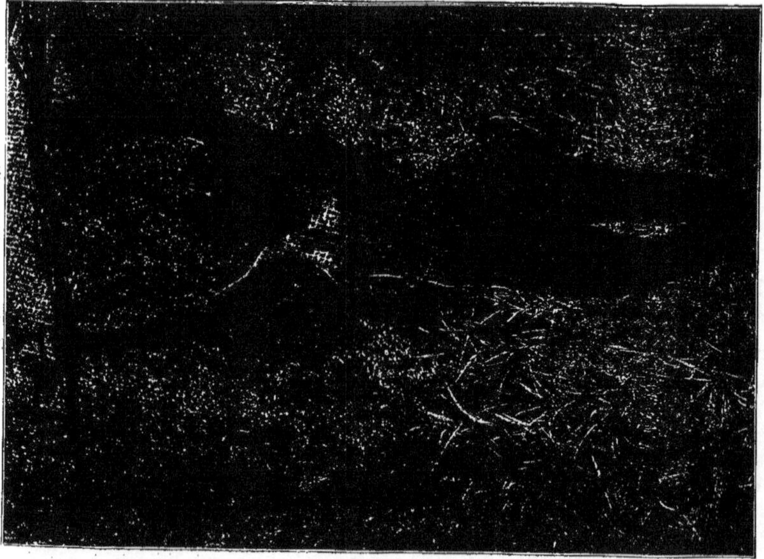

Jusqu'à ce que les bras, étant tout à fait en l'air, donnent aux épaules leur position extrême d'effacement.

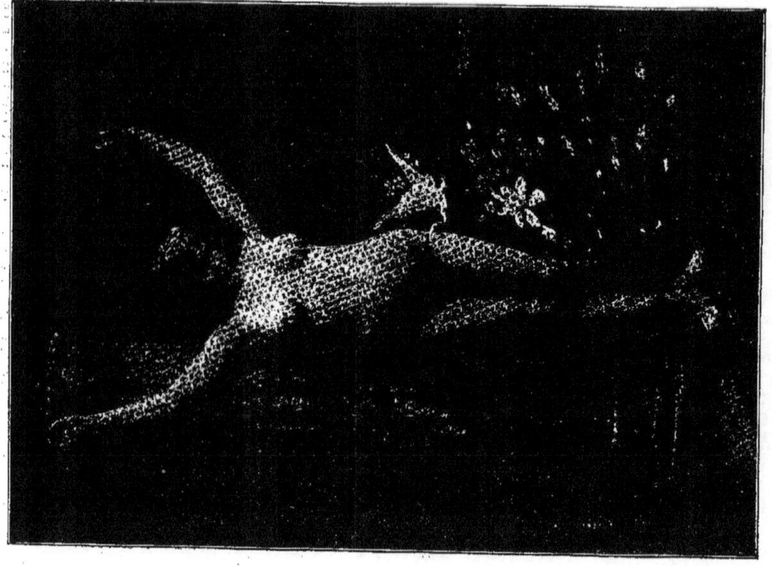

Le mouvement s'accentue progressivement, les seins sortent, les épaules disparaissent....

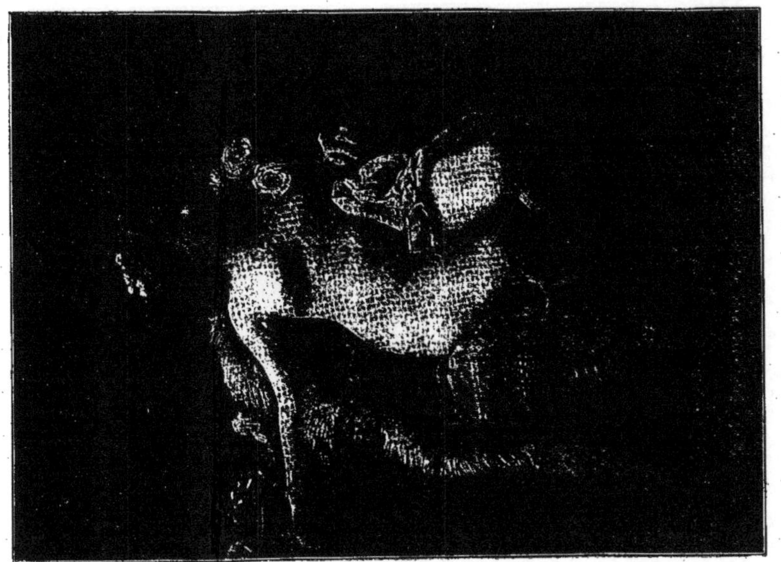

Dans une position horizontale...

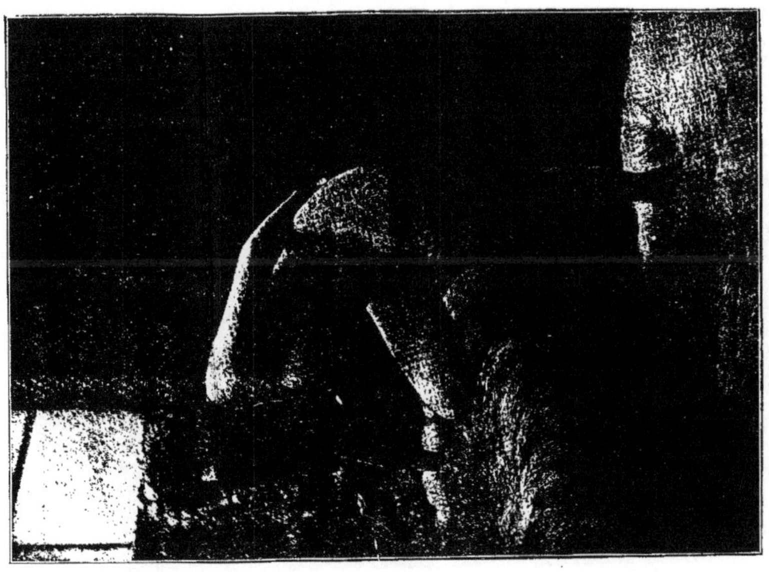

Ce principe s'applique également lorsque le mouvement décrit autour de l'épaule comme pivot n'est effectué que par un bras, que le bras soit lourd...

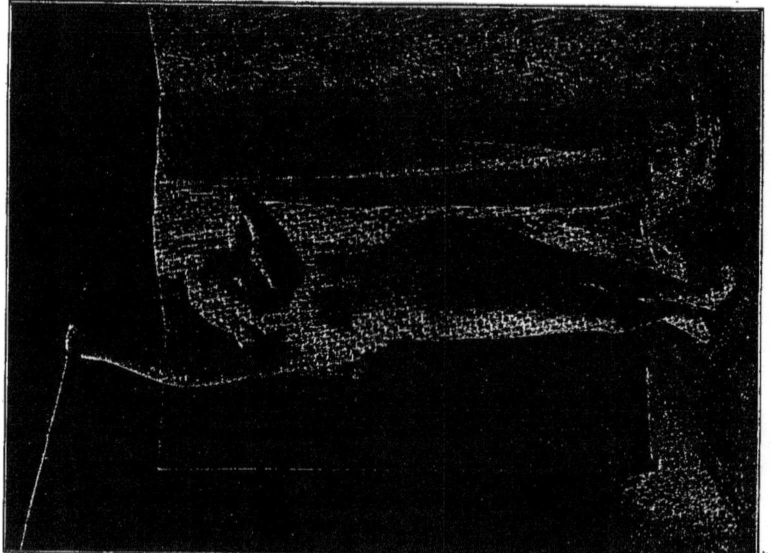

Ou tout à fait en l'air. L'autre épaule semble, dans ce cas, ne servir que de contre-poids.

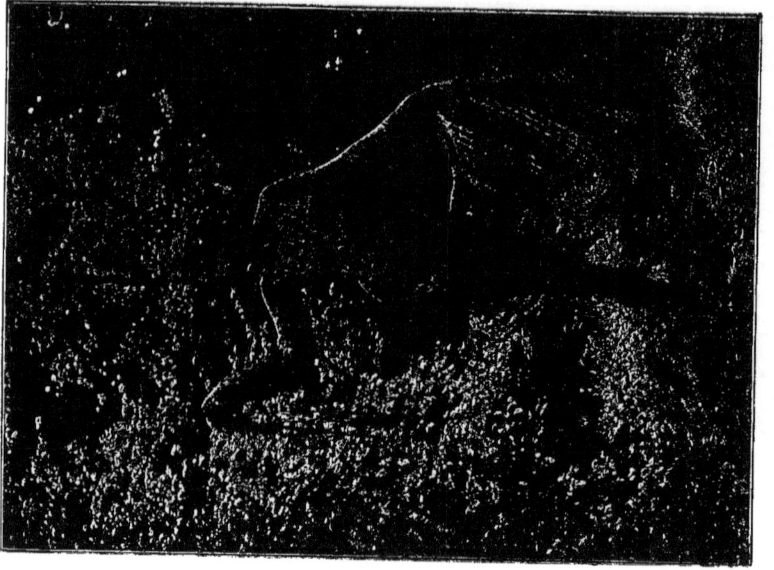

Soit le bras presqu'en l'air, dans une pose gracieusement accentuée par un accessoire.

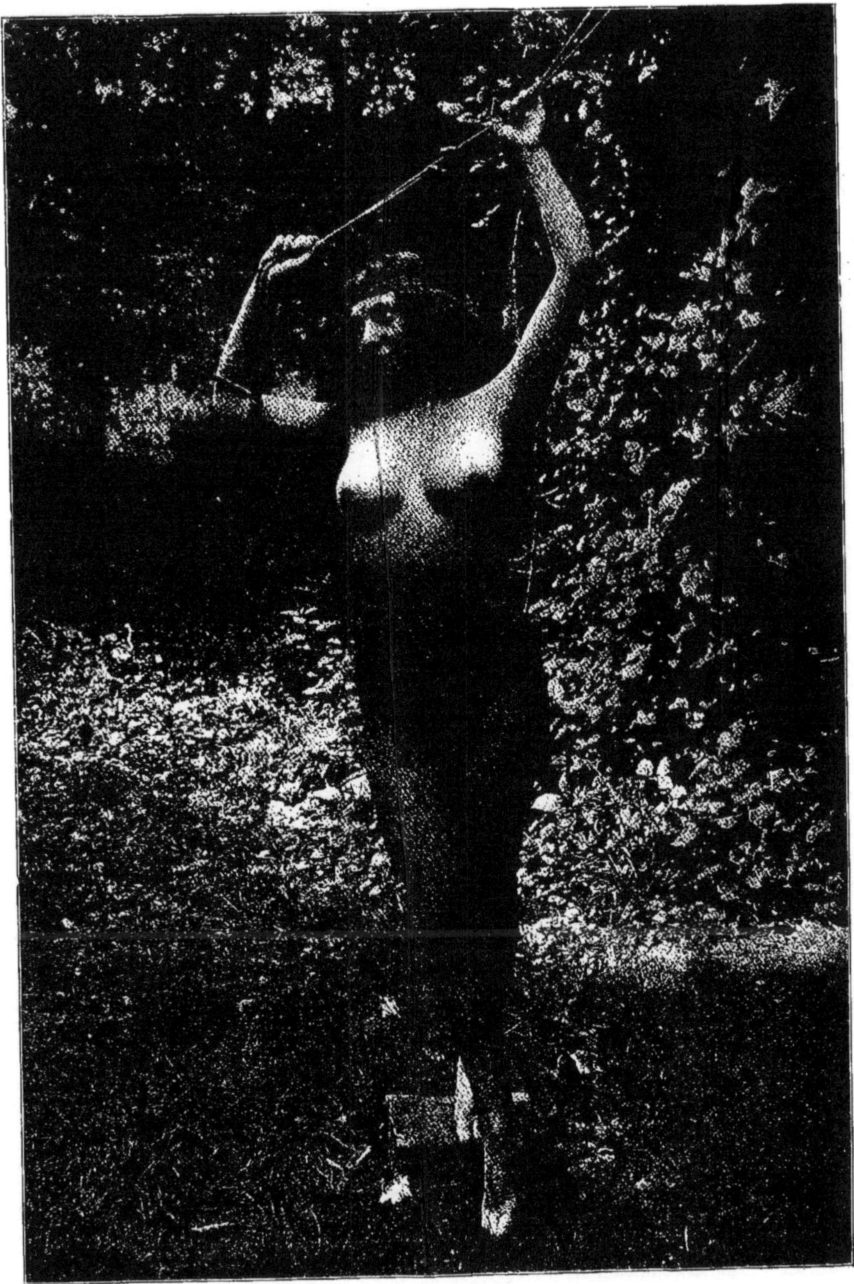

Toute pose est d'aplomb où les épaules ont leur position normale est harmonieuse.

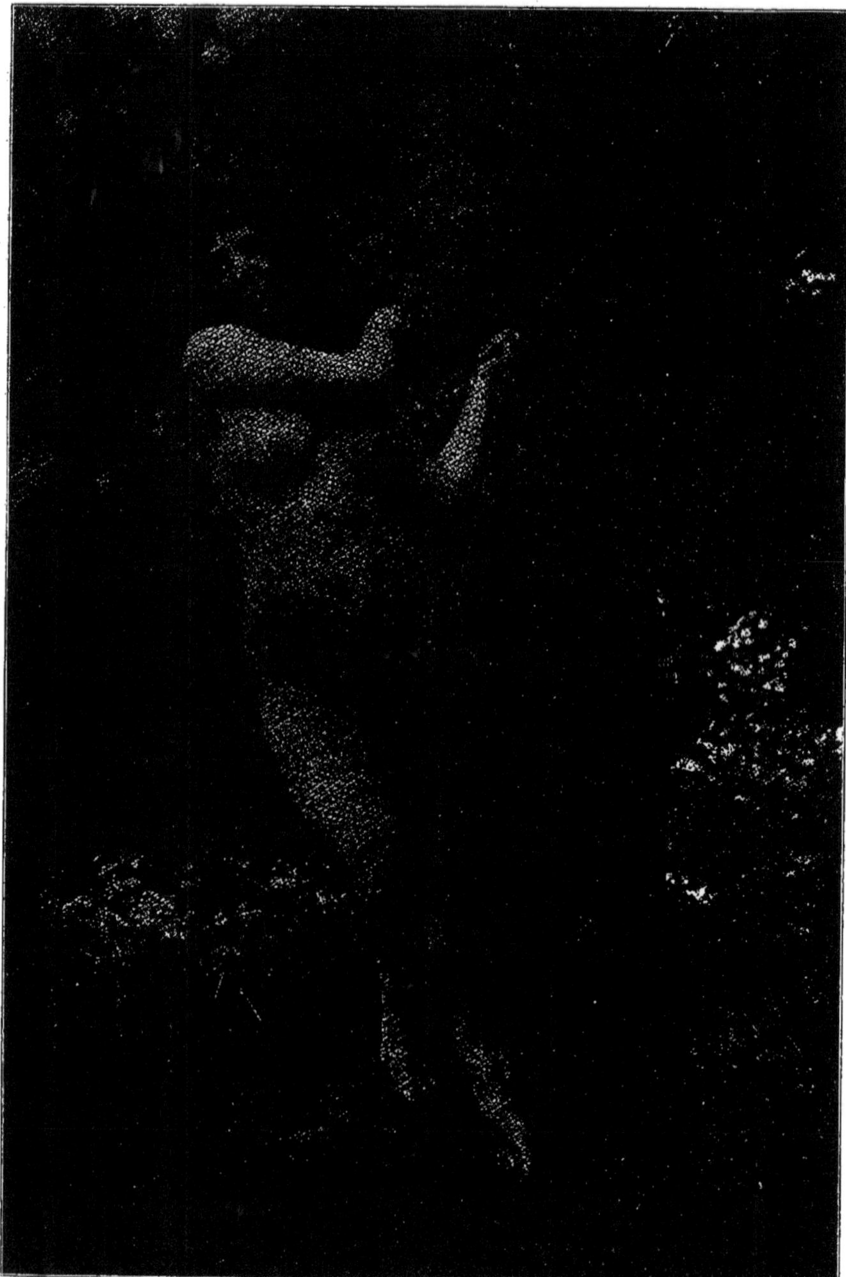

Tout mouvement, au contraire, où les épaules sont dissimulées n'a qu'une recherche disgracieuse.

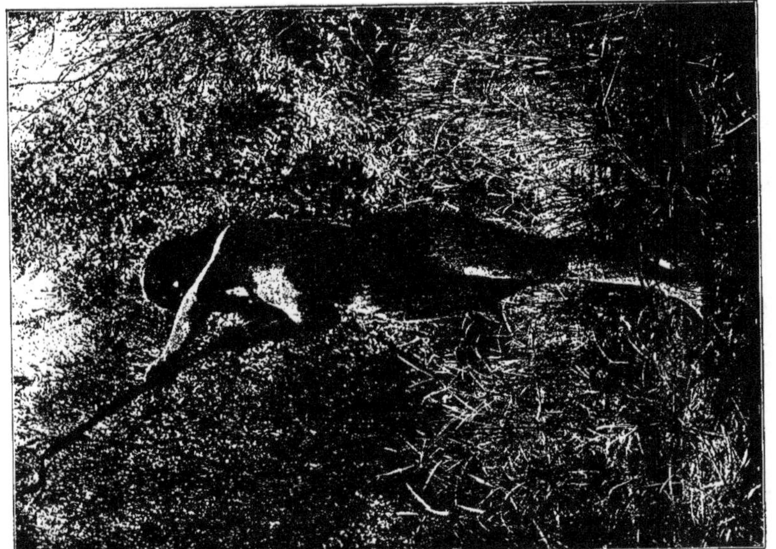

Et il est relativement facile de l'éviter, ou tout au moins de l'atténuer, avec un peu de goût et de recherche.

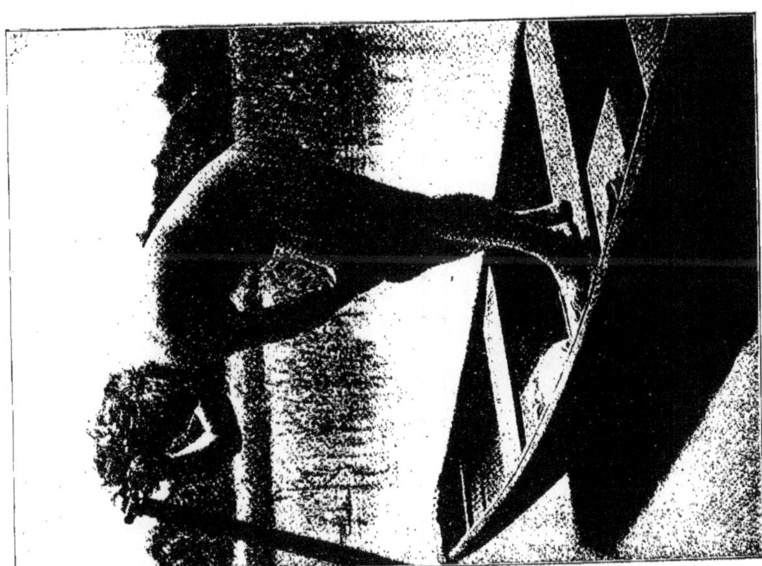

Cette inélégance s'atténue légèrement, il est vrai, sur le profil.

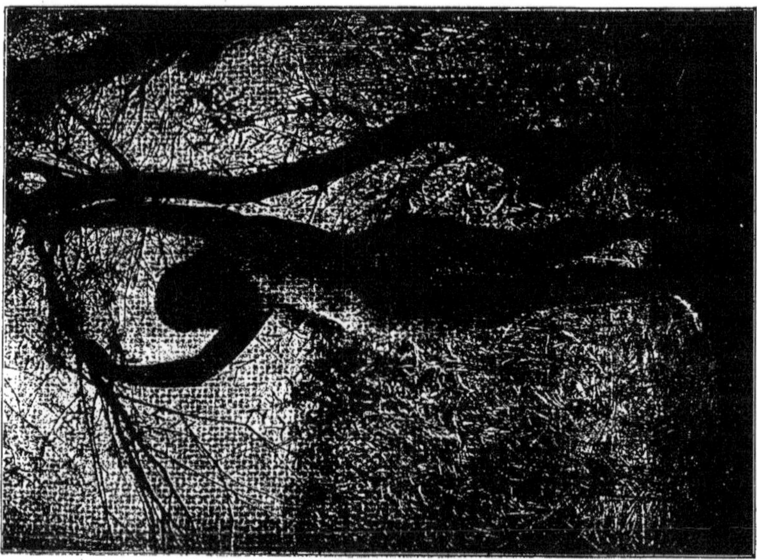

En tous cas, ils ne les avantagent aucunement et il faut les éviter.

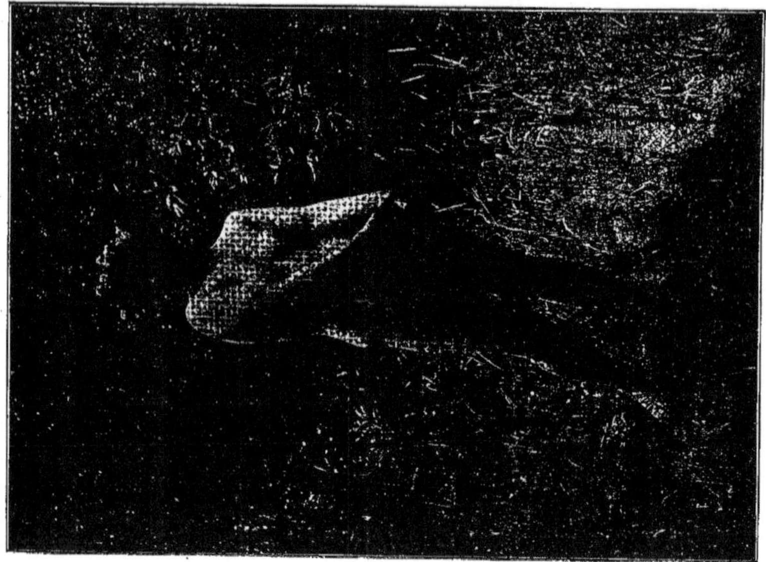

Les effets de raccourci ne sont jamais bien heureux pour les épaules, car ils les rapprochent trop.

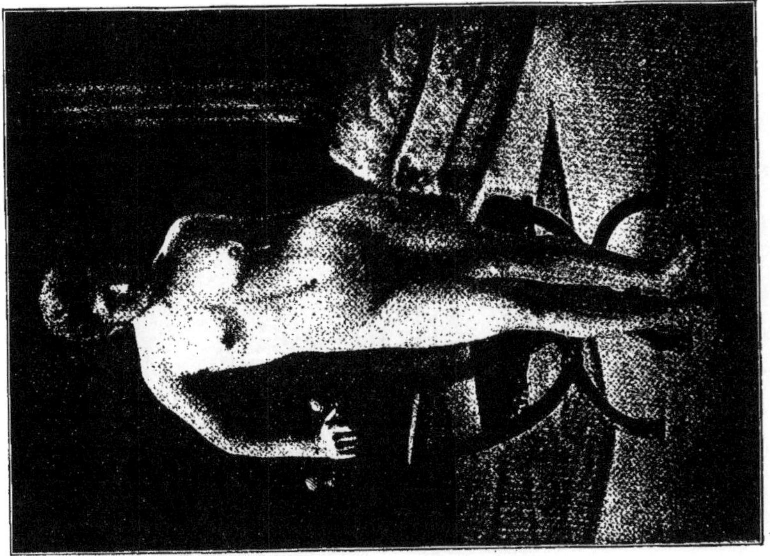

Les épaules trop lourdes donnent à la femme une apparence hommasse, qui n'a rien de joli.

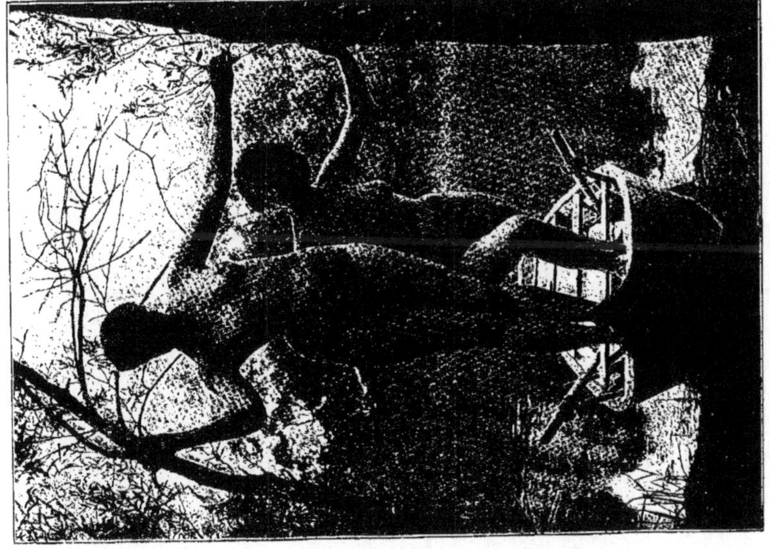

Les épaules trop maigres sont contraire à l'esthétique. Elles laissent apparaître les os supérieurs de la cage thoracique, dont la forme s'appelle vulgairement « salières »

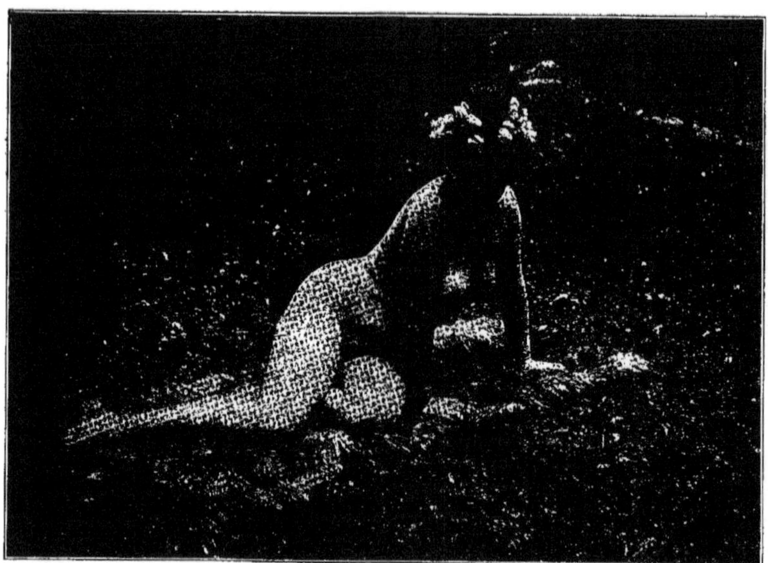

Dans une pose assise, le point d'appui que prend le corps sur les bras met les épaules en vigueur.

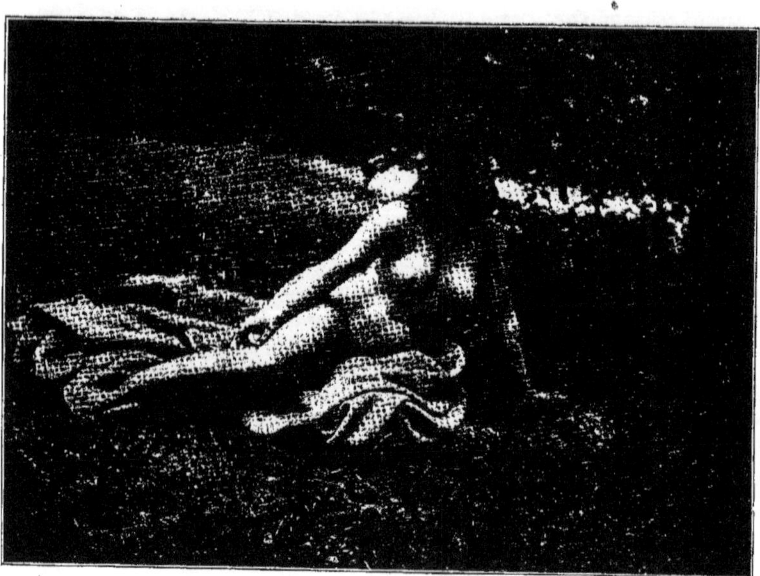

Quand le corps ne s'appuie que sur un bras, le second bras doit donner à l'autre épaule l'harmonie
nécessaire à la grâce du corps.

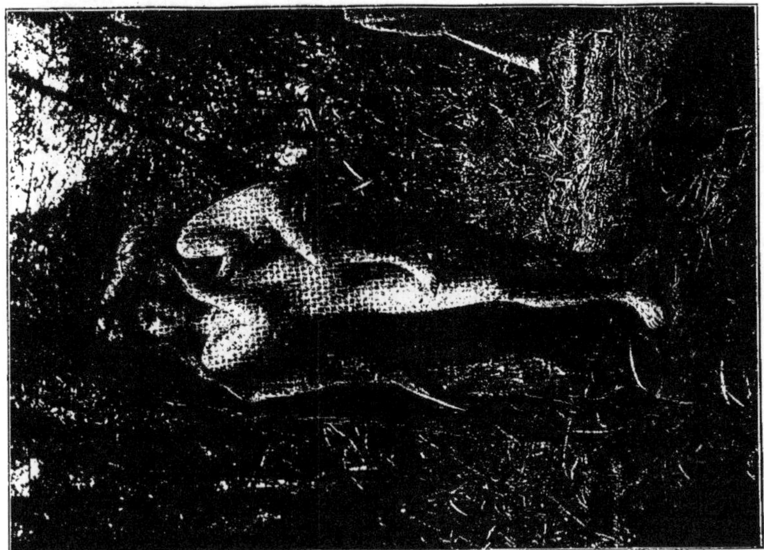

Donnant aux scènes de la vie leur harmonie sans affectation inutile.

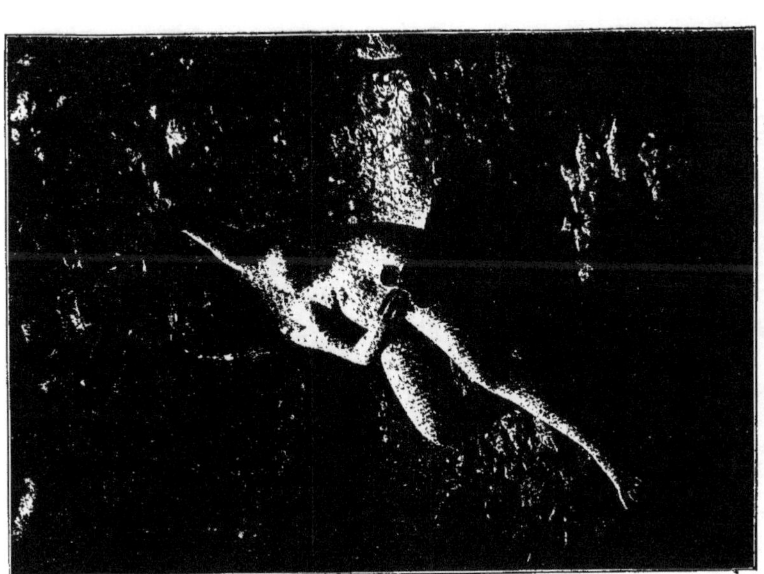

Le principe est, d'ailleurs, si naturel, qu'il s'applique de lui-même dans les poses les plus simples.

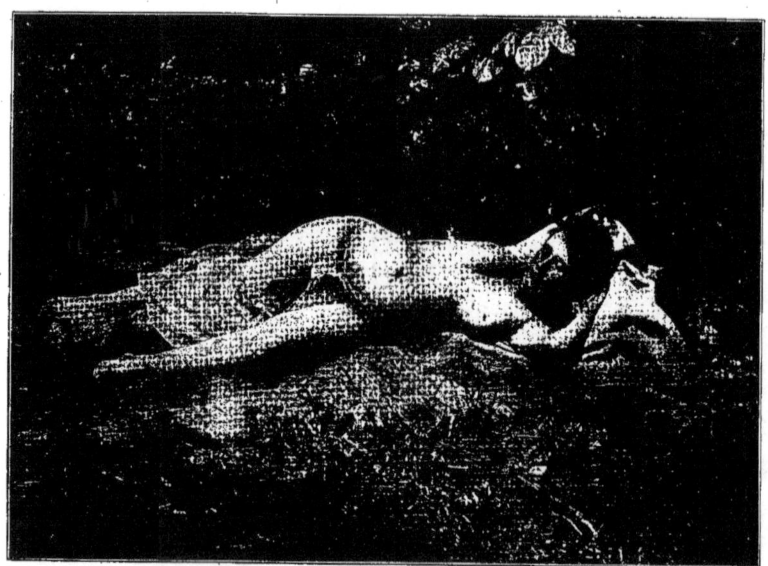

L'importance esthétique des épaules disparaît dans les poses couchées

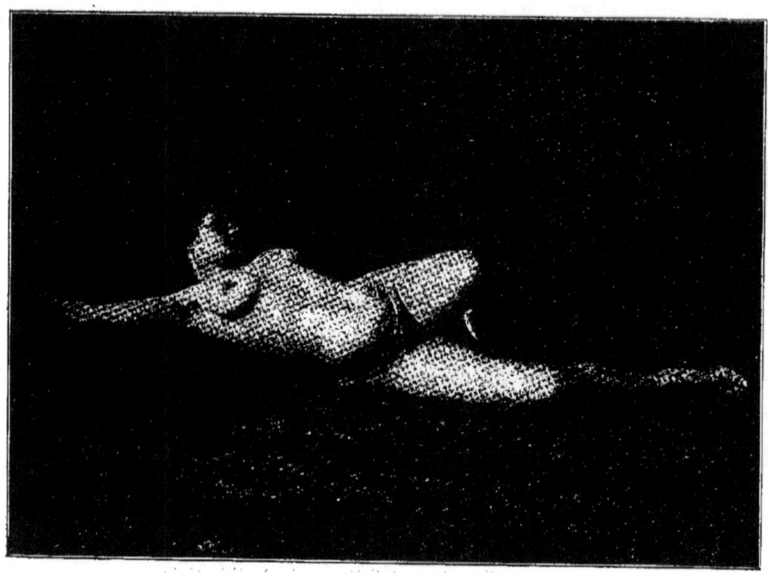

complètement même parfois selon la position de la tête et des bras.

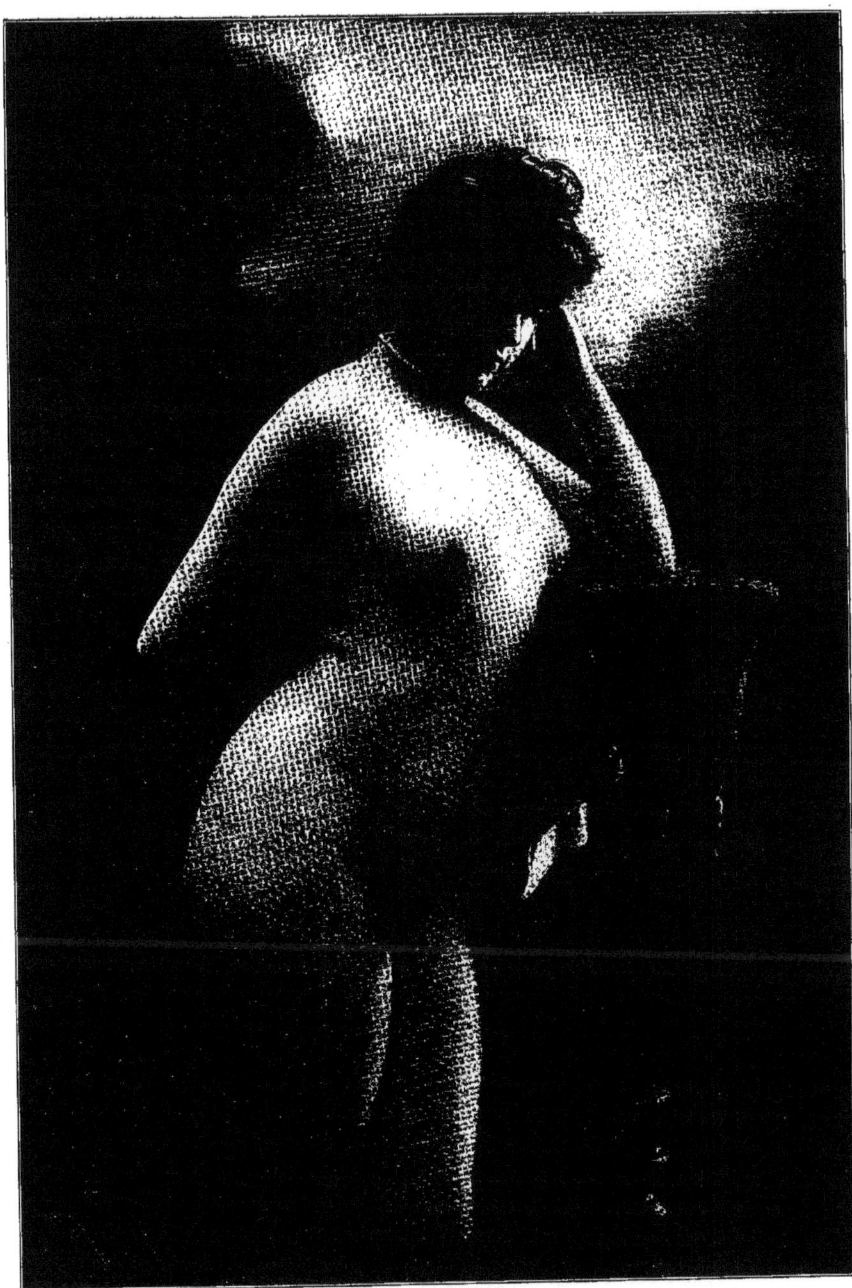

En résumé, la beauté des épaules concourt utilement à l'harmonie de l'ensemble, non pas peut-être capitalement, mais certainement efficacement.

Le Gérant: COUSTAL.

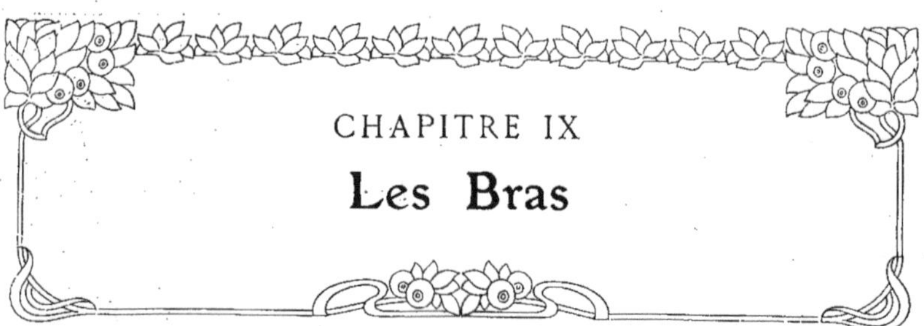

CHAPITRE IX
Les Bras

Es grâces suppléent à la beauté et se font mieux sentir qu'elles ne s'expriment; c'est un secret merveilleux et une espèce de mystère dans la nature. Une femme plait; on parcourt en détail tous ses traits, elle n'en a pas un qui caractérise la beauté; cependant elle plaît; elle plaît même davantage qu'une personne réellement belle. C'est un don naturel, ou je ne sais quoi; en un mot, elle a des grâces. L'usage du monde forme aussi les jeunes personnes et suffit quelquefois pour leur donner de la grâce; mais les grâces ne s'acquièrent point.

Cependant beaucoup de gens les confondent et sans trop démêler si c'est relativement ou absolument, les grâces où la Grâce sont les mots que l'on a le plus souvent à la bouche.

Les grâces se trouvent surtout dans

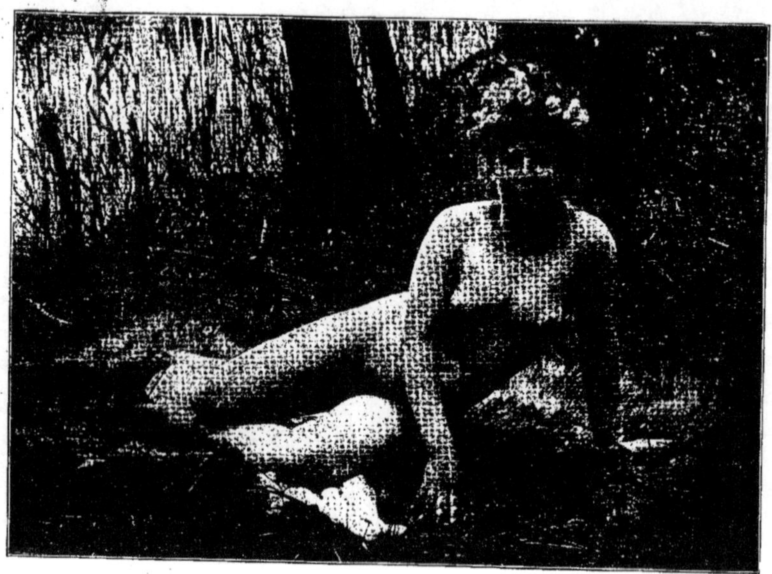

LES BRAS

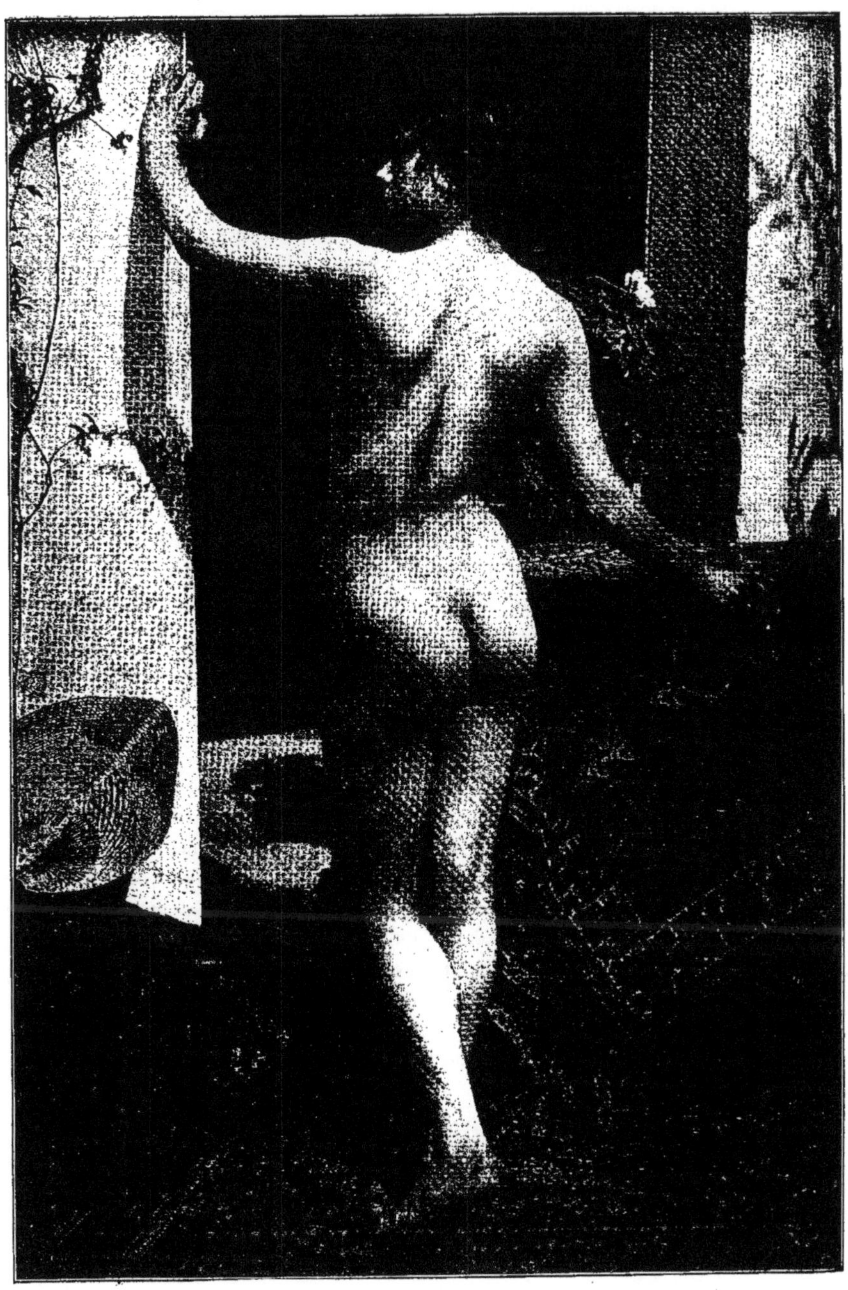

Le rôle du bras dans l'académie est purement plastique ; il concourt à l'harmonie générale.

les manières; ces dernières naissent à chaque instant, et peuvent à tout moment créer des méprises; une femme ne peut être belle que d'une façon, mais elle est jolie de cent mille.

Les grâces naturelles, chez les femmes, ont le don de tout embellir; mais ces grâces sont rares et celles à qui elles sont échues en partage sont d'autant plus séduisantes qu'elles mettent toujours de l'art dans leur conduite, par instinct, par profit ou par habitude.

Ce petit cours d'esthétisme féminin que nous avons trouvé dans un vieux recueil, nous paraît s'appliquer admirablement au bras.

Car le bras n'appartient point aux parties de la femme qui sont belles, mais simplement gracieuses, et tout ce que nous écrivions dans un fascicule précédent sur les jambes s'applique également à lui, à savoir que n'ayant point de beauté propre, il ne fait que contribuer à l'harmonie générale du corps par ses proportions et ses lignes.

Tout ce que l'on peut dire sur lui au point de vue de la beauté, c'est qu'il doit être charnu, un peu dodu et légèrement long. Je lis encore dans un traité académique: rond, ferme et blanc, ce qui corrobore utilement les autres qualités.

Mais il est évident qu'il possède dans l'esthétique académique une importance de premier ordre, sinon au point de vue de la beauté, ainsi que nous venons de le faire remarquer, tout au moins à celui des gestes.

Car il synthétise *le geste*.

Sans lui, pas de geste possible. L'expression appartient au visage; l'attitude au corps. On ne peut rendre sans lui l'effroi, la crainte, la pudeur, la prière, tandis que la douleur, la joie, la volupté, s'expriment facilement avec les traits seuls de la figure et qu'on peut rendre par la pose seule du corps, la nonchalance, la mollesse etc....

Le bras n'a point souvent pour nous l'attrait des autres parties du corps, parce que ce n'est point une des beautés secrètes de la femme; aucune pudeur n'empêche qu'on la montre pour le plus léger motif, comme celui d'une robe décolletée, au bal, par exemple.

Les femmes ne le gardent point sévèrement des regards admirateurs des hommes, comme s'il n'avait aucune place dans leur orgueilleuse beauté, et rares sont celles qui, ainsi qu'une dame romaine à un passant s'extasiant sur la splendeur nacrée de son bras, répondent dédaigneusement:

— Il n'est pas au public!

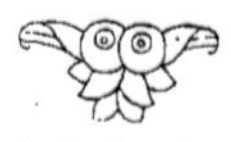

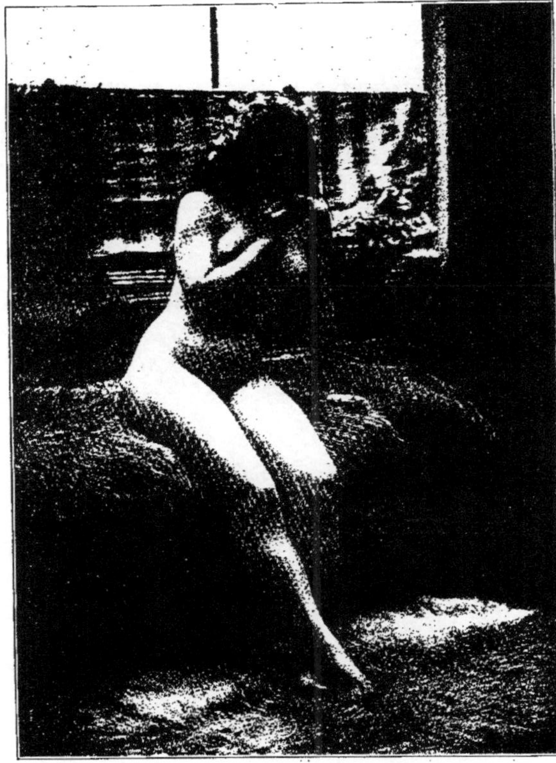

Tantôt il sert de point d'appui directement, c'est-à-dire soutenant le poids
du corps d'une façon absolue...

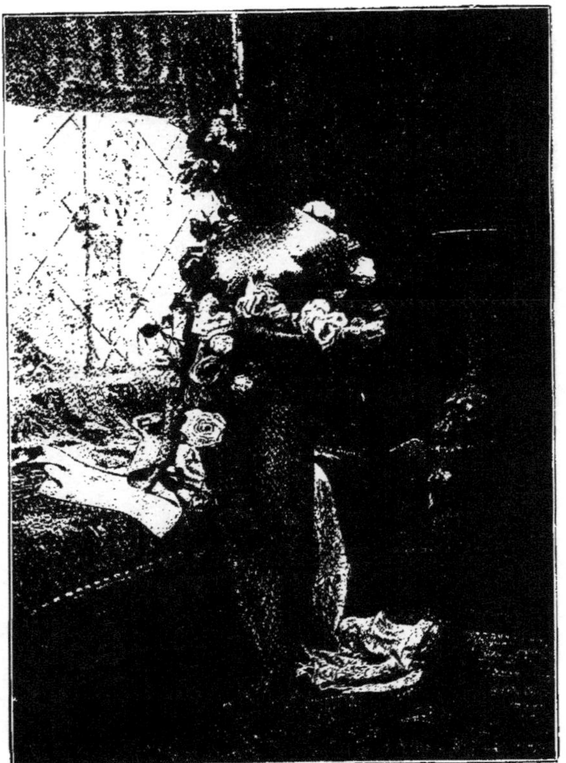

ou d'une façon relative, c'est-à-dire dans une attitude plus que dans
un mouvement.

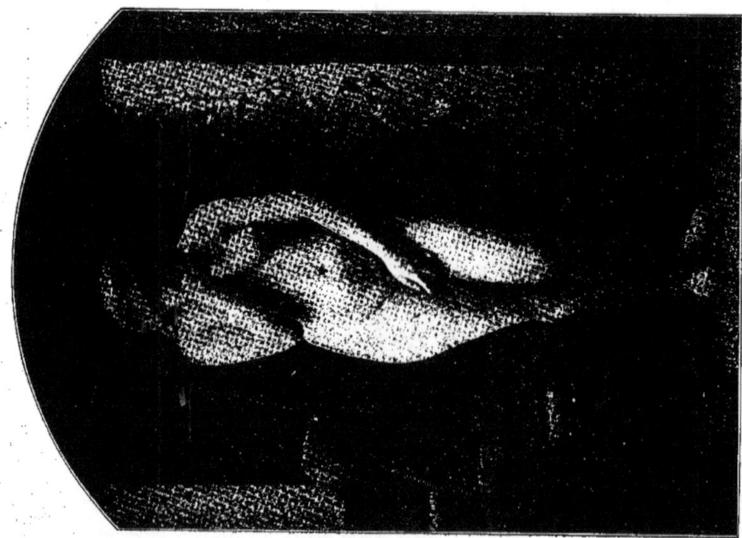
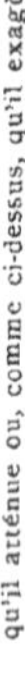

qu'il atténue ou, comme ci-dessus, qu'il exagère.

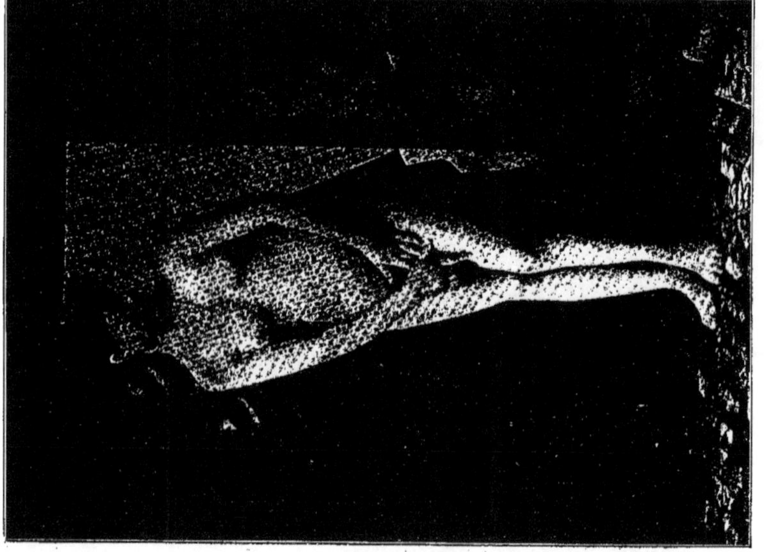

Tantôt il sert seulement en quelque sorte d'accessoire, cédant à la physionomie générale de la pose, dans un mouvement de pudeur,

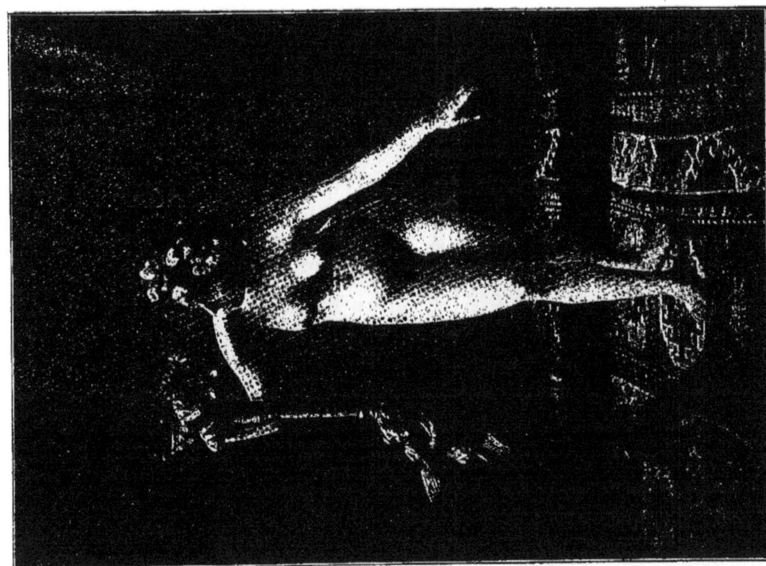

Il faut chercher l'élégance du mouvement dont les effets sont des plus divers et les plus différents.

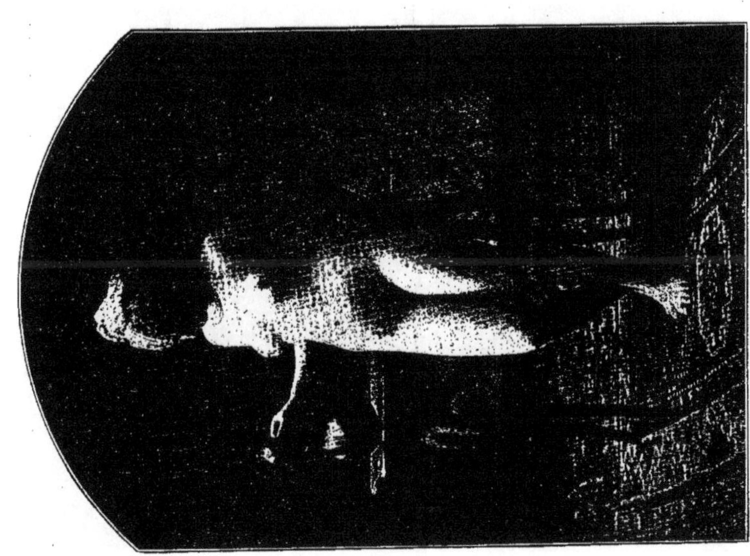

Ainsi que nous l'avons expliqué, le bras est toute harmonie, sa grâce importe donc beaucoup, on la trouve facilement dans le plus petit des faits.

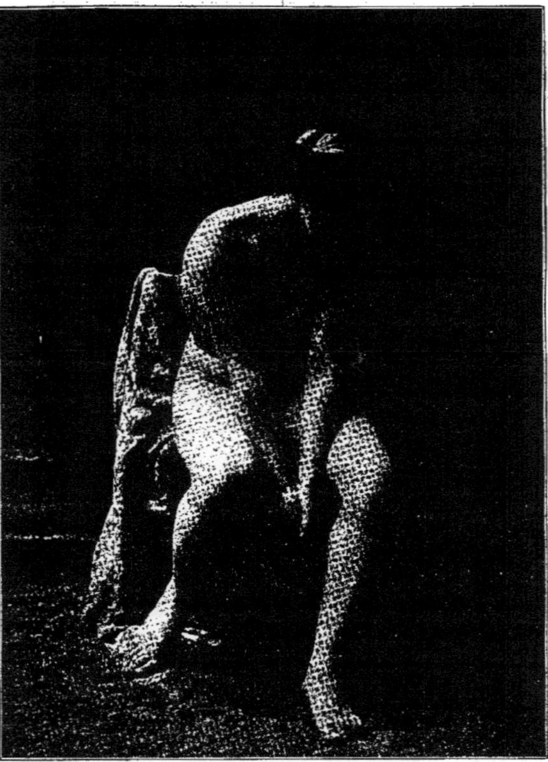 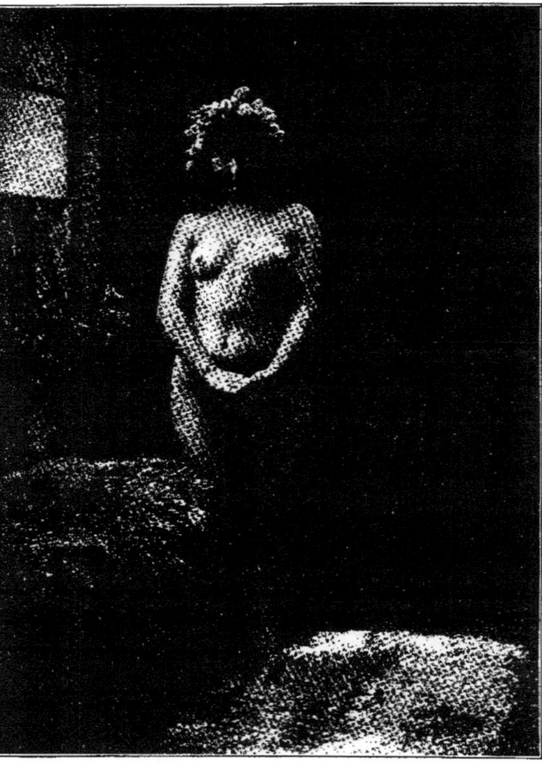

Les mouvements du bras sont, néanmoins, très restreints. On le voit par ces deux attitudes. Dans l'une et dans l'autre les bras ont la même disposition ; mais la position différente des autres membres donne à l'une des femmes une physionomie d'innocence, à l'autre un aspect de douleur profonde.

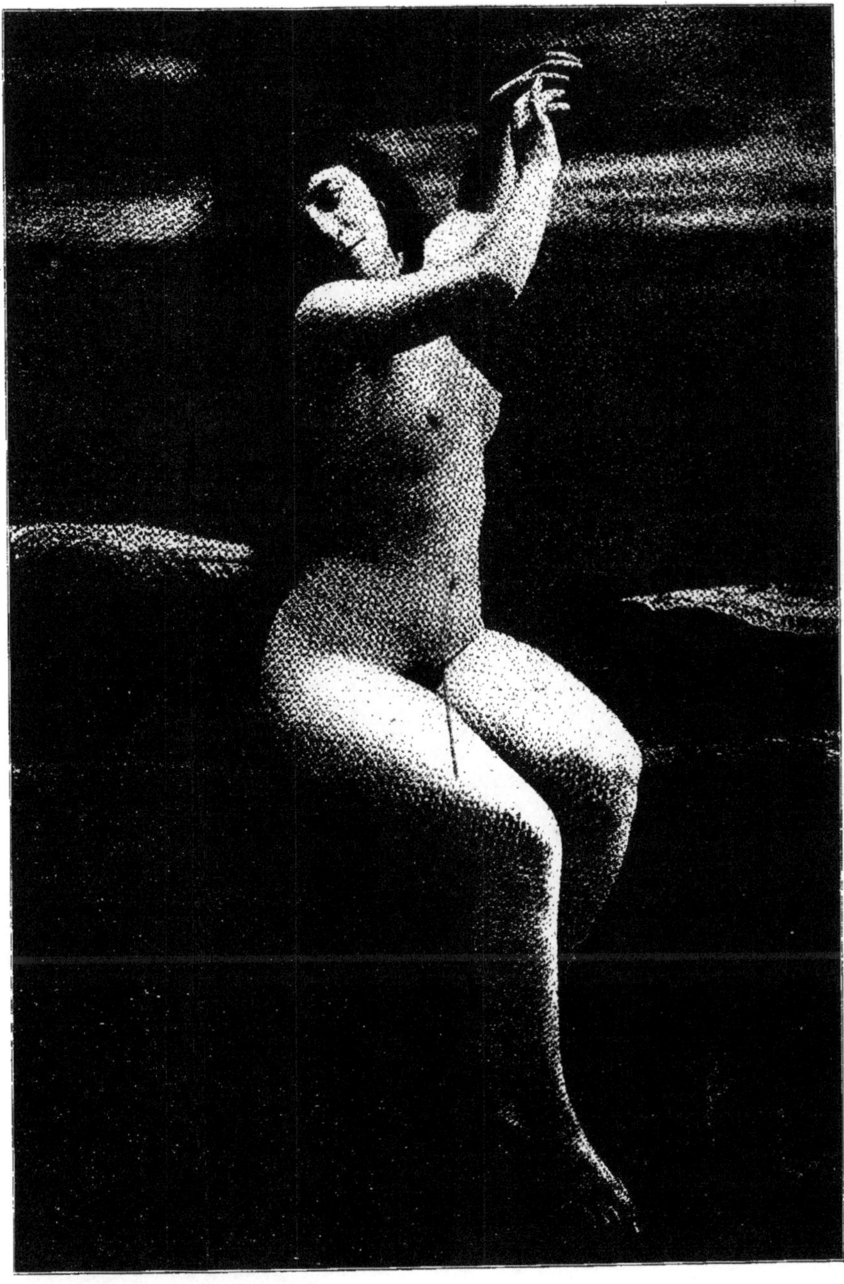

Il faut, en partant du principe précédemment exprimé, que le corps et les bras ne présentent point des attitudes se contredisant.

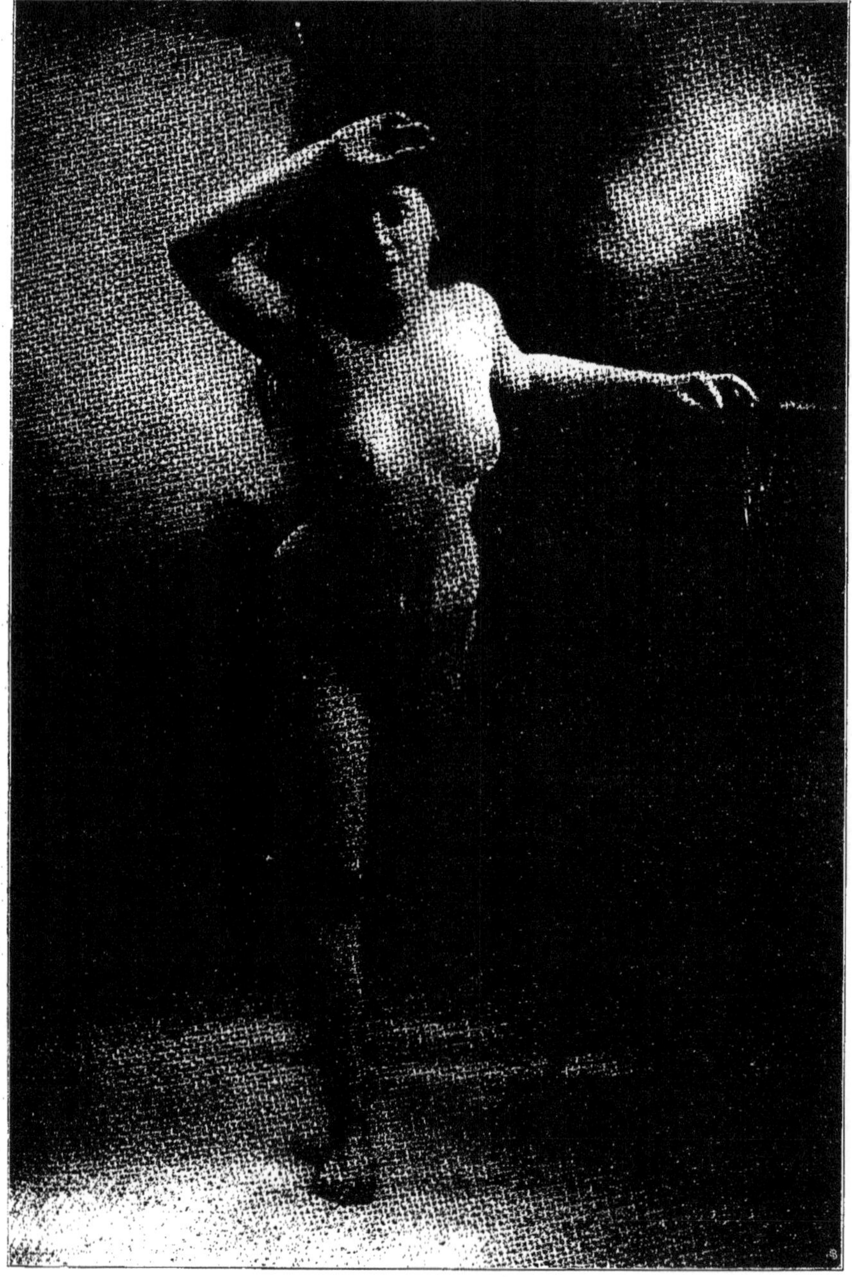

Comme dans l'exemple ci-dessus où la partie inférieure du corps exprime la course, la supérieure la crainte.

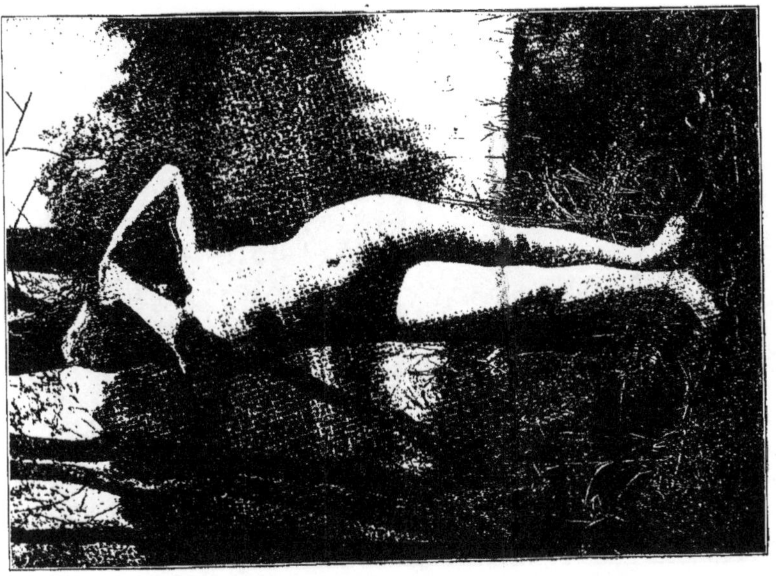

ou en avant, dans une pose appropriée.

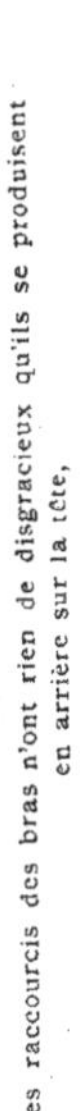

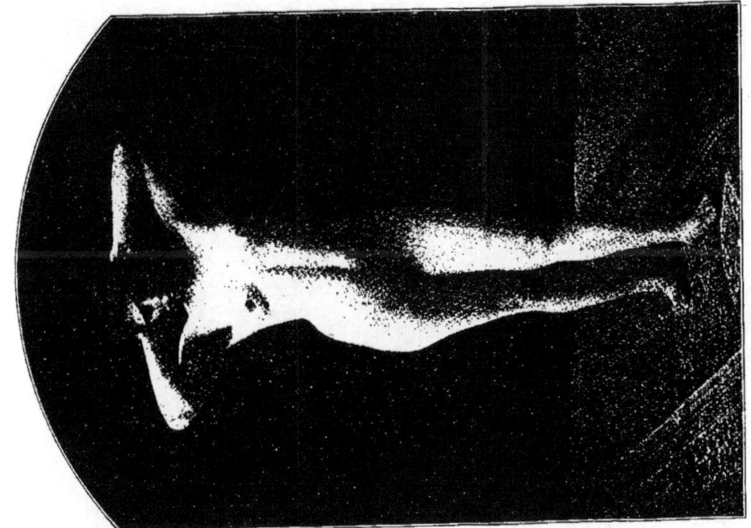

Les raccourcis des bras n'ont rien de disgracieux qu'ils se produisent en arrière sur la tête,

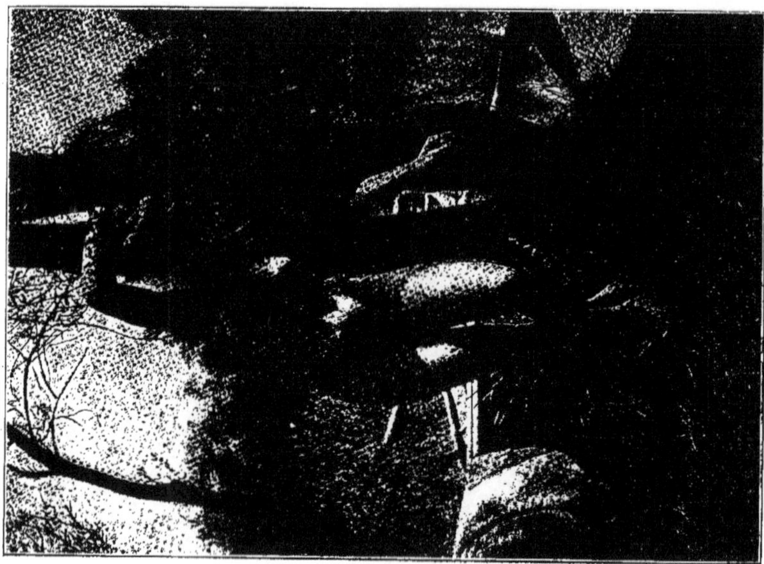

Disgracieuse également la pose où un bras s'allonge trop, tandis que l'autre se replie.

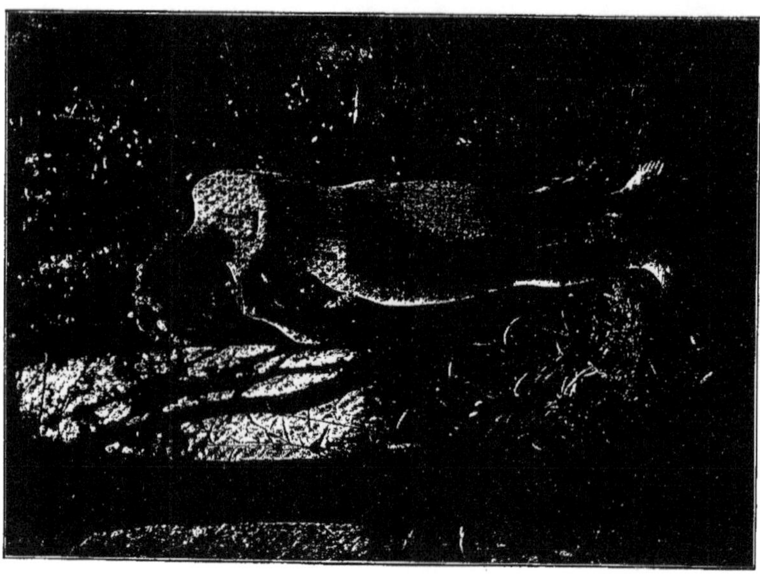

Il faut, néanmoins, éviter tout effort trop apparent ; c'est toujours au détriment de l'harmonie.

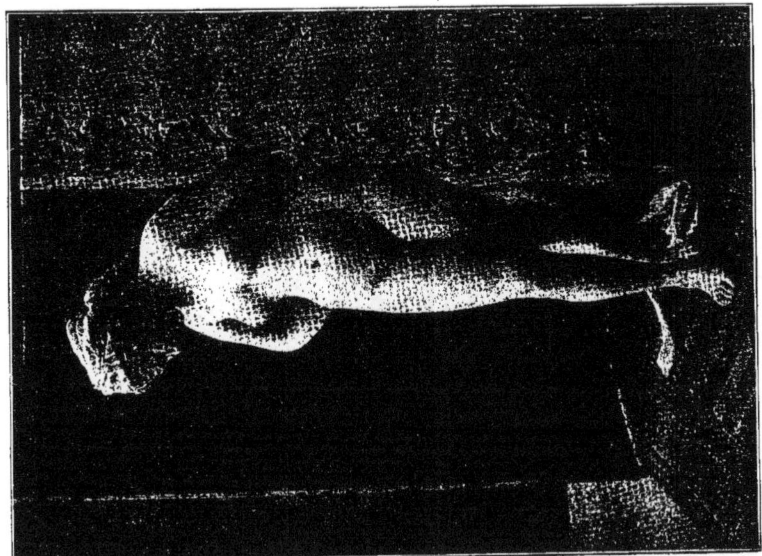

Si le modèle les a réellement ainsi, il ne faut pas hésiter à les dissimuler...

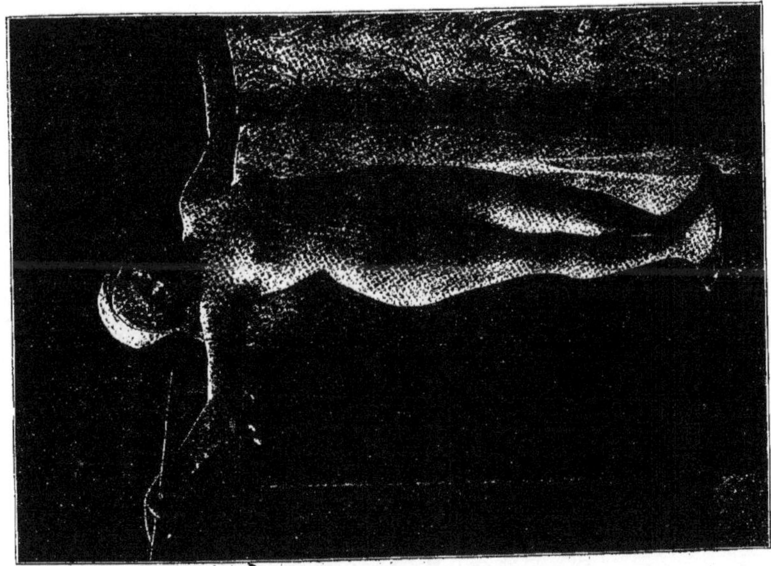

Les bras allongés verticalement paraissent généralement d'une longueur démesurée.

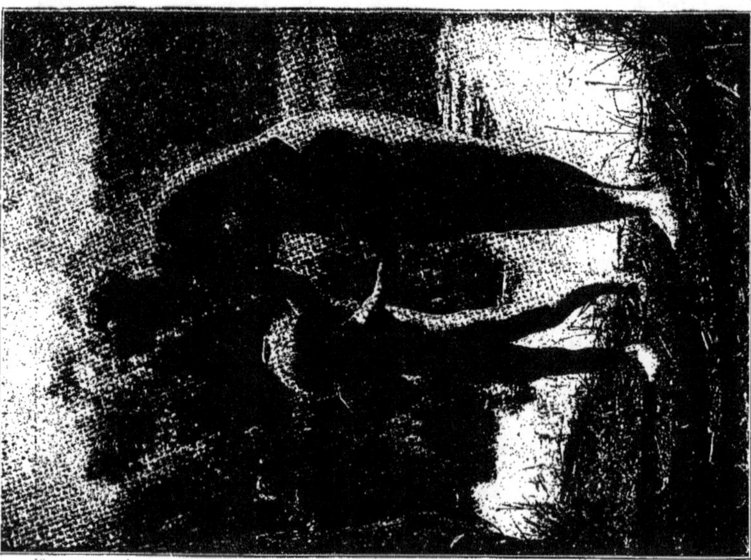

Ce mouvement est tout indiqué par des scènes maternelles.

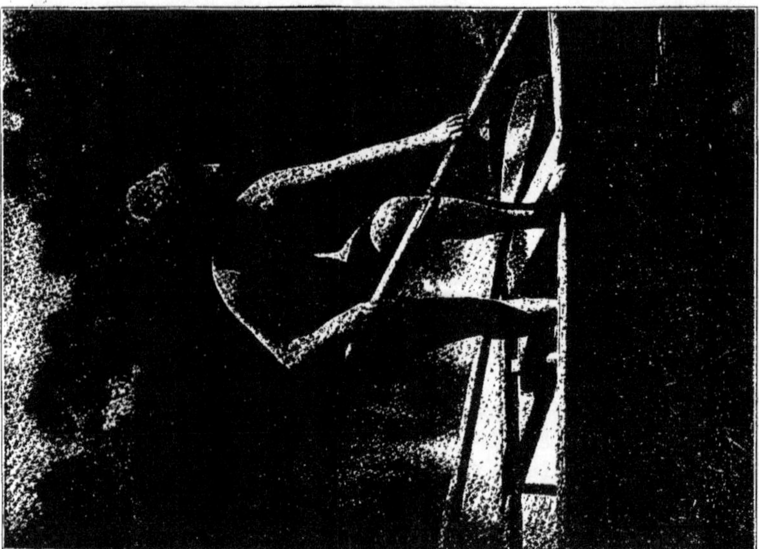

Ou bien leur donner une pose repliée, en leur trouvant un joli mouvement.

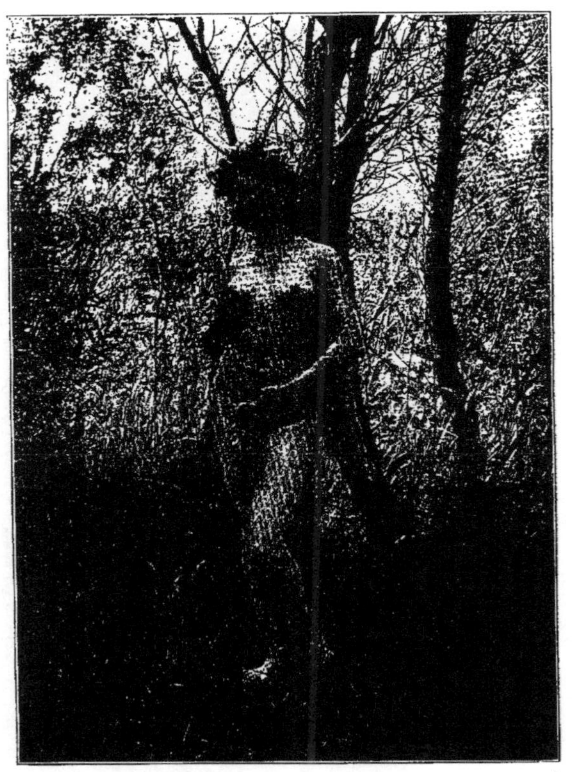

Il est indispensable de donner aux deux bras une identité d'attitude et de les faire tendre, en quelque sorte, vers le même but.

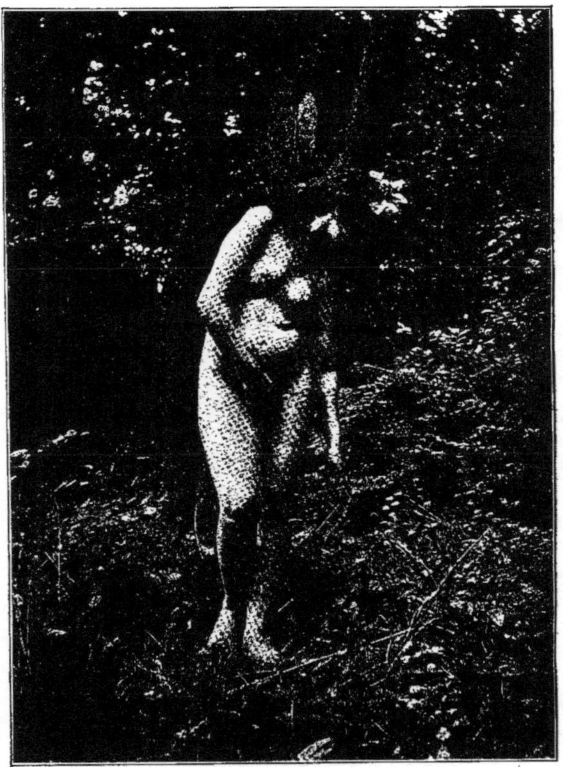

Rien n'est plus bizarre comme ce modèle qui du bras gauche a le geste de cenillir une fleur, et du bras droit celui de protéger sa pudeur.

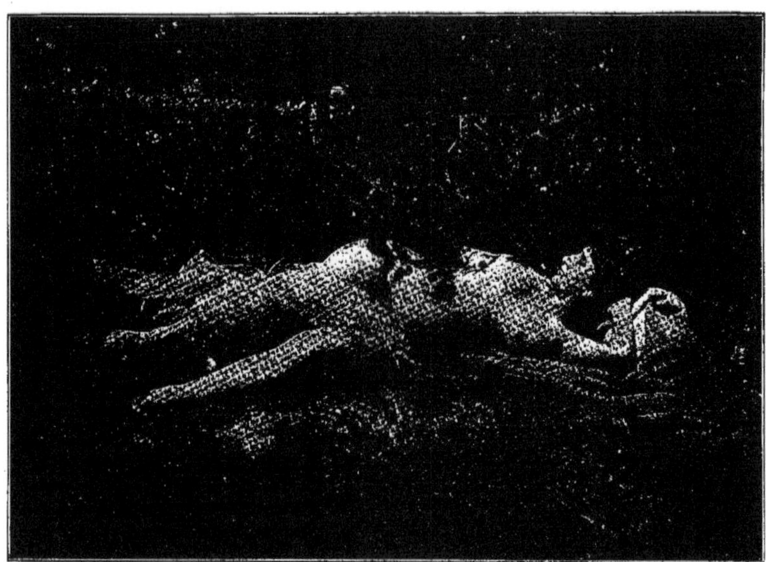

Tous les principes que nous venons d'énoncer s'appliquent aux positions couchées.....

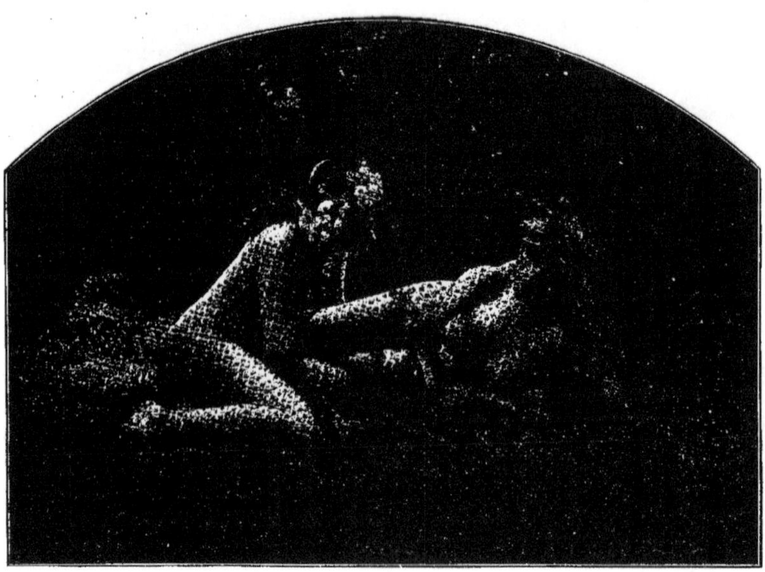

qui revêtent également de nombreuses formes variées où les bras ont une identique importance.

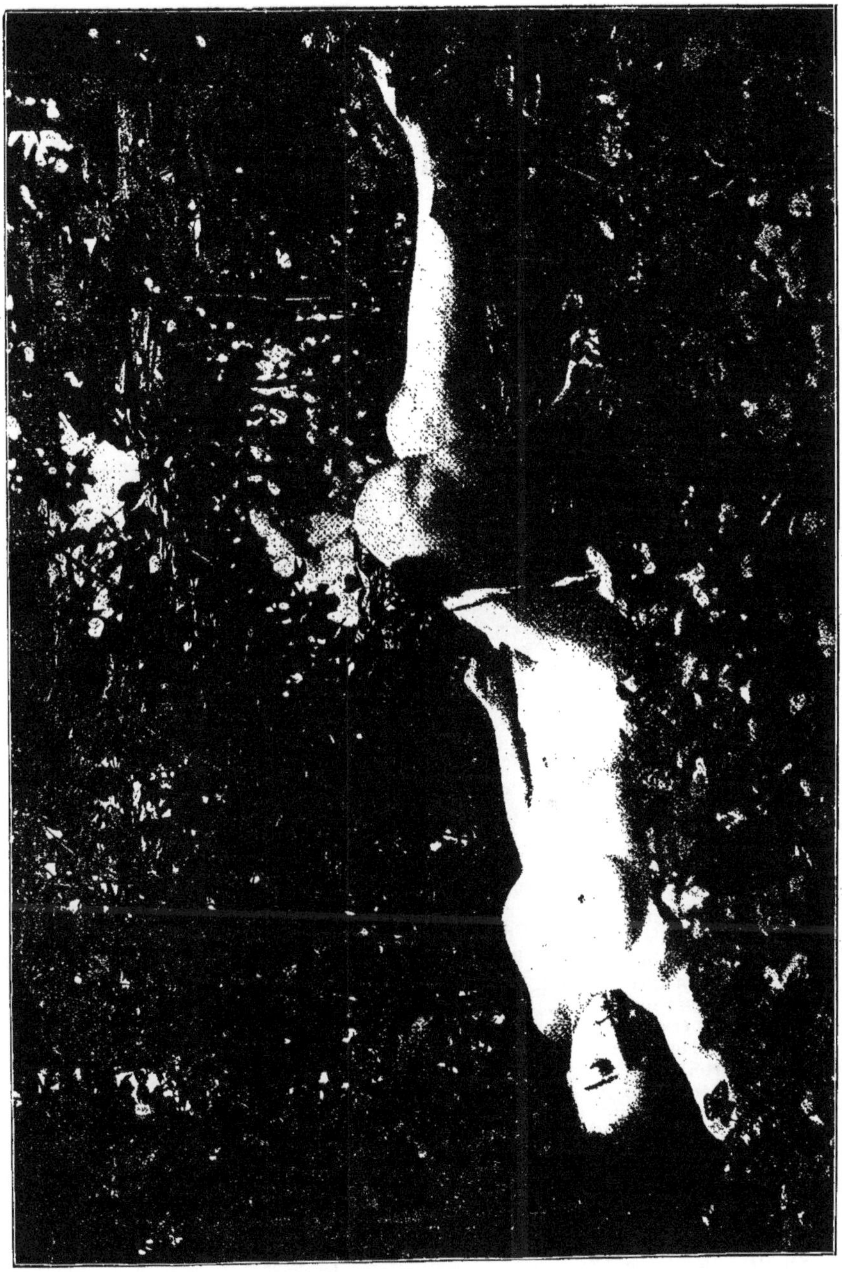

L'élégance des bras est si utile à l'harmonie générale que leur dissimulation rend le corps disgracieux et incomplet.

Le Gérant : Coustal.

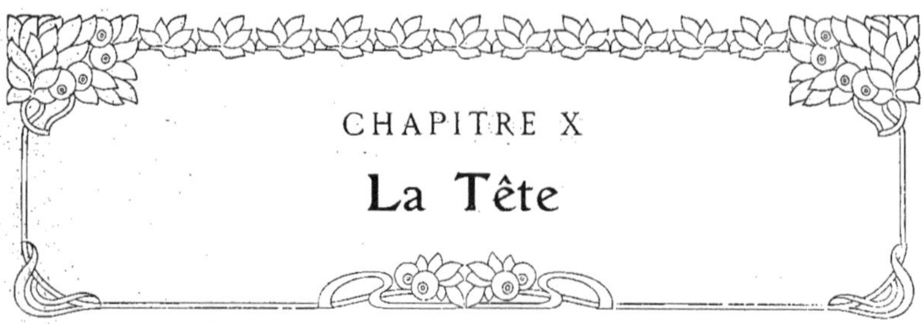

CHAPITRE X
La Tête

UELQUE porté qu'on soit à se faire illusion sur le principe de ces traits aigus qu'un sexe éprouve à la vue de l'autre, on ne peut s'empêcher de reconnaître que ce principe n'est et ne peut être que la perfection d'une certaine conformité de moyen, avec un besoin pressant de se satisfaire.

L'homme voit dans la femme, comme la femme voit dans l'homme, la seule chose drôle au monde qui puisse changer des inquiétudes en plaisir. Il n'est pas surprenant qu'un intérêt aussi vif que tendre les porte l'un vers l'autre, et que la passion les amenant par degrés à se prêter mutuellement une importance exclusive, ils n'en viennent à ne voir qu'eux seuls dans la nature.

Dans cet état qui est la dernière période de l'amour, l'homme n'est pas un mortel, c'est un dieu, de même que la femme est une divinité.

L'imagination impétueuse du premier accumule surtout en faveur de l'autre toutes les perfections possibles; il s'égare délicieusement dans les idées chimé-riques et mystérieuses du beau, pour élever l'objet de son délire. Mais lorsqu'après avoir fait un chemin immense dans le pays des abstractions, il arrive

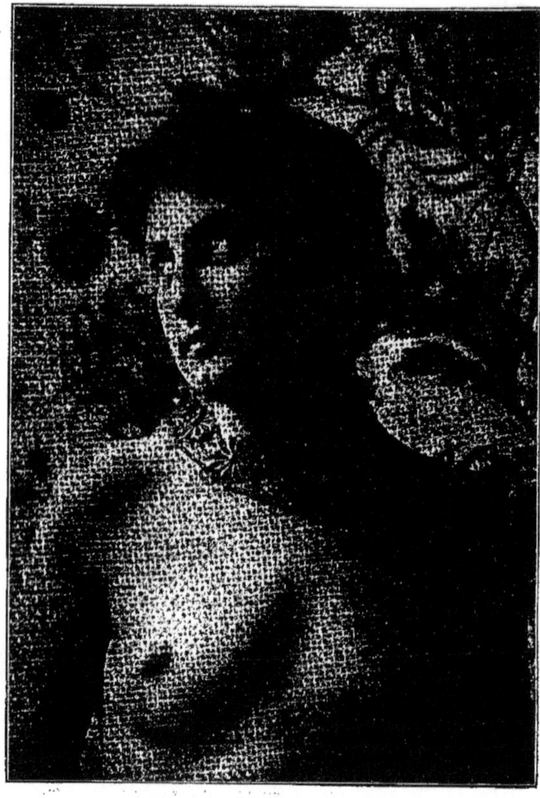

LA TÊTE

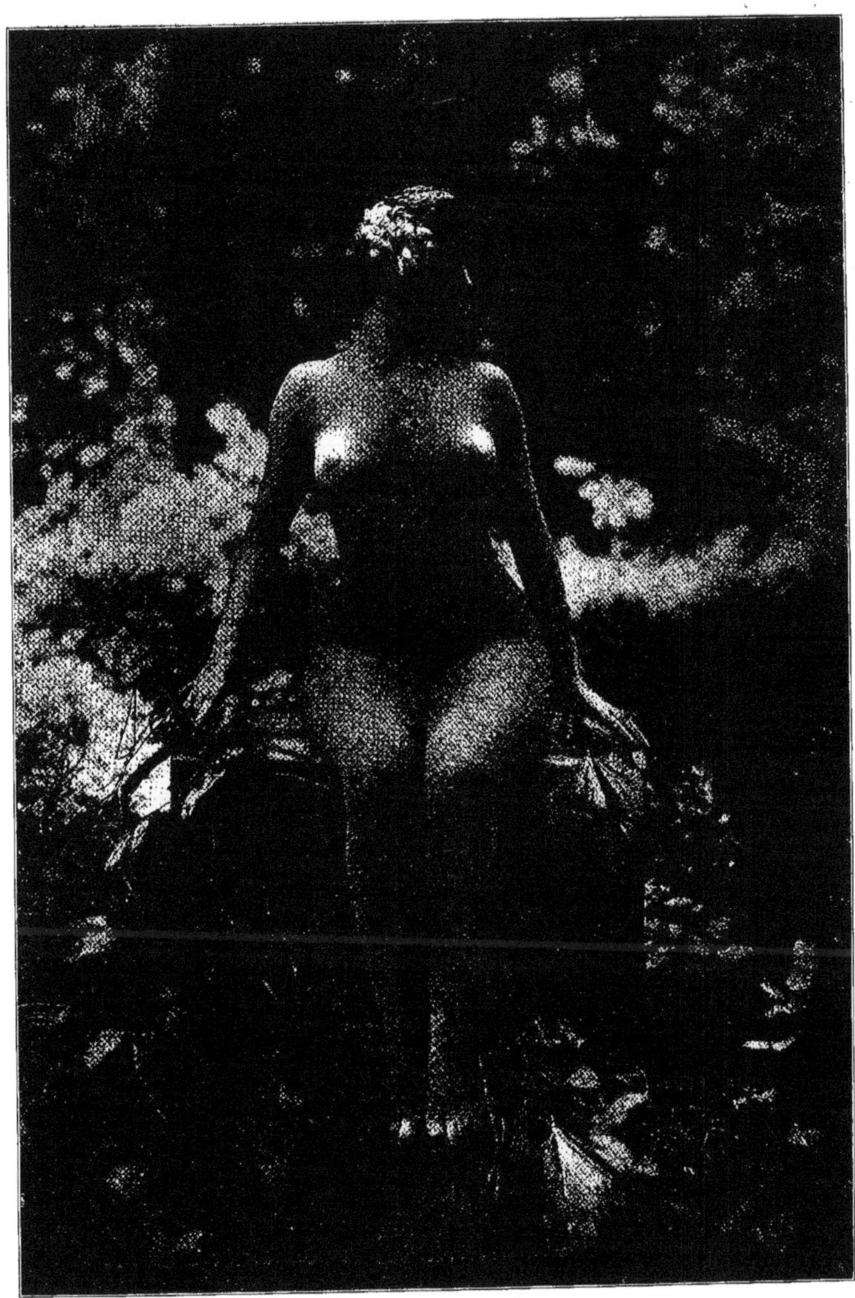

La tête est la principale beauté de la femme.

enfin à la réalité, il est peut-être étonné de la trouver à côté du sauvage stupide ou de l'animal livré aux pires sensations.

La beauté, ce mobile puissant dont jamais mortel sensible ne prononce le nom sans émotion, n'est donc, aux yeux du philosophe qui peut, un moment, échapper à son prestige et contempler d'un œil calme le bouleversement et les tempêtes qu'elle suscite dans l'univers, qu'un simple rapport qui, ayant pour objet une nécessité impérieuse, doit à la passion sa principale force et à l'imagination humaine les traits séduisants qui l'embellissent.

Ce qui prouve que la beauté n'est pas un être absolu, mais une relation, c'est que, si l'un des termes qui la compose vient à changer, la beauté n'existe plus.

Ainsi, il n'y a pas de beauté sans fraîcheur; lorsque cette qualité manque, c'est parce qu'un jugement prompt et rapide, que l'instinct nous suggère, nous avertit que la femme ne présente point tous les caractères d'une parfaite santé dans une disposition favorable au plan de la nature relativement au maintien de l'espèce.

La beauté varie par rapport aux sexes. Ainsi l'air mâle et les traits bien prononcés donnent à la femme une impression désagréable; les hanches trop minces et les seins trop petits lui ôtent un de ses charmes particuliers, en la rapprochant des jeunes garçons.

La première beauté chez la femme tient dans la tête.

Pourquoi? sans doute parce que c'est la beauté que l'homme est appelé tout d'abord à juger, c'est elle qui se présente la première à ses yeux; c'est aussi elle qu'il sait le mieux distinguer parce que c'est elle dont il a le plus l'habitude, le jugement naissant d'une comparaison.

Nous ne parlerons pas aujourd'hui de l'*expression* à laquelle d'autres chapitres seront consacrés dans la seconde partie de cet ouvrage. L'expression n'a aucun rapport avec la beauté intrinsèque de la tête. Il n'y a évidemment aucun mouvement de l'âme qui soit complet sans se refléter sur le visage mais nous nous bornerons ici à décrire la beauté de la tête sans entrer dans aucun autre détail qui sortirait de ce cadre nettement délimité.

La tête doit être d'une forme ronde et plutôt avec l'apparence d'un ovale que réellement tel. ;

Le front sera grand, ouvert, poli, bien arrondi, c'est-à-dire également courbé dans les pointes qui se répondent. Les cheveux seront longs, épais, bien plantés, bien lisses, les yeux bien fendus, grands s'ils sont bleus, petits et vifs s'ils sont noirs; les sourcils courbés sans exagération en demi-cercle, allant de l'angle extérieur de l'œil à la naissance du nez.

Les joues seront fermes, d'un éclat doux et un peu vermeilles; les oreilles petites et courtes, colorées d'un léger incarnat; le nez droit et bien affilé; la bouche mièvre et bien coupée formant en souriant sur chacune des joues une petite fossette gracieuse; les lèvres ni épaisses ni grêles, d'un rouge humide; les dents blanches, petites, égales, bien rangées, enfin le menton rond et fourchu.

On voit que la beauté du visage se compose elle-même d'une foule de petites beautés particulières sur lesquelles domine le teint, allant du rouge des lèvres au rose des joues, du blanc du front au bleuté des tempes. Voici ce que l'on peut dire de la tête.

Personne d'ailleurs n'ignore combien une grande bouche, un front rétréci, un nez épaté, défigurent une femme; ce ne sont pas seulement aux connaisseurs qu'apparaissent ces défauts, mais aux yeux de tous les hommes; néanmoins cette énumération, si fastidieuse qu'elle puisse paraître, était utile pour fixer bien nettement les caractères généraux de la beauté absolue.

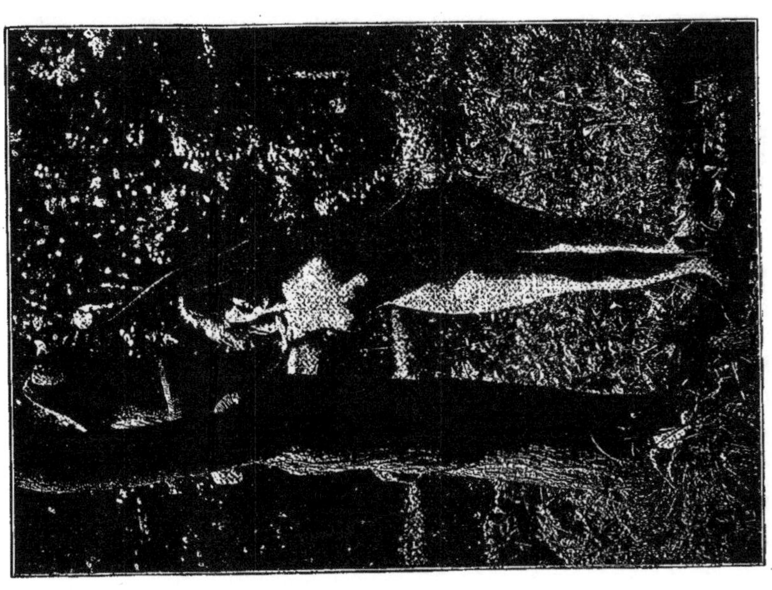

Légèrement penchée, la grâce et le charme.

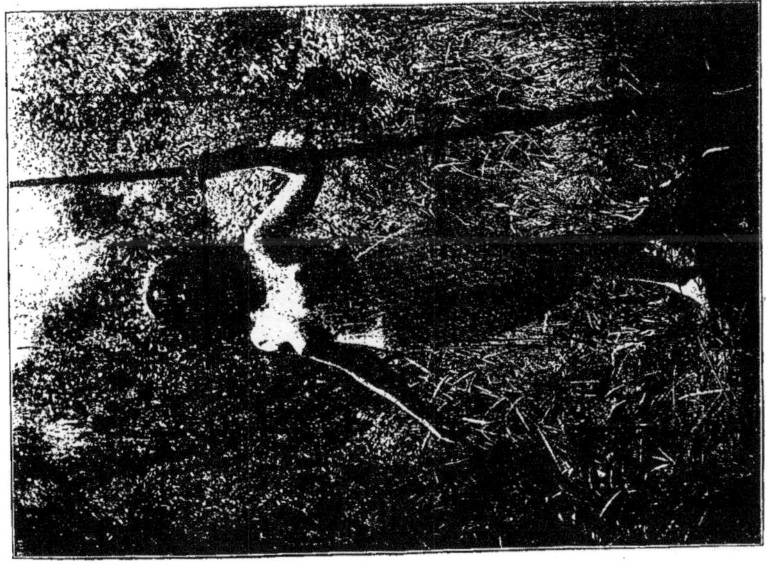

La tête haute et droite indique la majesté et la noblesse.

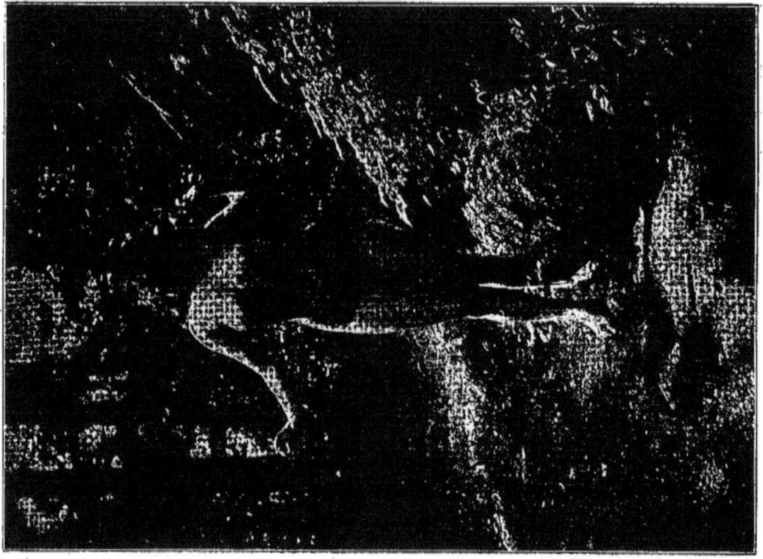

Légèrement inclinée en arrière, l'extase.

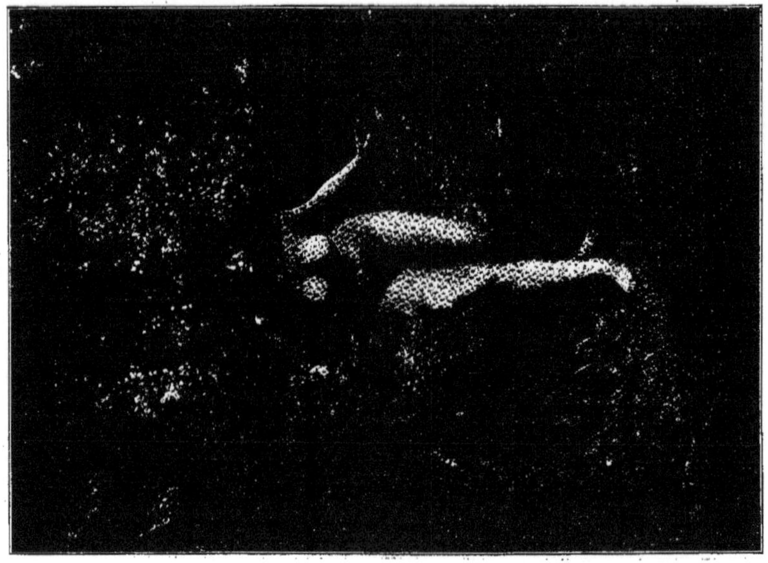

La tête inclinée en avant rend bien la curiosité.

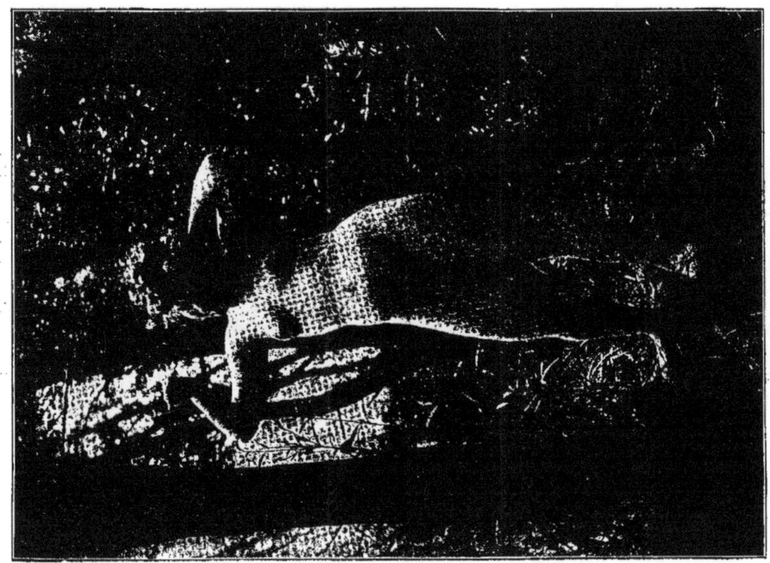

Tournée, mais inclinée, la coquetterie.

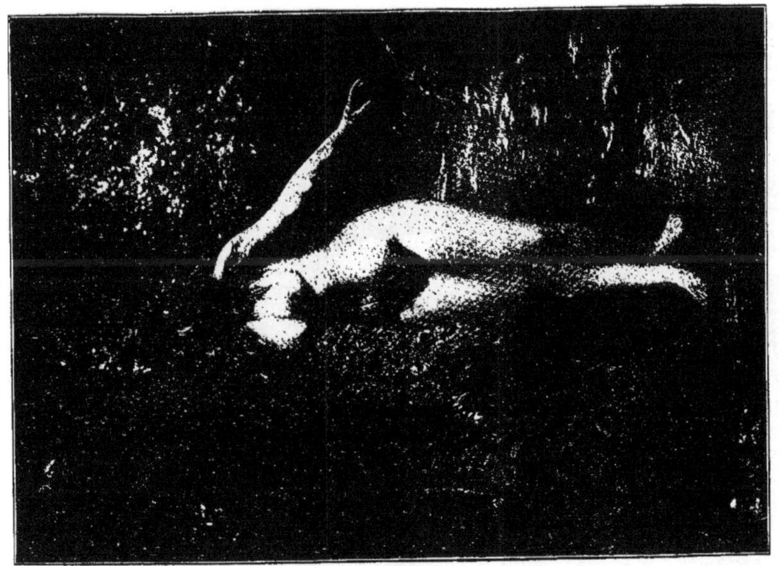

Droite, mais tournée, elle exprime la curiosité.

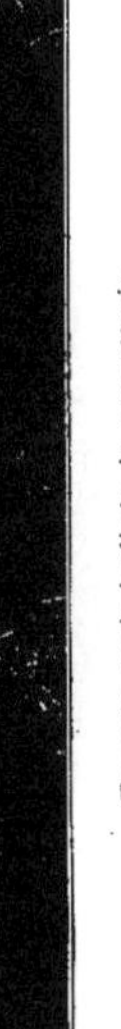

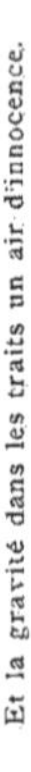

Et la gravité dans les traits un air d'innocence.

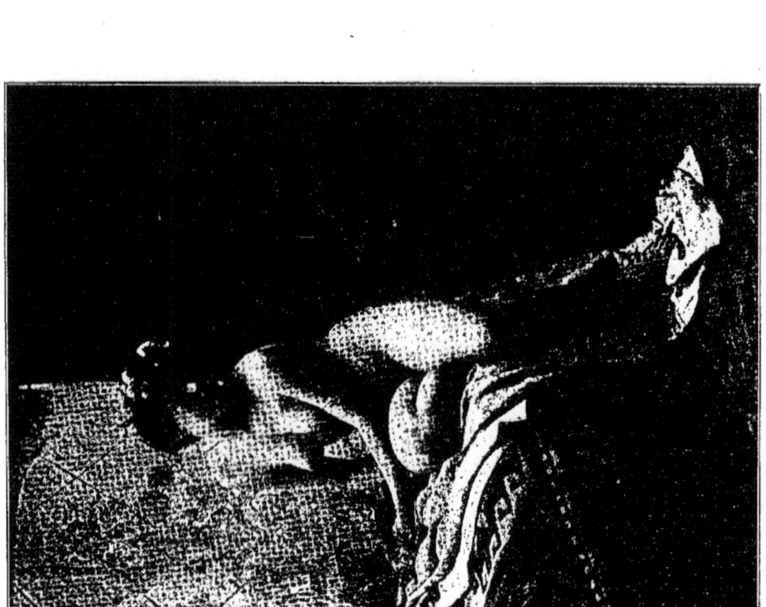

L'absence de sourire lui donne un air de dédain.

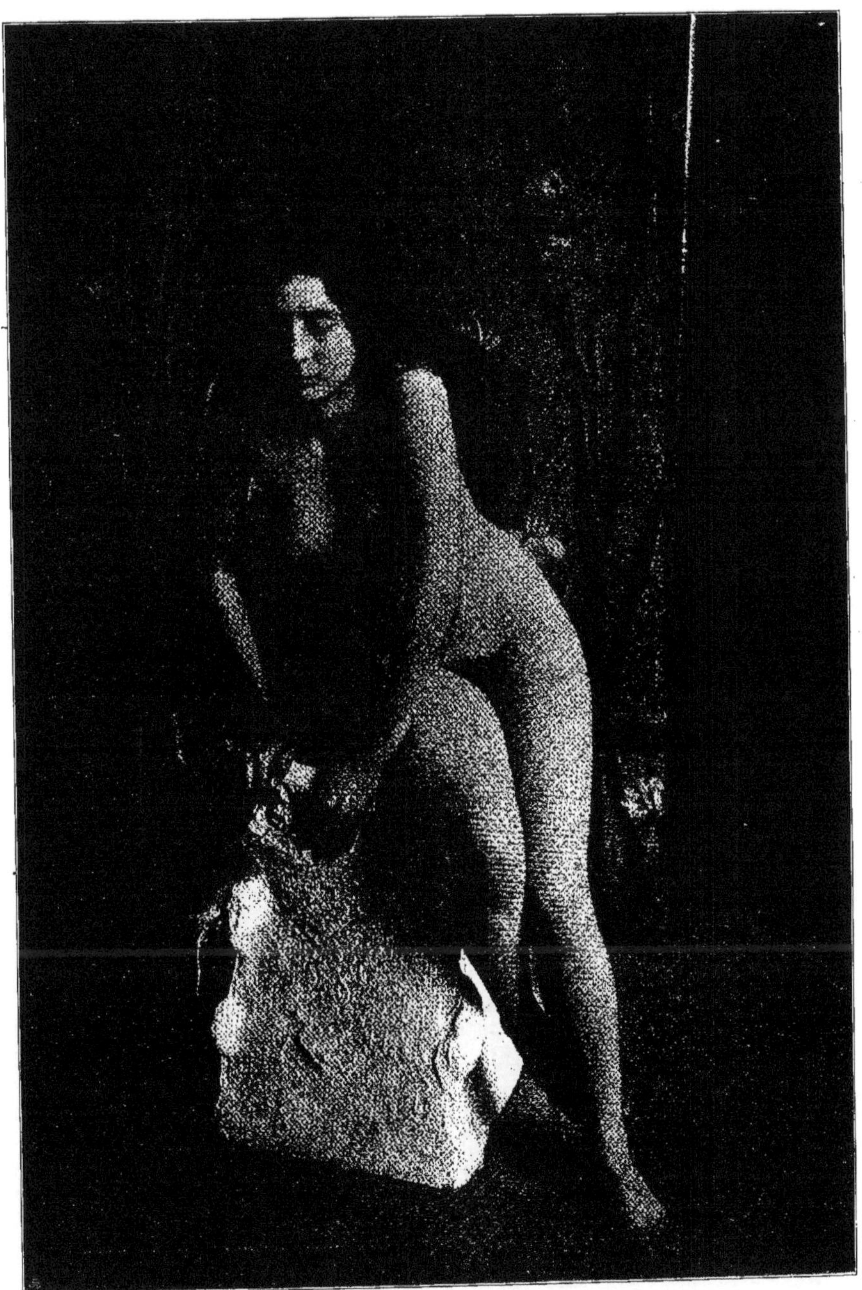

L'attitude du corps, la pose des bras sont utiles pour compléter l'expression d'attention.

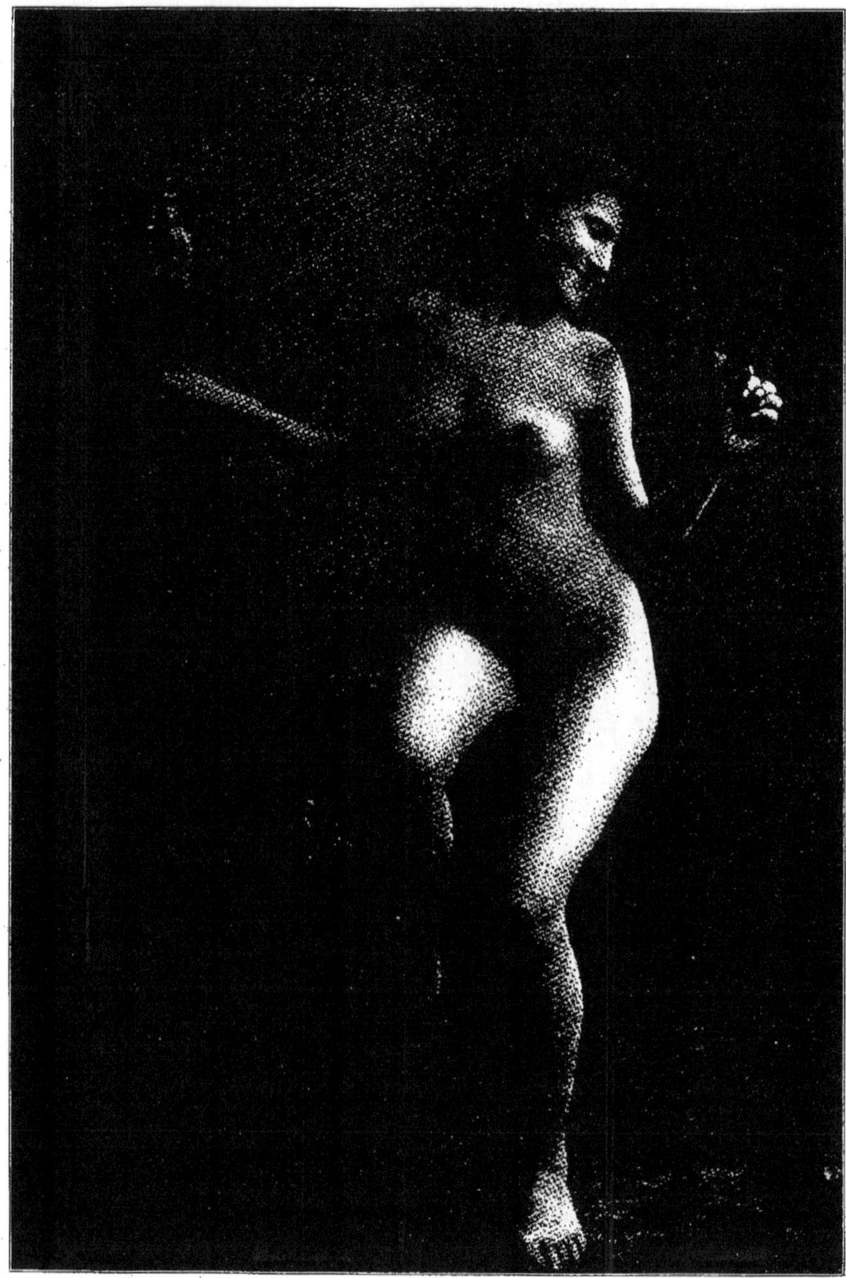

Un joli geste complète également la grâce caline et tentatrice qu'expriment ces traits.

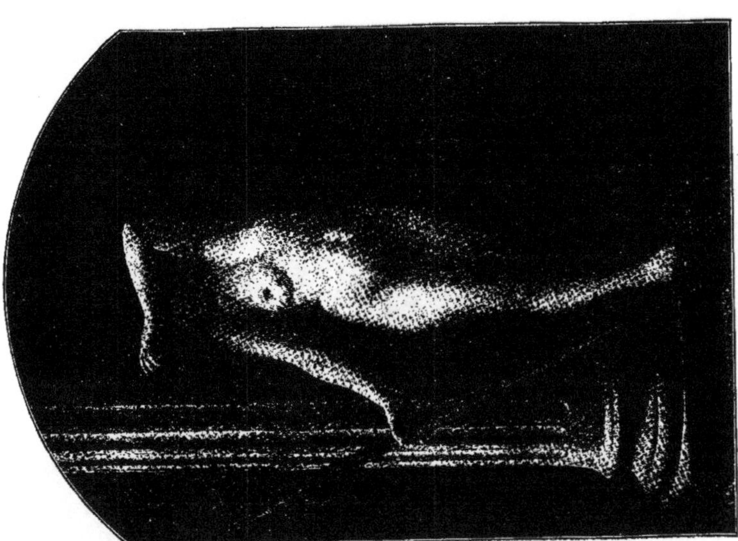

ni la pudeur non plus.

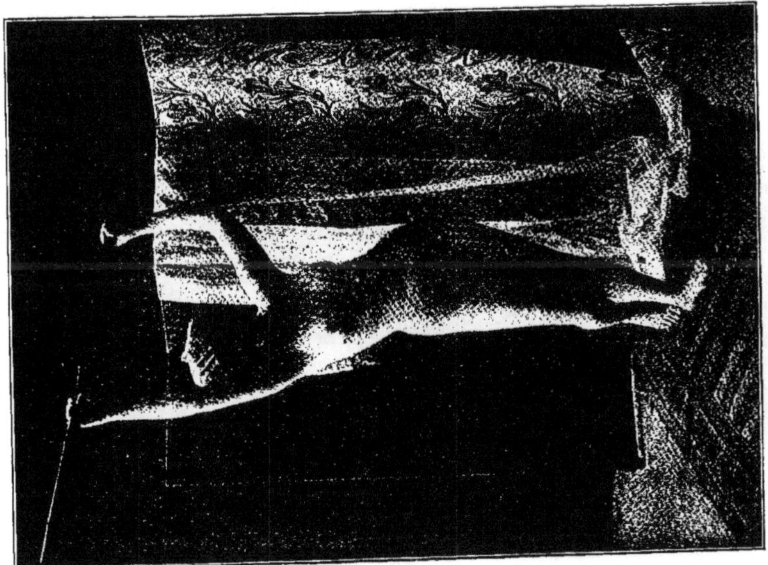

Le visage n'exprimerait cependant pas certains sentiments comme la non-chalance sans le concours des bras

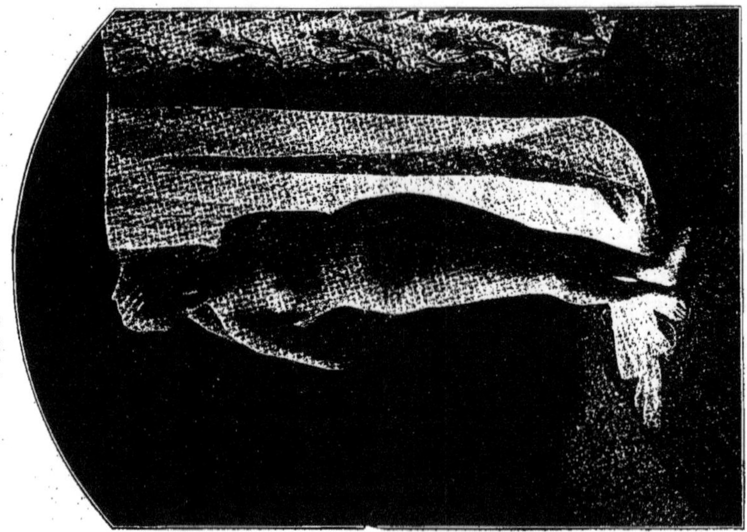

la malice qui ne paraîtrait sur le visage que de la coquetterie.

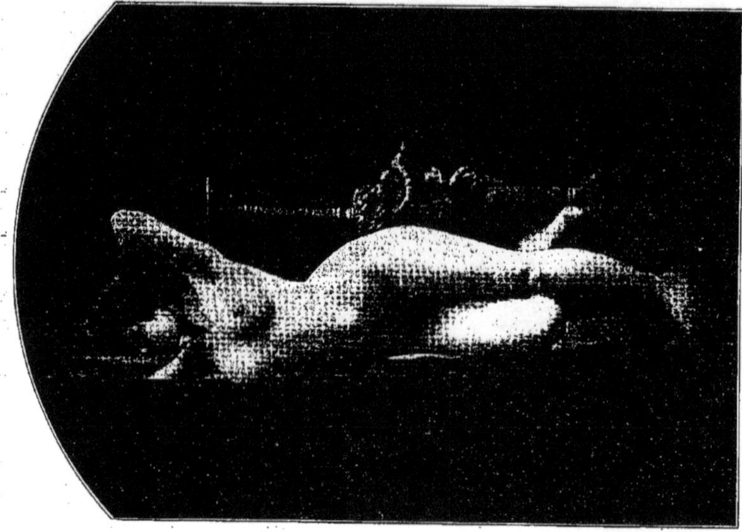

C'est à la position des bras que l'on doit faire exprimer l'orgueil, alors que le visage seul ne rendrait que la noblesse...

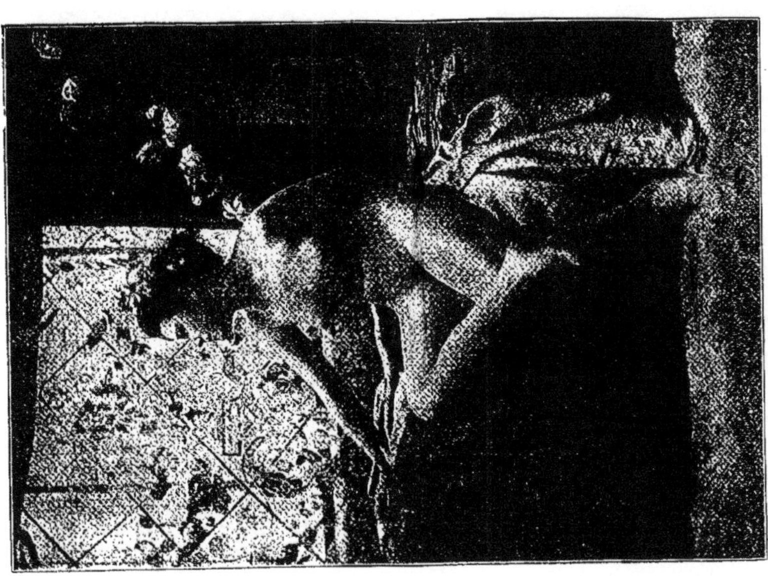

ou de tristesse, sans être pour cela indispensable.

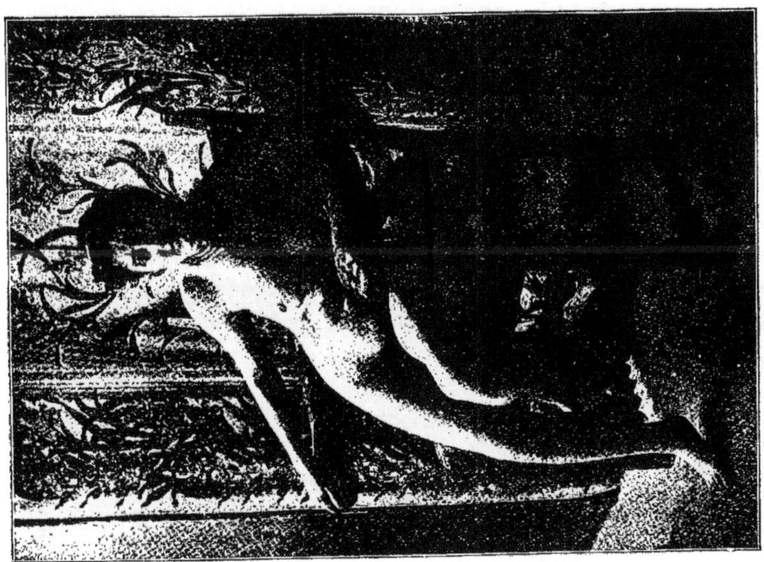

D'ailleurs, le corps est toujours utile pour rendre une expression de gaieté

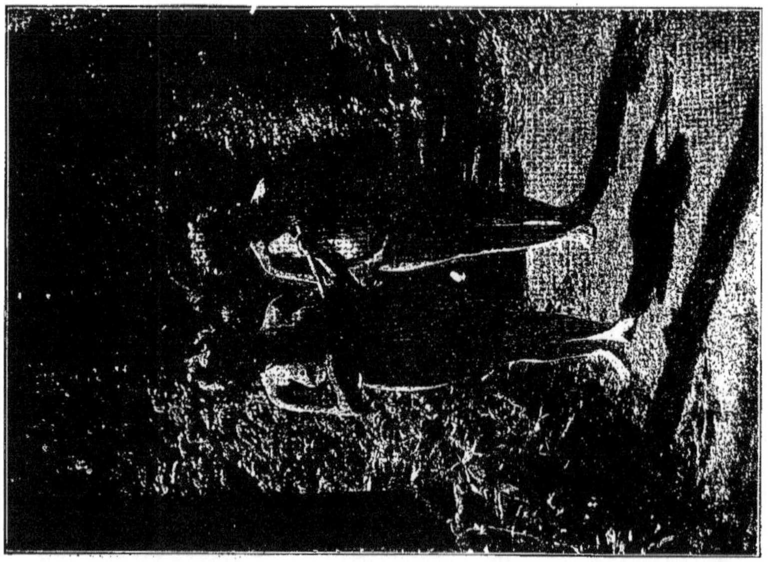

celle de calme et de poésie ?

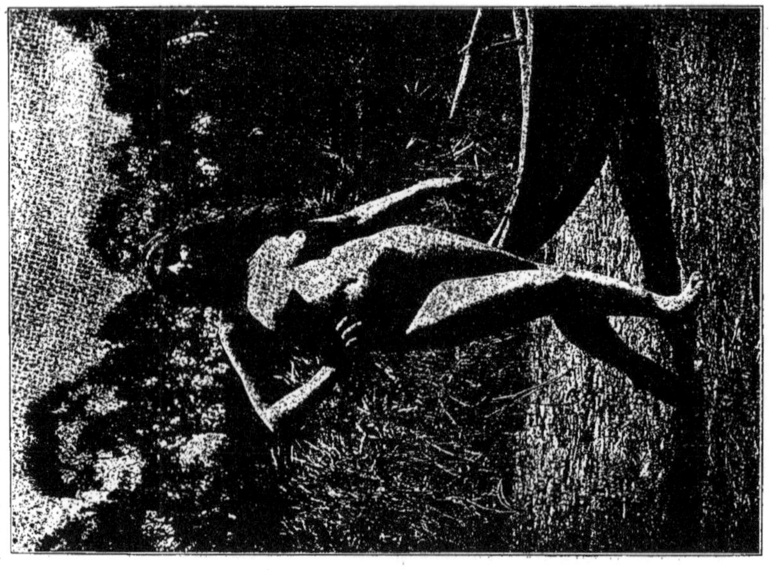

Comment verrait-on sans lui l'idée de domination...

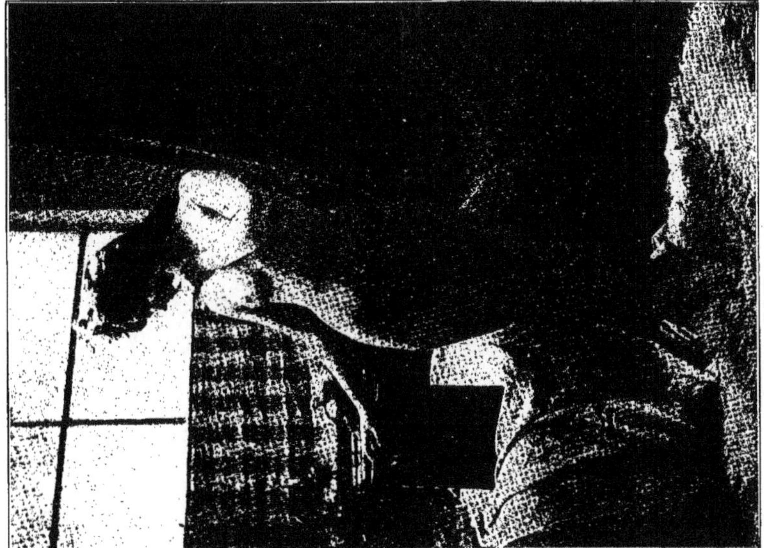

l'étonnement en attention...

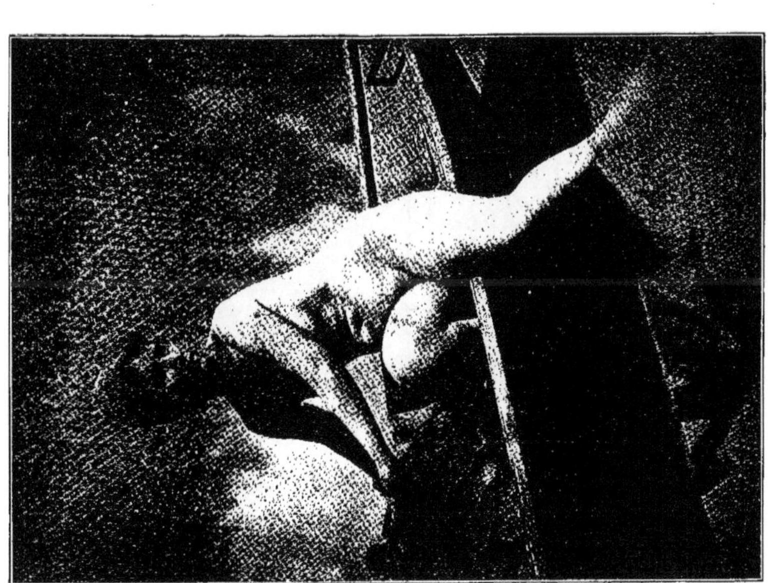

Le geste modifie donc les sensations exprimées souvent trop brutalement par la tête, change la souffrance en émoi.

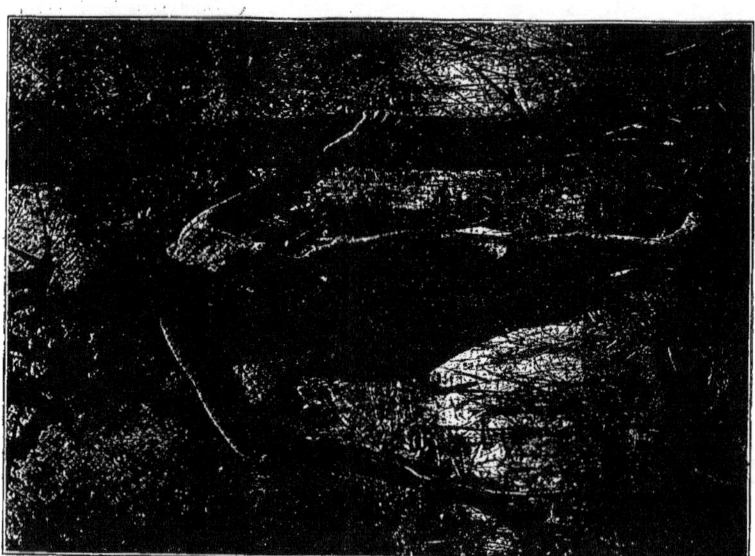

et la crainte en surprise...

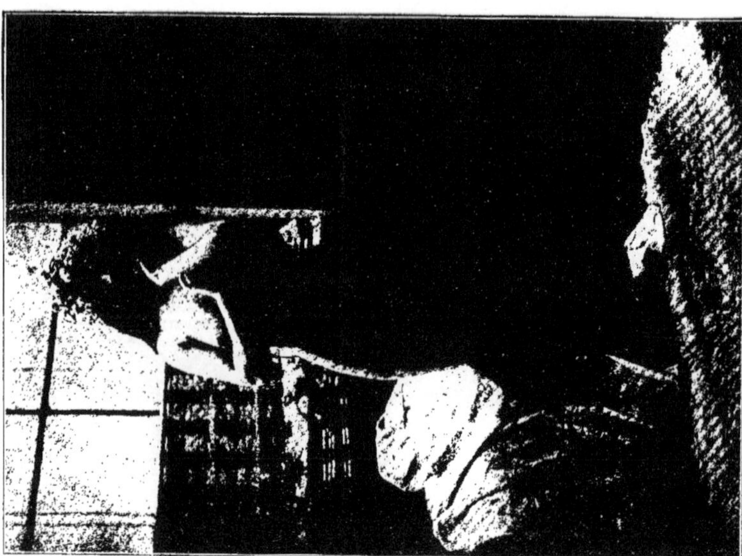

la supplication en curiosité...

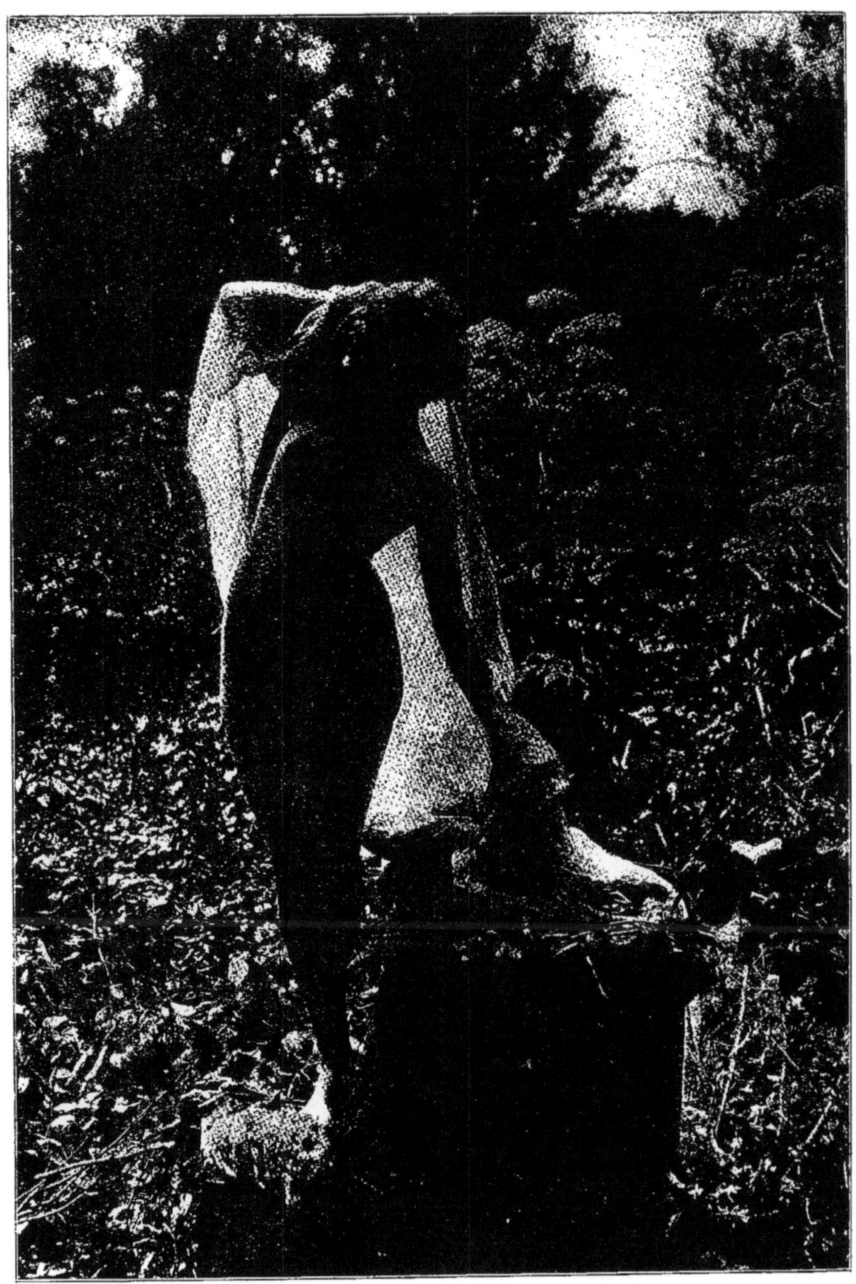

La tête est donc une des beautés les plus parfaites de la femme, mais le corps l'accompagne souvent très utilement.

Le Gérant : Coustal.

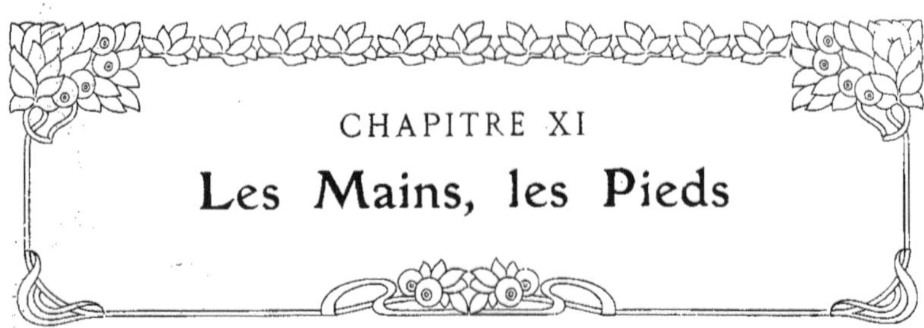

CHAPITRE XI
Les Mains, les Pieds

ES femmes ne sont pas, à beaucoup près, aussi fortes que les hommes et le plus grand usage ou le plus grand abus que les hommes aient fait de leur force, c'est d'avoir asservi ou traité souvent d'une manière tyrannique cette moitié du genre humain, faite pour partager avec lui les plaisirs ou les peines de la vie.

« Les sauvages obligent leurs femmes à travailler continuellement, ce sont elles qui cultivent la terre, qui font l'ouvrage pénible, tandis que le mari reste nonchalamment couché dans son hamac, dont il ne sort que pour aller à la chasse ou à la pêche, ou pour se tenir debout dans la même attitude pendant des heures entières.

« Tous les hommes tendent à la paresse ; mais les sauvages des pays chauds sont les plus paresseux des hommes et les plus tyranniques à l'égard de leurs femmes par les services

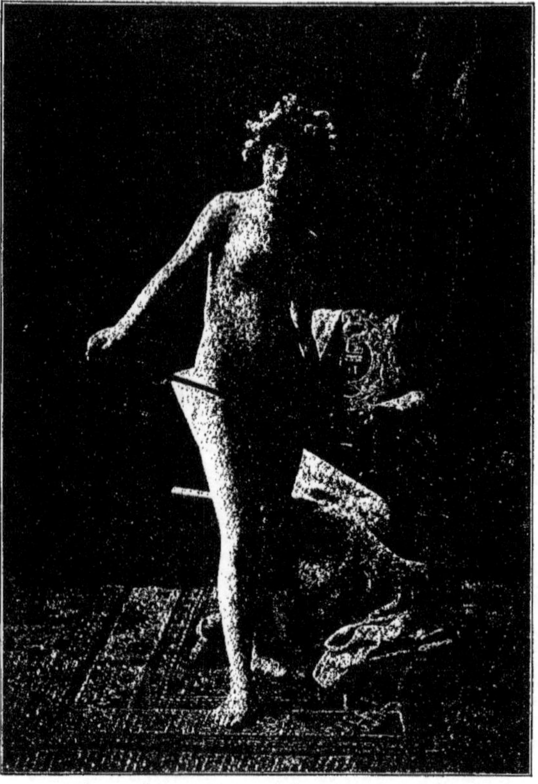

LES MAINS ET LES PIEDS

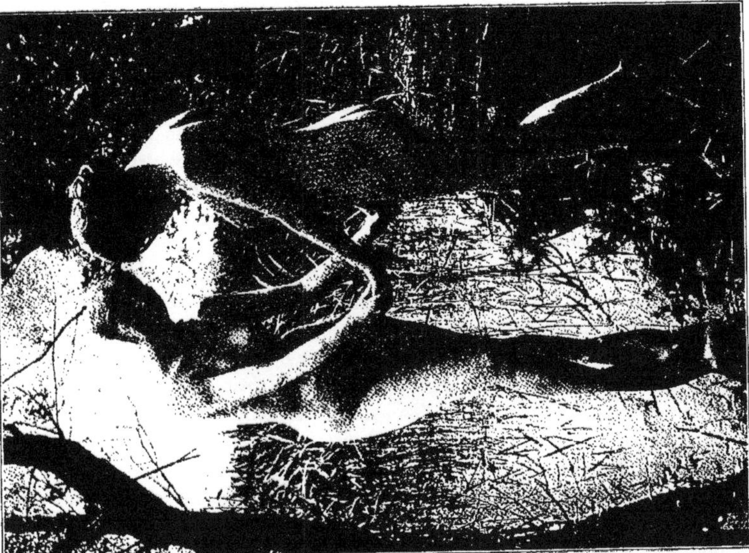

ou l'amitié, par exemple, l'aide.

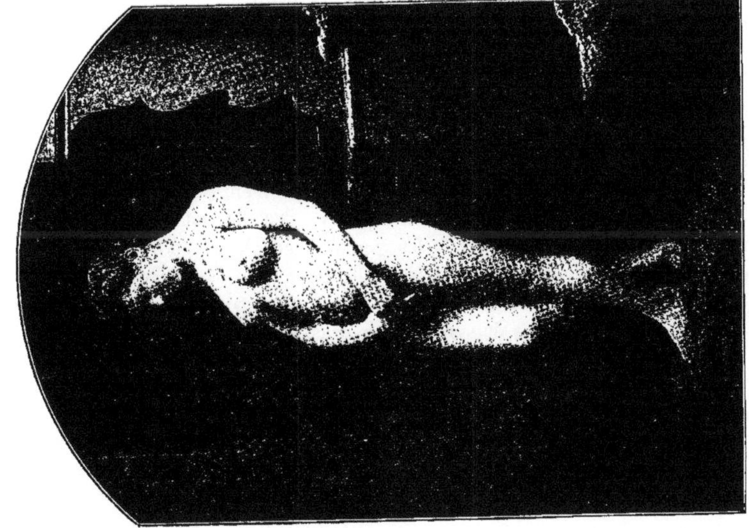

Les mains peuvent servir à exprimer un sentiment comme la pudeur...

qu'ils en exigent avec une dureté vraiment barbare. Chez les peuples policés, les hommes, comme les plus forts, ont dicté des lois où les femmes sont plus lésées en proportion de la grossièreté des mœurs; et ce n'est que parmi les nations civilisées jusqu'à la politesse que les femmes ont obtenu cette égalité de condition qui est cependant si naturelle et si nécessaire à la douceur de la société. Aussi cette politesse dans les mœurs est-elle leur ouvrage: elles ont à la force opposé des armes victorieuses, lorsque, par leur modestie, elles nous ont appris à reconnaître l'empire de la beauté, avantage autrement plus grand que celui de la force, mais qui impose l'art de se faire valoir, car les idées que les différents peuples ont de la beauté sont si singulières et si opposées, qu'il y a tout lieu de croire que les femmes ont plus gagné par l'art de se faire désirer que par ce don même de la nature, dont les hommes jugent si différemment; ils sont bien d'accord sur la valeur de ce qui est, en effet, l'objet de leurs désirs : le prix de la chose augmenté par la difficulté d'en obtenir la possession.

« Les femmes ont de la beauté dès qu'elles ont su se respecter assez pour se refuser à tous ceux qui ont voulu les attaquer dans d'autres voies que par celles du sentiment; et le sentiment, une fois né, la politesse des mœurs a dû suivre ».

Nous avons tenu à citer tout ce passage de Buffon parce qu'il montre bien que chez la femme, ce n'est pas sa beauté intrinsèque, mais son charme personnel qui est en rapport direct avec la civilisation.

Les pieds et les mains, organes de travail, suivent cette loi; trouvera-t-on chez une femme adonnée au labeur quotidien « les doigts allongés par des jointures mignonnes et polies » ou « des pieds petits se terminant en forme orbiculaire » caractéristique de leur beauté?

Rien ne se déforme plus facilement chez la femme ; les doigts s'épaississent, les mains rougissent, les ongles deviennent cassants, les pieds s'alourdissent, et c'est un signe indéniable de basse extraction que de les avoir ainsi, naturellement, car jamais, quelque changement que le hasard apporte dans la vie d'une femme, ils ne se modifieront malgré les soins et les efforts.

La beauté n'est pas indispensable pour plaire, les plus grandes beautés ne sont pas les plus touchantes, elles frappent, on les admire, mais souvent on en reste à l'admiration. Ce qui gagne le cœur, c'est l'agrément, et l'agrément résulte souvent de quelques traits irréguliers qui forment un effet piquant et qui touche, comme la beauté des pieds et des mains. Une femme, même sans avoir rien de beau, entreprend rarement de plaire sans y réussir, pourvu qu'elle ait l'esprit adroit, le cœur bien placé et l'humeur agréable; elle peut tirer de ces trois qualités une espèce de beauté qui ne fait pas des impressions si vives que l'agrément du visage, mais qui en fait de plus profondes et de plus sensibles.

Voilà ce qu'il faut méditer dans une étude qui a la modeste prétention de s'occuper d'une beauté, point banale certes, mais très appréciée.

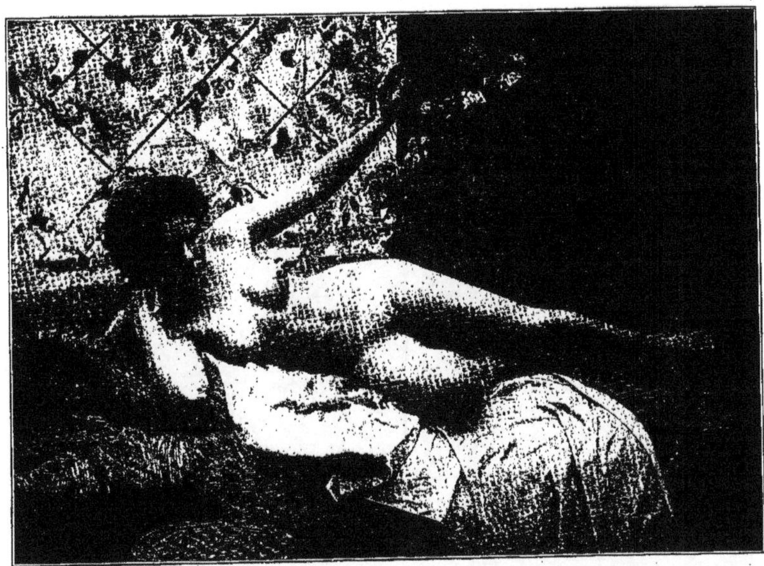

Mais les mains souvent ne servent que d'accessoires à une jolie pose.

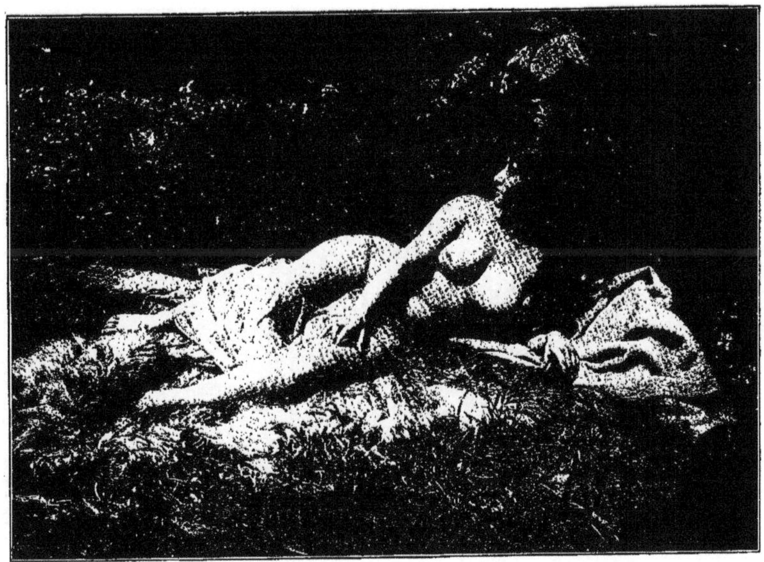

Posées élégamment, elles donnent au modèle un complément de grâce.

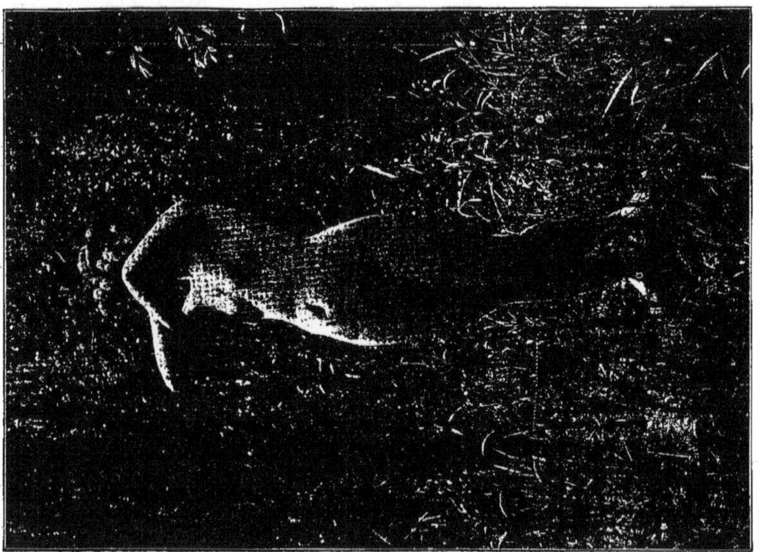

La jambe seule étant importante, comme on le voit par l'exemple ci-dessus.

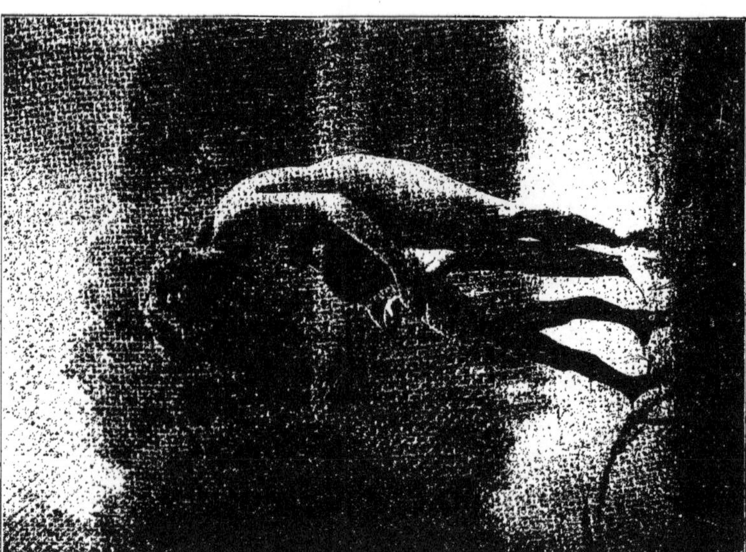

Il n'en est pas de même des pieds. On peut sans inconvénient les dissimuler...

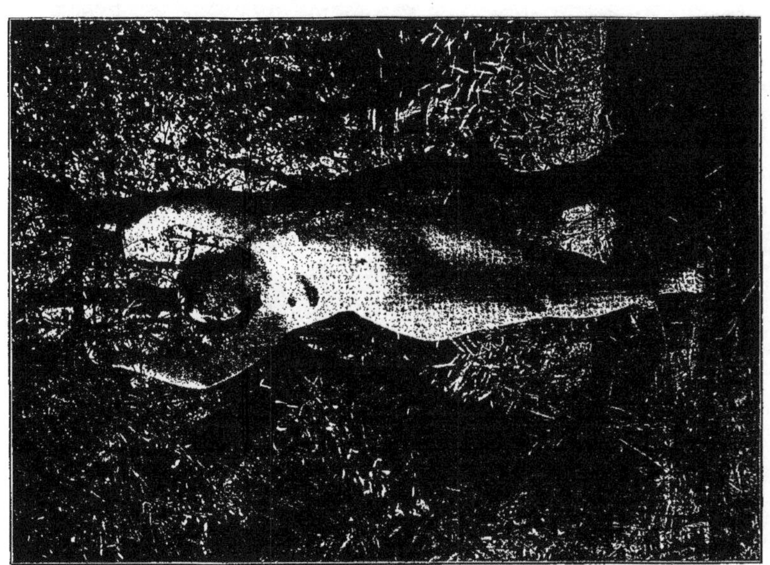

Tandis que les mains peuvent montrer un point d'appui pris par le corps.

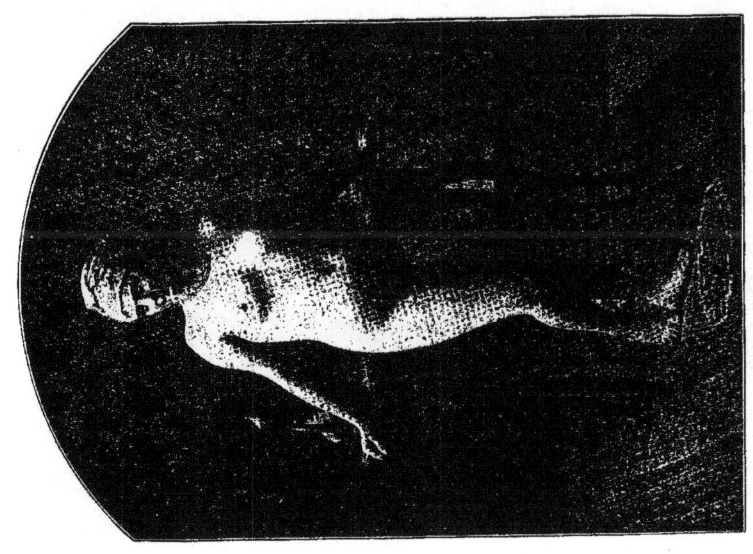

Les pieds ne servent qu'à indiquer l'aplomb...

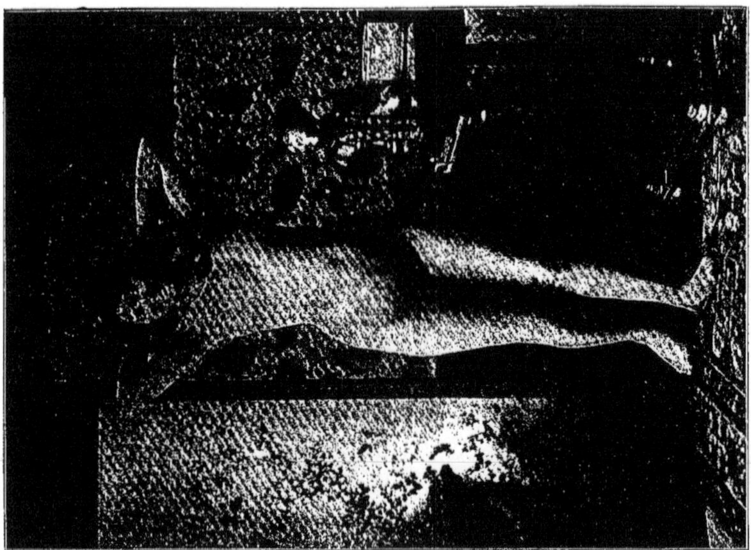

A moins qu'il ne soit cherché et voulu pour rendre un sentiment de nonchalance.

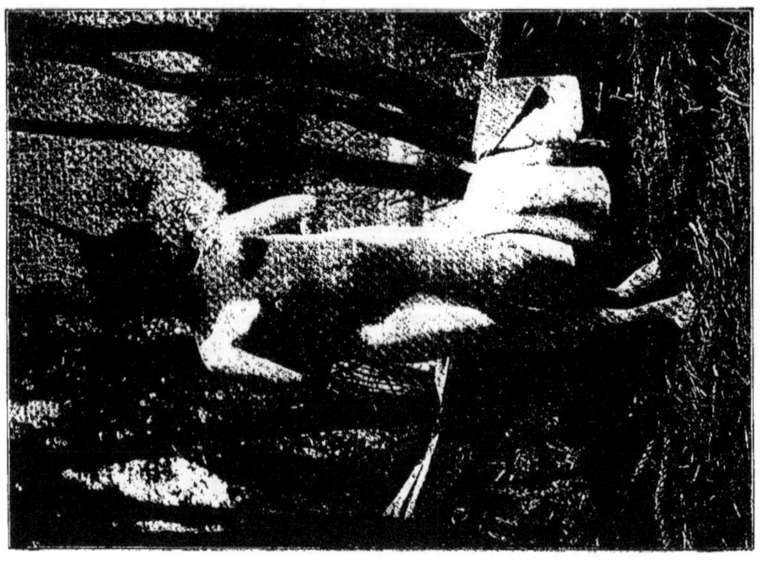

Les mains cachées ne donnent jamais un effet bien réussi.

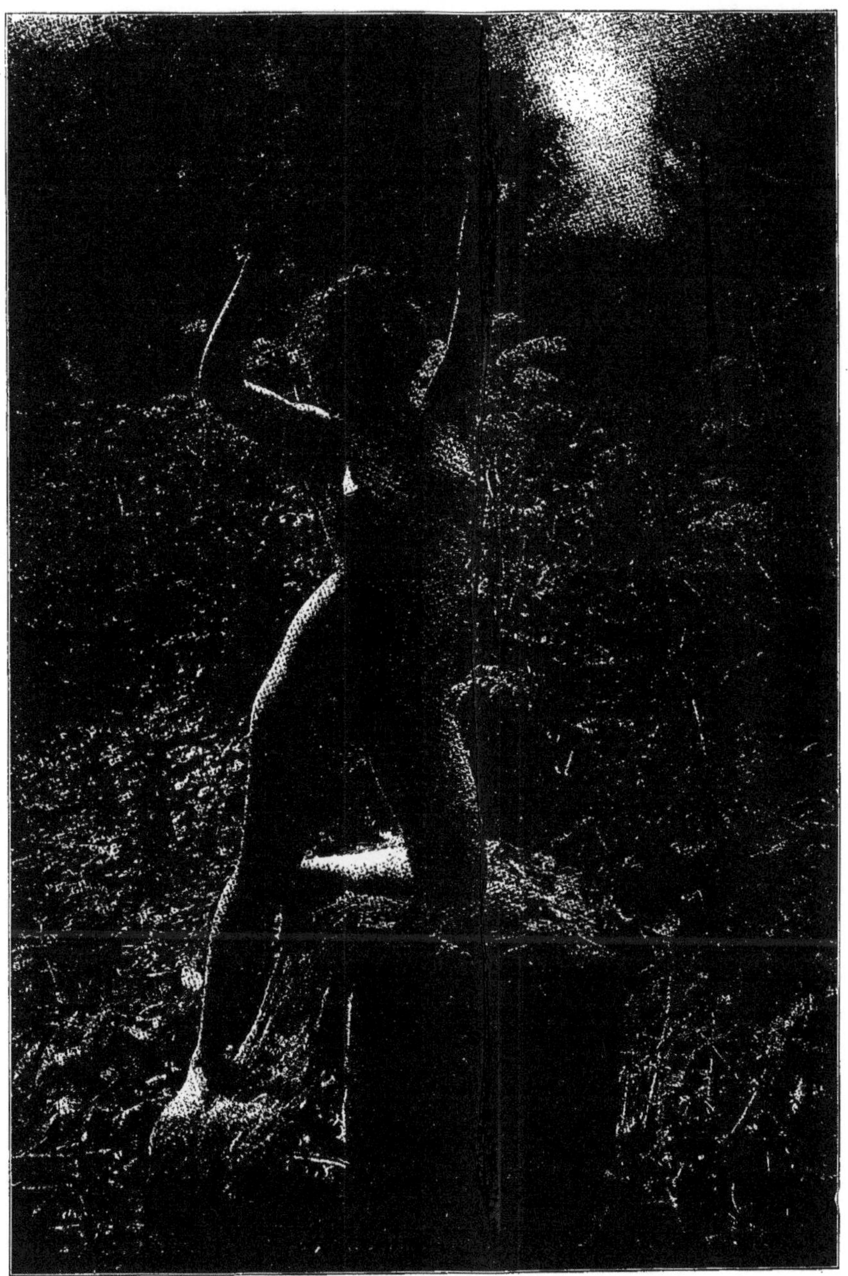

Un seul modèle peut résumer tous les principes que nous avons énoncés plus haut.

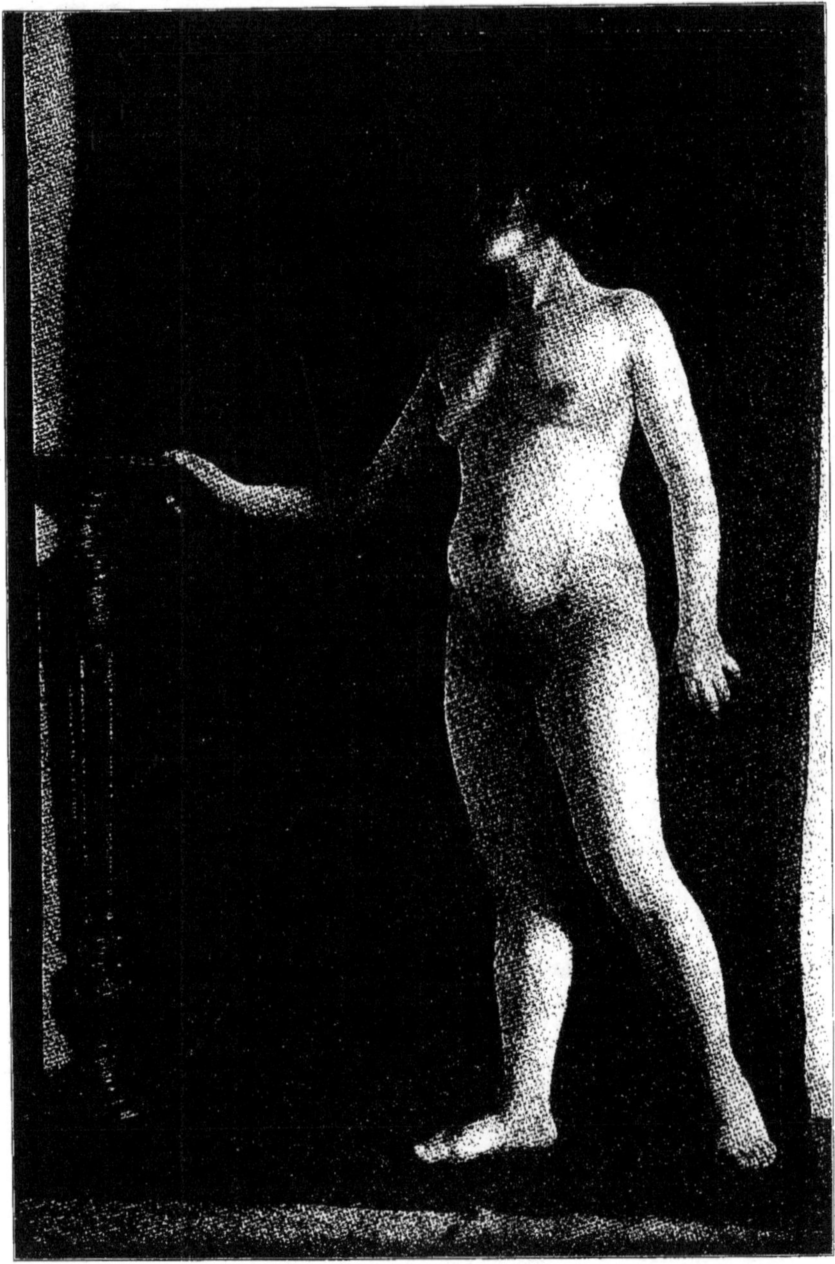

Quelles que soient d'ailleurs les positions des jambes et des bras.

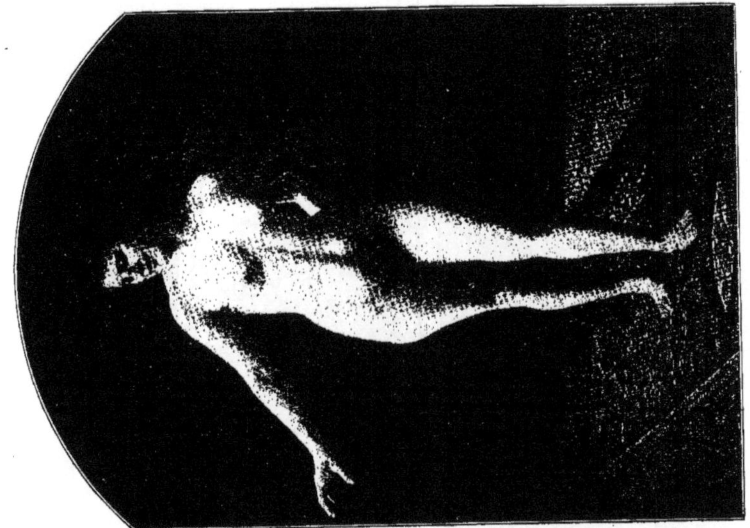

ou complexes, comme l'étonnement

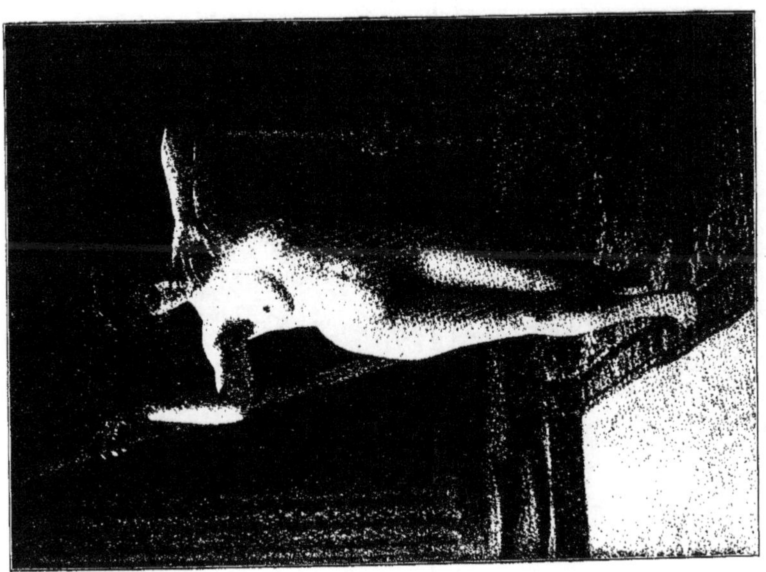

Les doigts compliquent facilement les sentiments les plus divers,
simples comme l'ingénuosité...

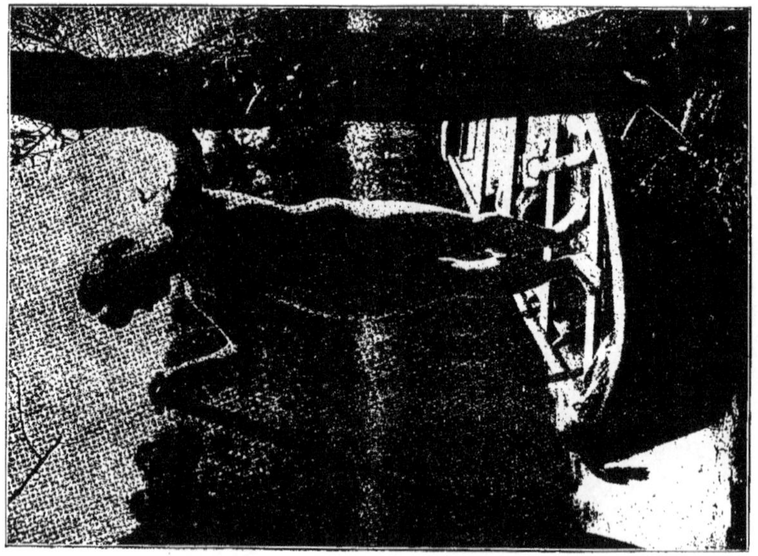

ou une rame, dans un mouvement penché où un point d'appui est indispensable.

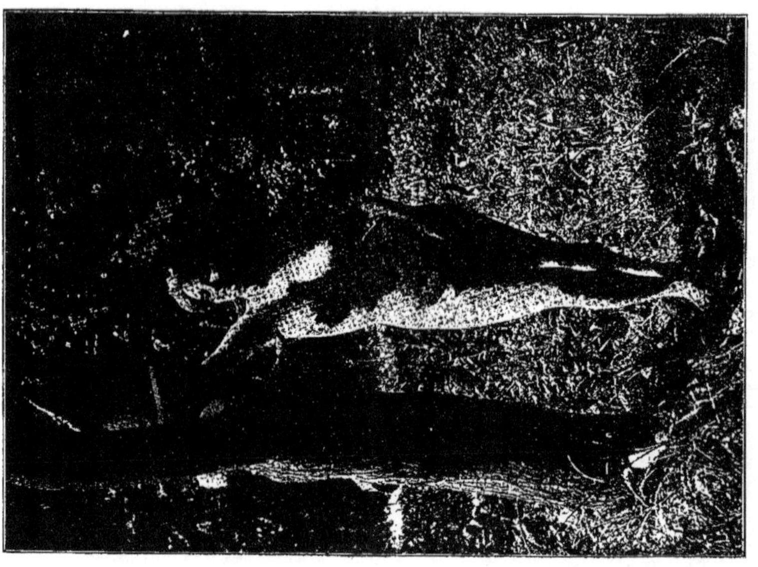

Ce sont eux qui fixent les accessoires comme une feuille de vigne..

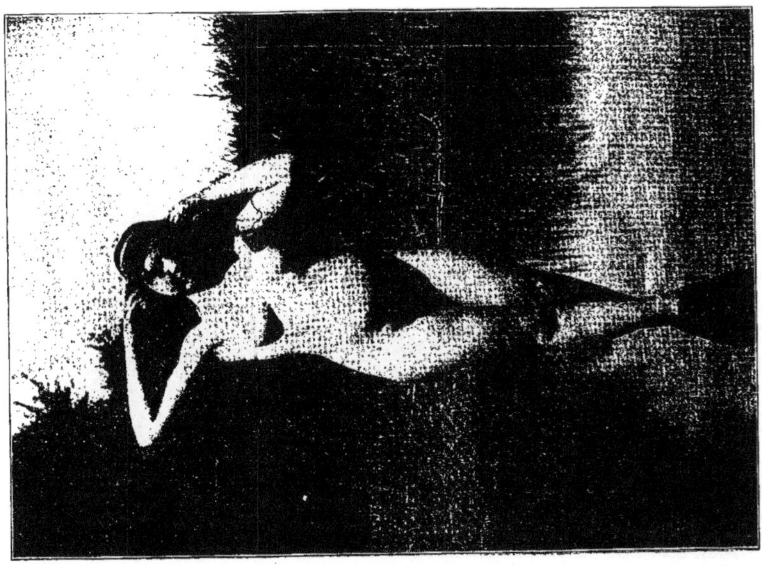

Ils ont parfois une harmonie particulière, indéfinissable...

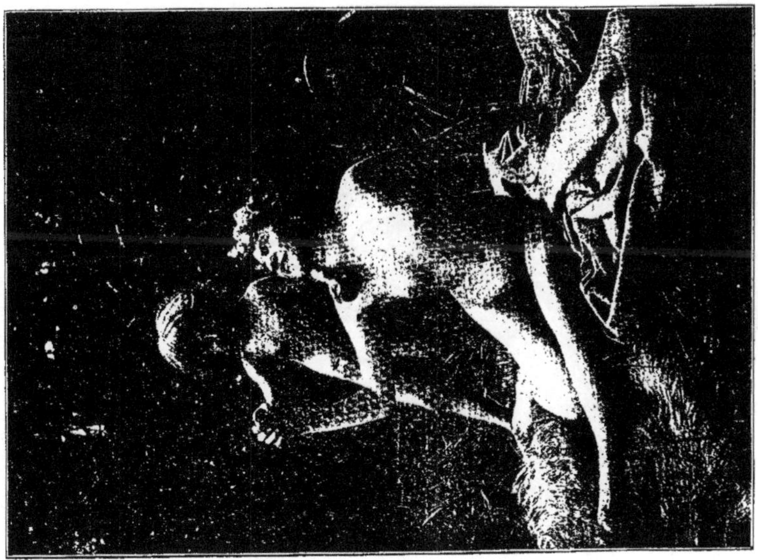

Toute l'élégance d'un tableau peut résider dans les doigts...

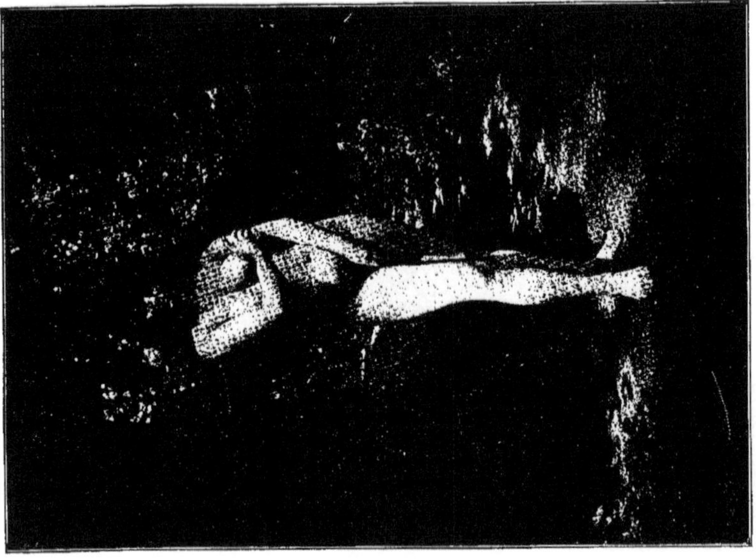

Mal posés, ils ont tour de suite quelque chose de commun et de vulgaire.

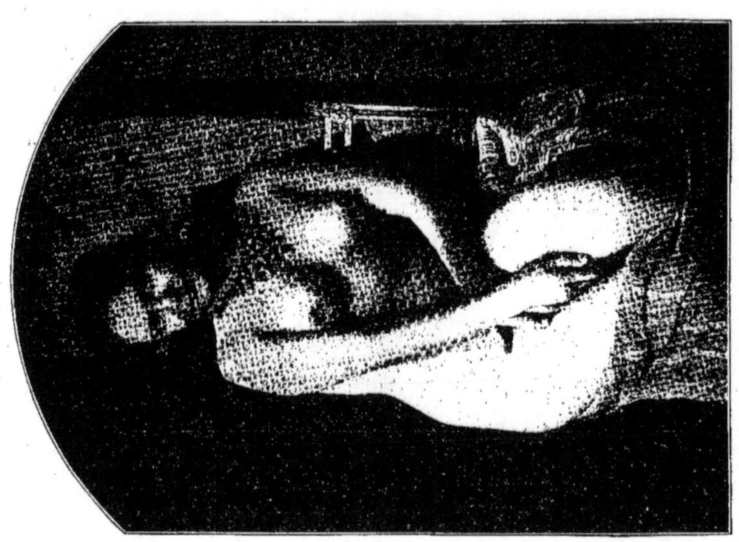

Mais il faut éviter de leur donner une importance de premier plan, qui ne peut être qu'au détriment de l'ensemble.

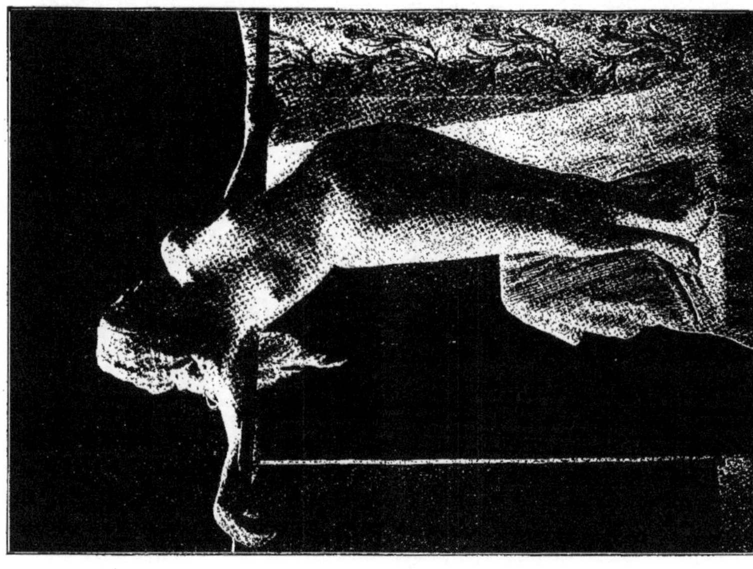

Au contraire un pied fin rend l'apparence distinguée, ajoute à la finesse intrinsèque de l'académie.

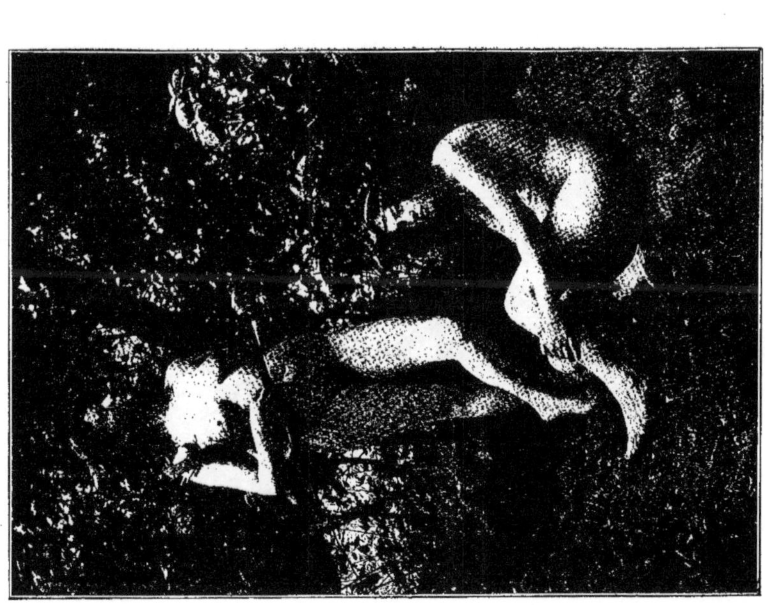

Un gros pied donne à la femme un aspect ordinaire...

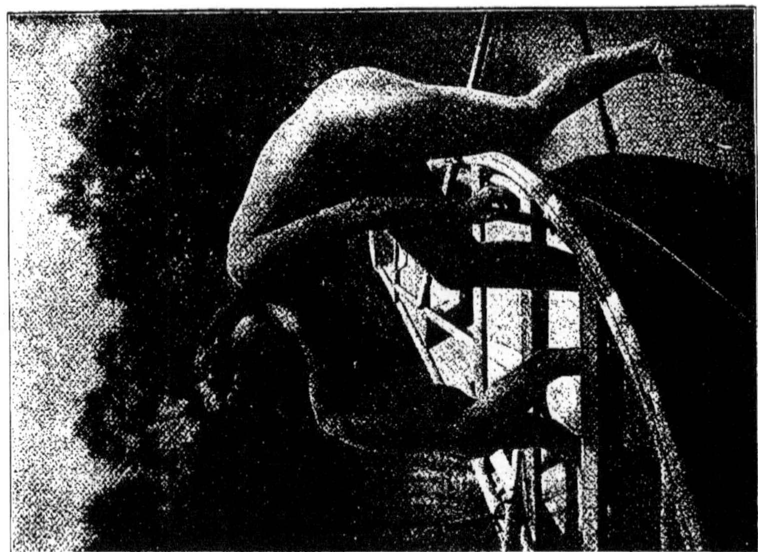

Les pieds également, ce qui est relativement plus aisé encore, car le mouvement est plus naturel.

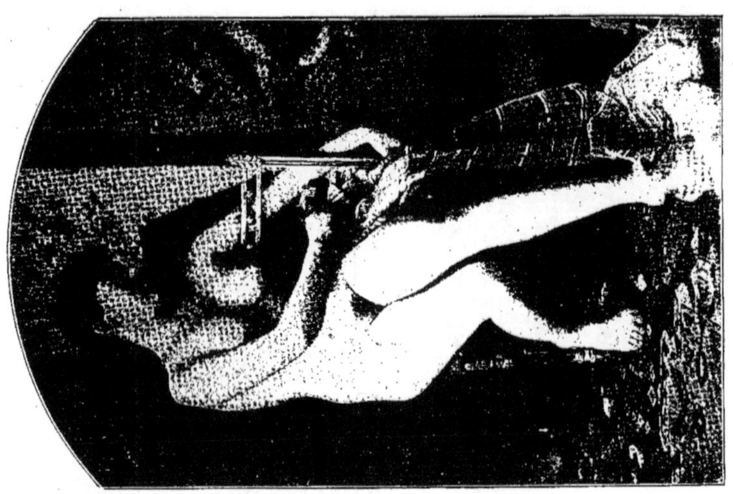

Quand les mains ont des défauts, il est facile de les dissimuler avec une draperie.

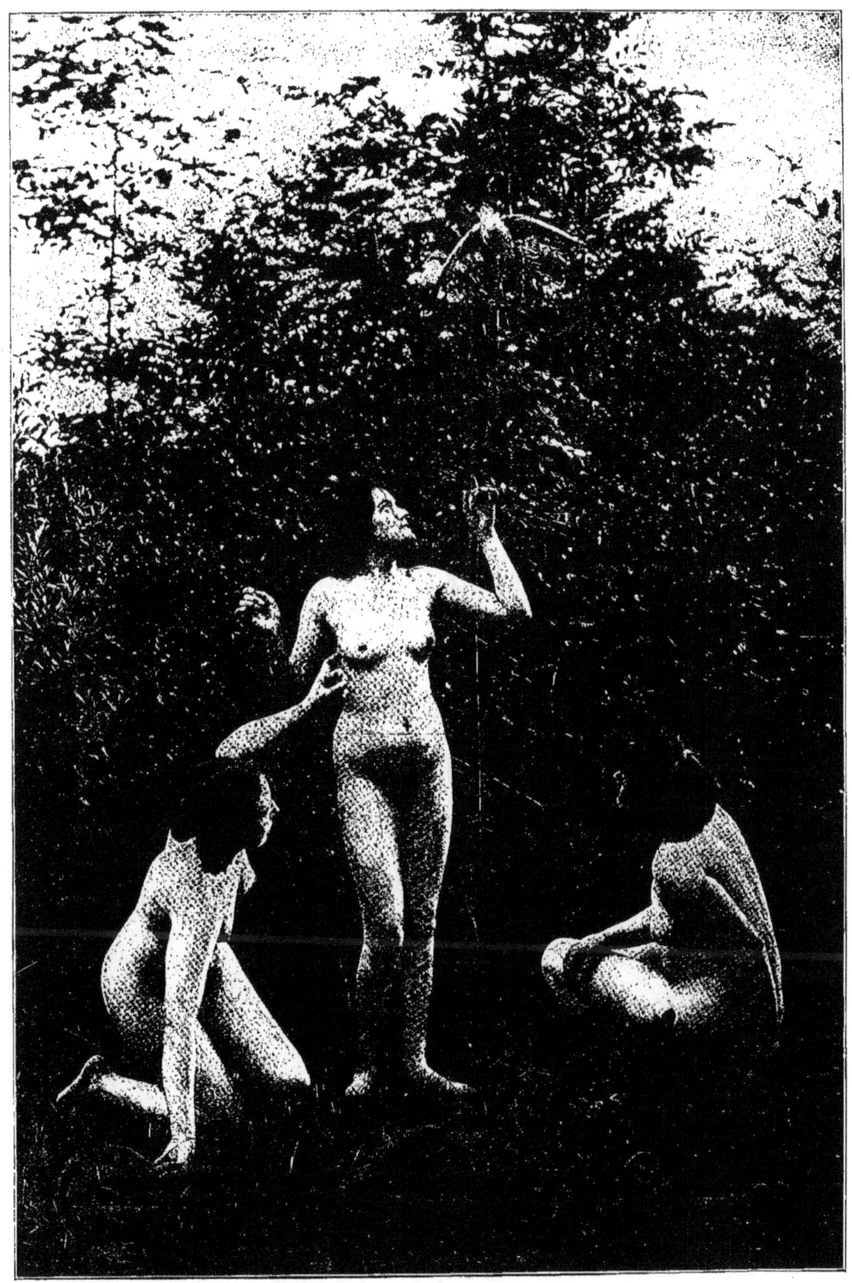

L'application de toutes ces règles d'esthétisme se trouve résumée dans cette gravure.

Le Gérant : Coustal.

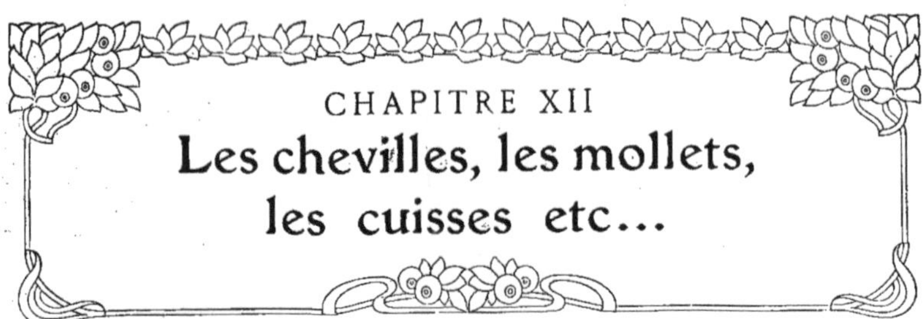

CHAPITRE XII
Les chevilles, les mollets, les cuisses etc...

E chapitre terminera notre étude du corps de la femme, c'est-à-dire l'énumération de la beauté dans chacune de ses manifestations.

On a vu qu'elle est d'une grande diversité, qu'elle n'obéit à aucune loi ni à aucune règle, qu'elle est plus incomplète que complète, plus générale que particulière; elle tient dans mille traits et l'analyser en détail serait vouloir compter les grains de sable de la mer;

d'ailleurs, sur ces différentes acceptions, personne n'est d'accord.

Complétons, maintenant, toutes les remarques que nous avons pu faire ici sur elle par quelques notes rapides sur la beauté des femmes en général, c'est-à-dire dans son ensemble.

Les plus belles femmes de l'Europe sont, dit-on, dans la Biscaye espagnole, dans le Comtat-Venaissin, surtout à Avignon, et dans la Grèce. Mais la palme appartient aux Biscayennes. Elles

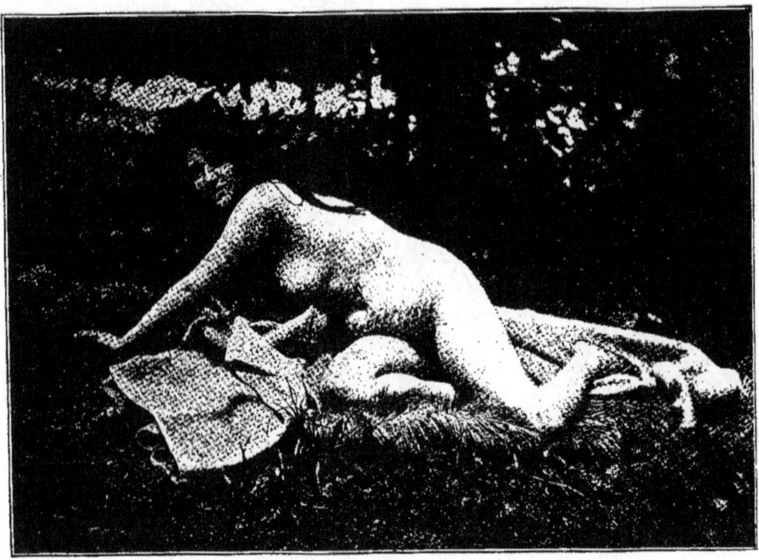

LA FEMME, ÉNIGME VIVANTE

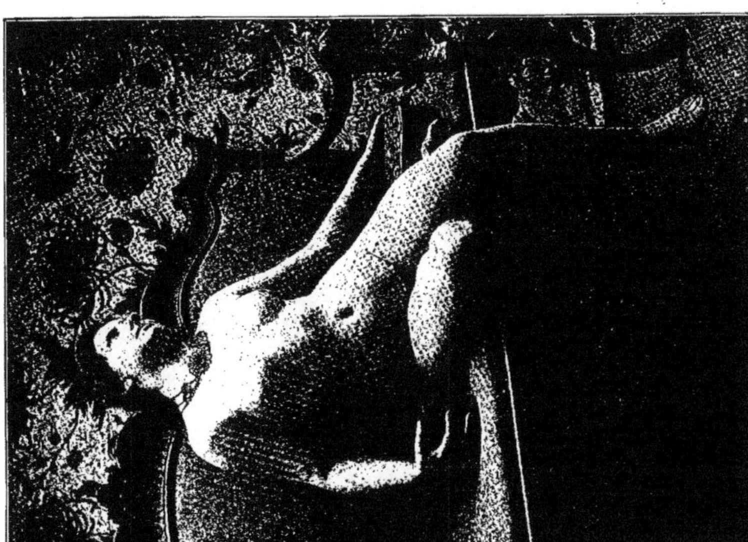

Le front grand, ouvert, poli, bien arrondi. Un front bas gâte tous les autres agréments.

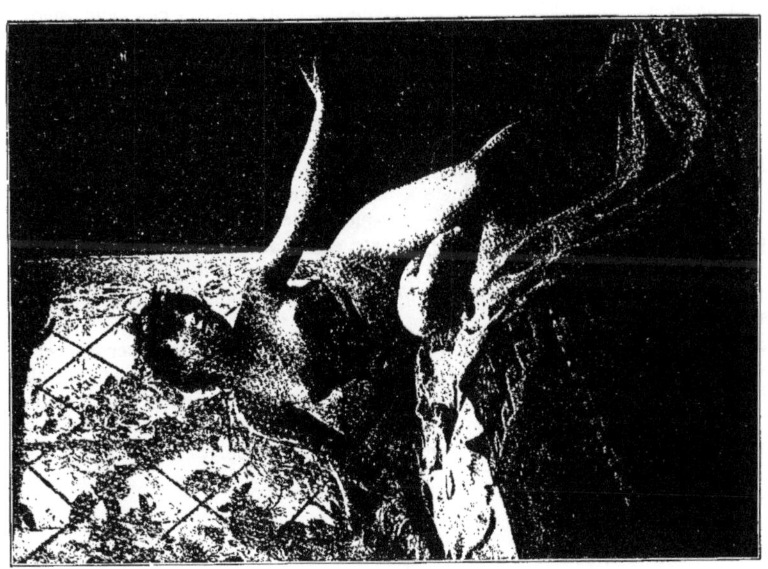

Les oreilles doivent être petites, courtes, colorées d'un rouge léger.

sont grandes et très bien faites, elles ont le plus beau teint du monde, des couleurs admirables, un sein qui charme, une vivacité piquante. Ajoutons à ceci des yeux grands et bien fendus et on aura le portrait exact et fidèle d'une belle Biscayenne. Les grâces, l'air et le bon ton des Françaises et surtout de la Parisienne, cette quintessence de toutes les grâces et de tous les charmes, peuvent servir de modèle à toute la terre.

Les Anglaises sont généralement trop blanches, et de ce fait paraissent fades ; les Suédoises sont blanches aussi et de bonne mine. Mais elles ont trop de fierté. Les Allemandes pèchent souvent par trop d'embonpoint, mais elles conservent longtemps leur fraîcheur et ont dans leur visage beaucoup de douceur. Les femmes arabes ont les traits réguliers, la taille haute, le front noble ; la beauté piquante des Espagnoles et des Italiennes passe bientôt : elles sont trop tôt formées.

Les Géorgiennes, Circassiennes, Mingréliennes ont des formes parfaites, une extraordinaire délicatesse de contours et un air de volupté idéal. Les Grecques ont les traits réguliers, le teint animé, les yeux très grands.

Il n'y a donc rien d'étonnant à ce que la femme tienne en main la moitié du pouvoir absolu ; qu'elle apparaisse, tout s'empresse autour d'elle ; qu'elle commande, elle est obéie ; qu'elle parle, on se tait.

Qu'elle soit née dans la boue ou dans la pourpre, l'âge des amours la verra au faîte des honneurs et du pouvoir ; d'un geste d'elle, ses amis sortiront de la fange pour envahir les dignités ; d'un signe, ses ennemis rentreront dans le néant.

Pour elle, les princes de la terre se liguent, se combattent, dévastent des provinces, brûlent des cités, ruinent des états ; le mot du philosophe n'est que trop vrai que le sort du monde a tenu dans le nez de Cléopâtre.

Il n'y a qu'une chose qu'on ne peut pas faire, c'est définir la femme. Mystère vivant, par lequel l'homme naît, vit et meurt, la femme ne peut être comprise dans le cercle d'une définition, quelle qu'elle soit. On connaît une mère, une sœur, une amante, nul ne dira jamais ce que c'est qu'une femme. Fils tu la vénères, époux tu l'aimes, frère tu la respectes, mais tu ne la vois point.

Il est donc dans la destinée de l'homme de souffrir ou de jouir de la femme, mais non de la juger. C'est un être multiforme qui, véritable protée, change à tout instant à nos yeux, selon les passions qui l'animent ; c'est le ciel, c'est l'enfer, c'est la paix, la guerre, l'amour, la haine, la beauté, la laideur. Elle échappe à toute raison comme à tout raisonnement et quand on veut la juger sans passion, on ne la trouve plus.

Tout parle en elle un langage équivoque ; celle qui paraît la plus indifférente est la plus sensible ; la plus indiscrète passe pour la plus fausse, la plus légère, pour la plus fidèle.

Et c'est sur cette constatation philosophique que nous terminerons cette étude de la beauté de femme : qu'elle est ce qu'il y a, comme les langues d'Esope, ce qu'il y a de meilleur et de pire au monde...

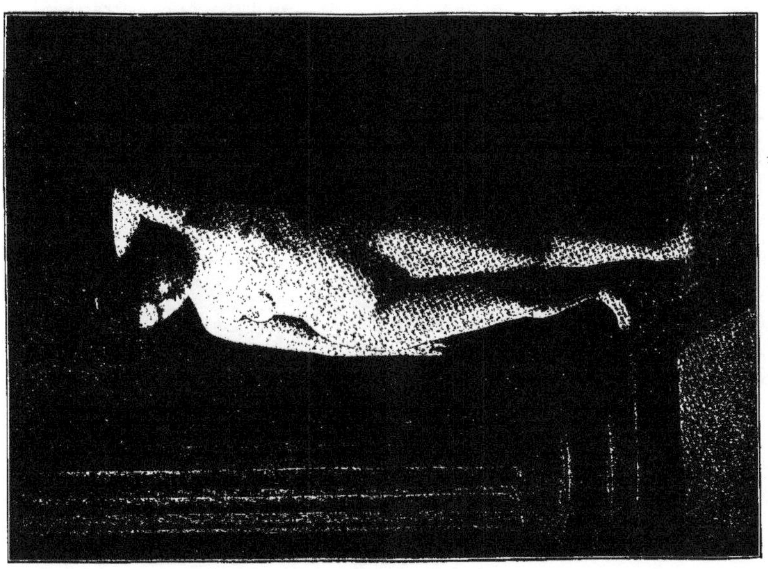

les petits sont les plus vifs, les plus piquants.

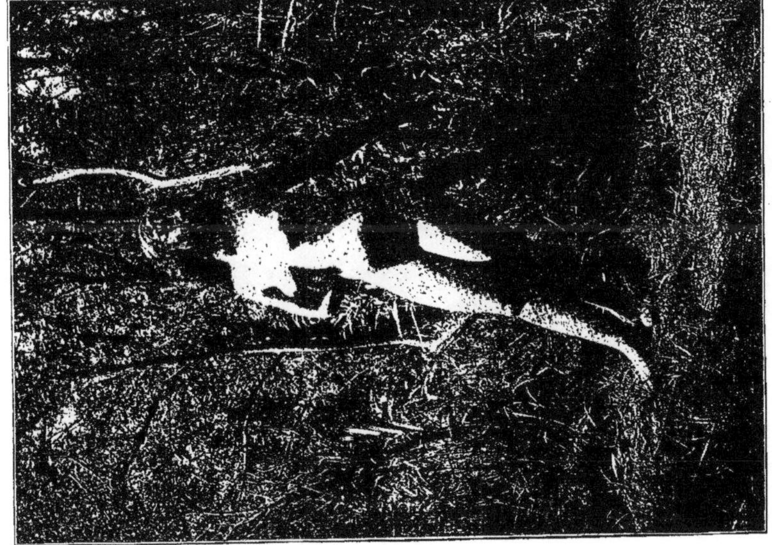

Les yeux doivent être fendus en amande. Les grands sont les plus beaux...

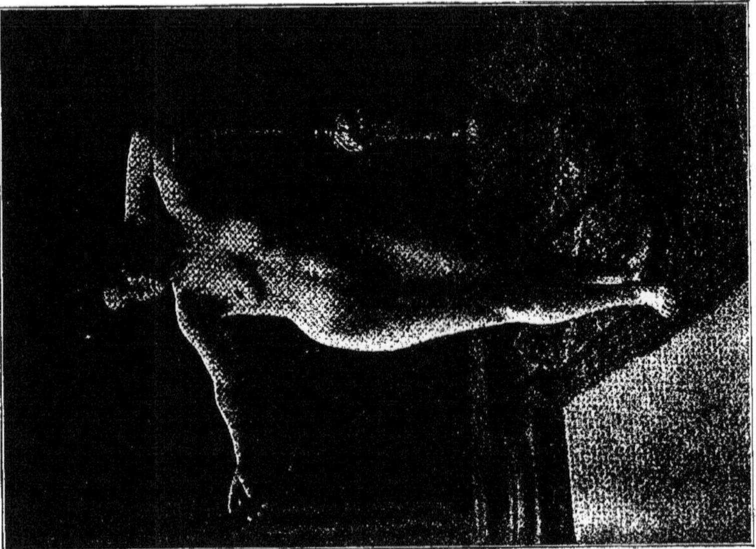

« Lourd, épais, — on dit en galoche — il dépare le plus joli visage.

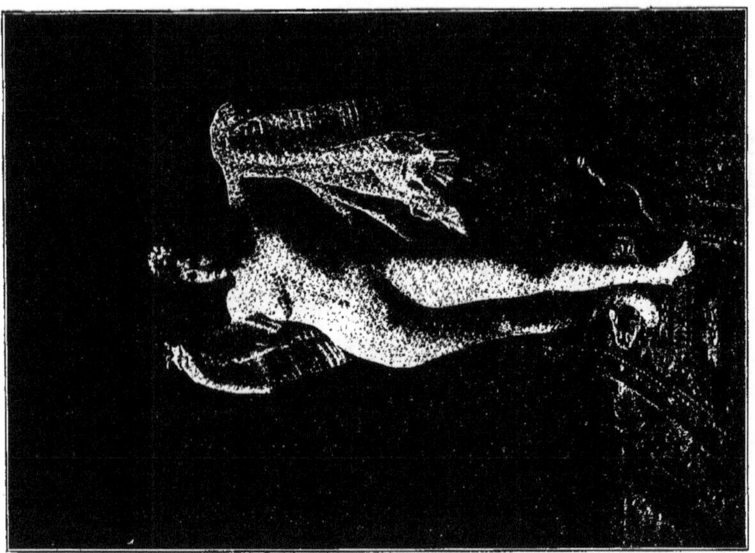

Le menton doit être court et fourchu.

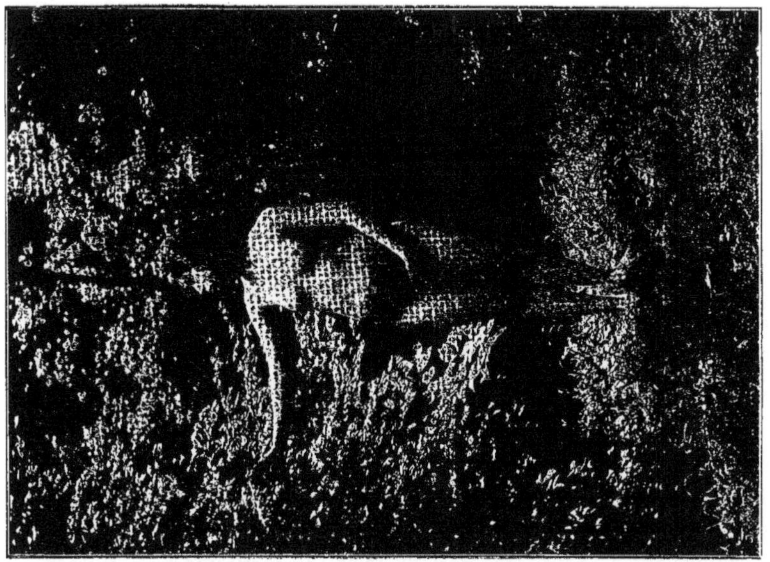

Les joues fermes, fraîches, ni trop plates, ni trop élevées.

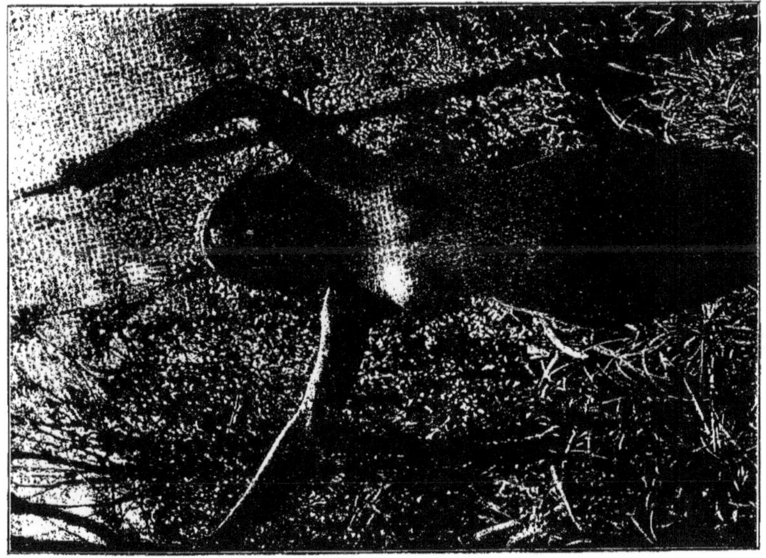

Les sourcils doivent être courbés en demi-cercle, terminés d'un côté à l'angle extérieur de l'œil et de l'autre à la naissance des cheveux.

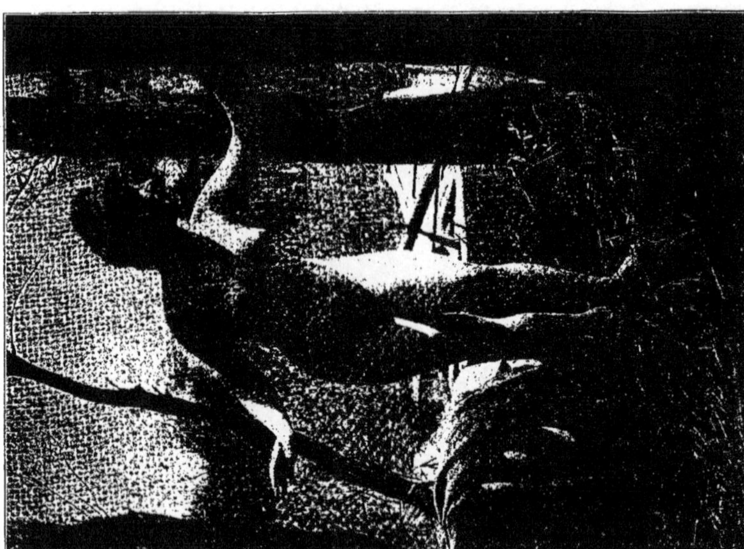

fermées, pincées, le dédain et le mépris...

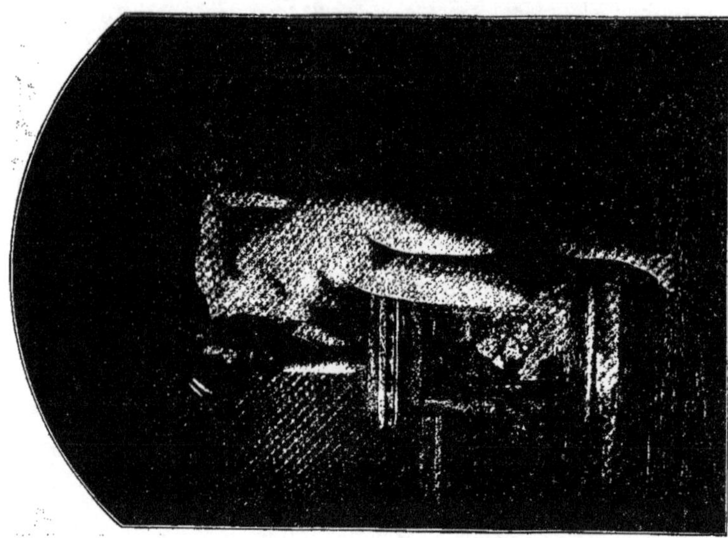

Les lèvres ni trop grosses ni trop maigres, légèrement entr'ouvertes
elles marquent la douceur et la gaieté...

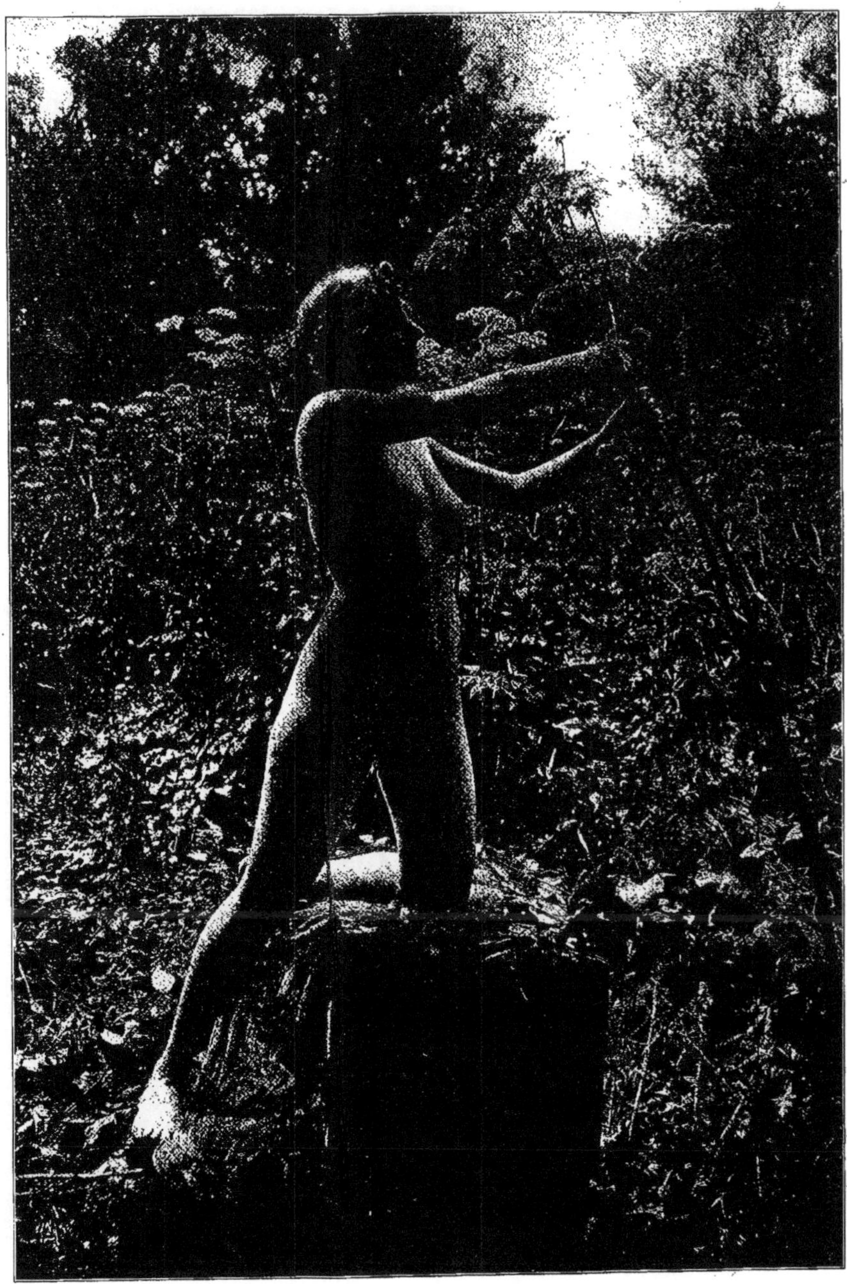

Les cheveux blonds sont l'apanage des femmes du Nord auxquelles ils donnent un air de mélancolie rêveuse.

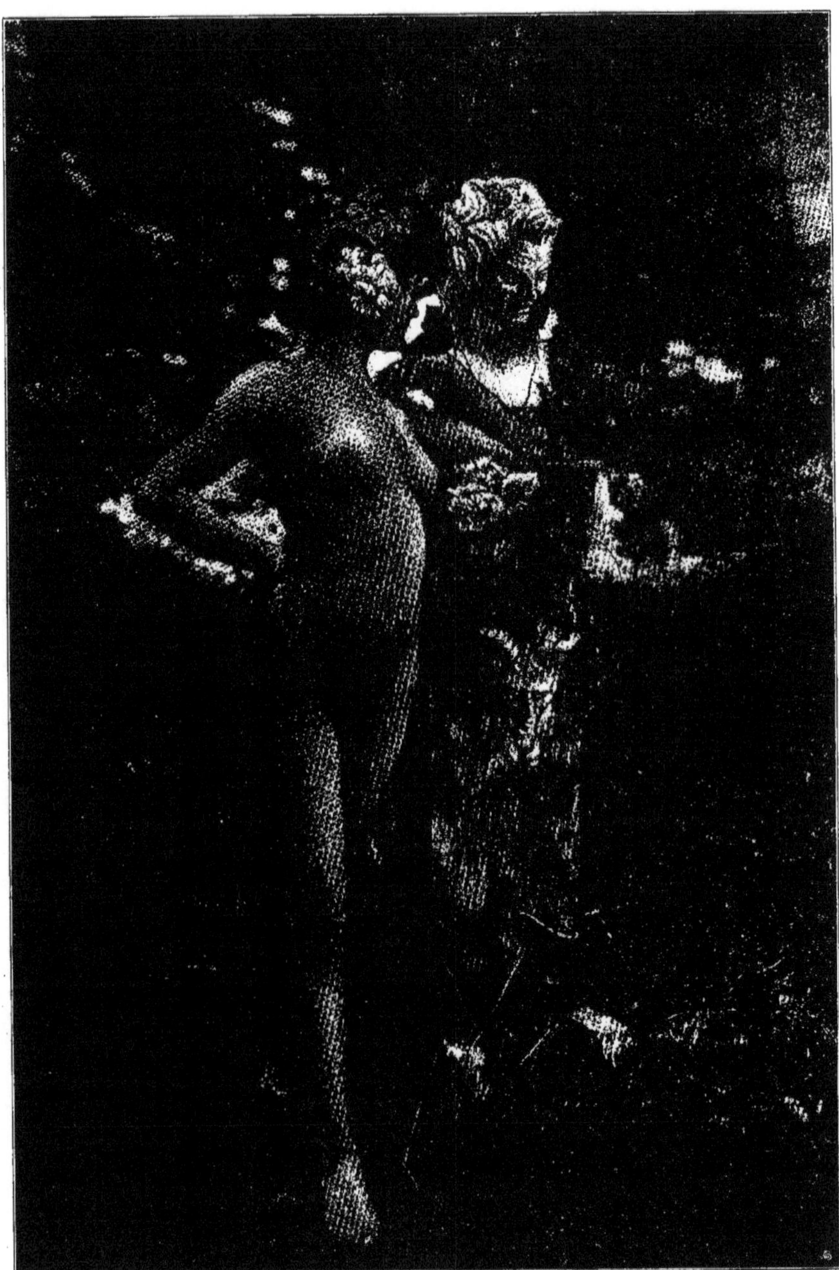

Les cheveux bruns appartiennent aux femmes du Midi, vives, nerveuses, piquantes.

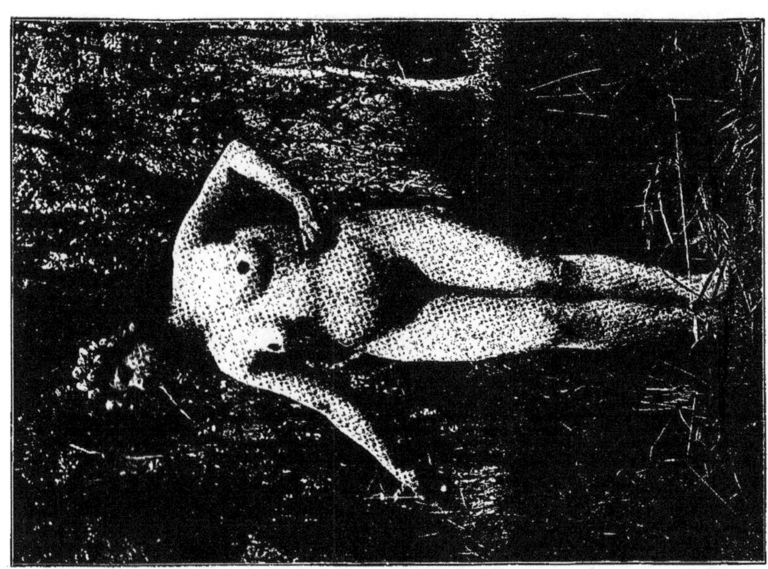

Le nez camus est certainement le nez le moins beau: souvent il dépare le visage.

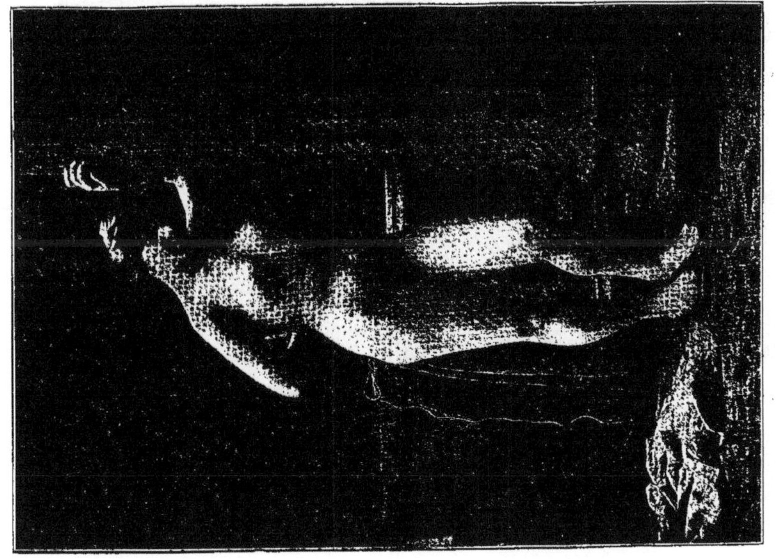

Le nez doit être droit et effilé Il y a une grande diversité dans la forme du nez.

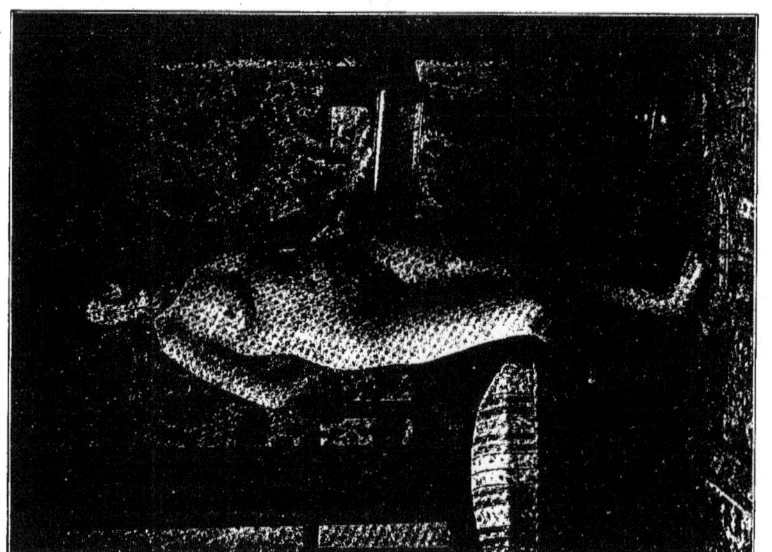

Le nez long une physionomie grave et mélancolique.

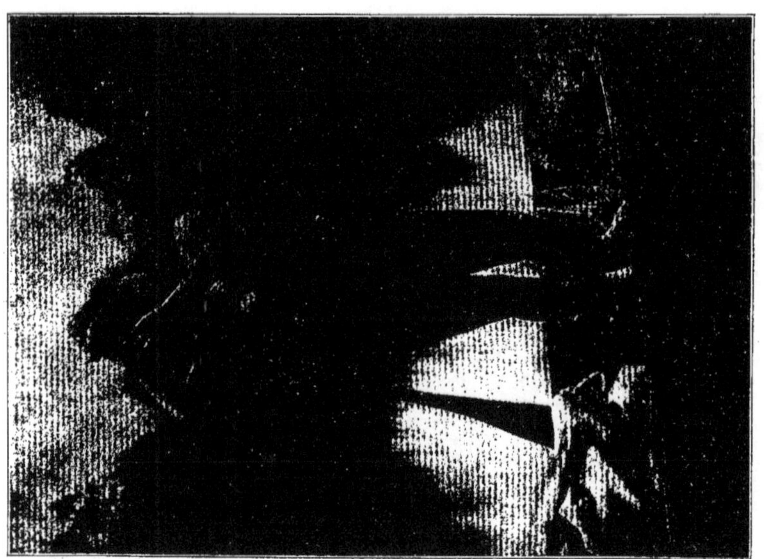

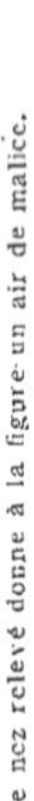

Le nez relevé donne à la figure un air de malice.

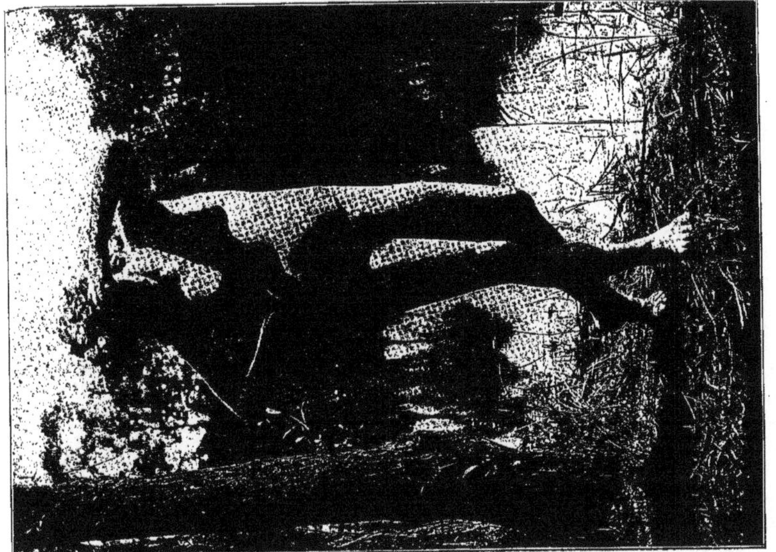

Les poignets doivent être étroits et minces.

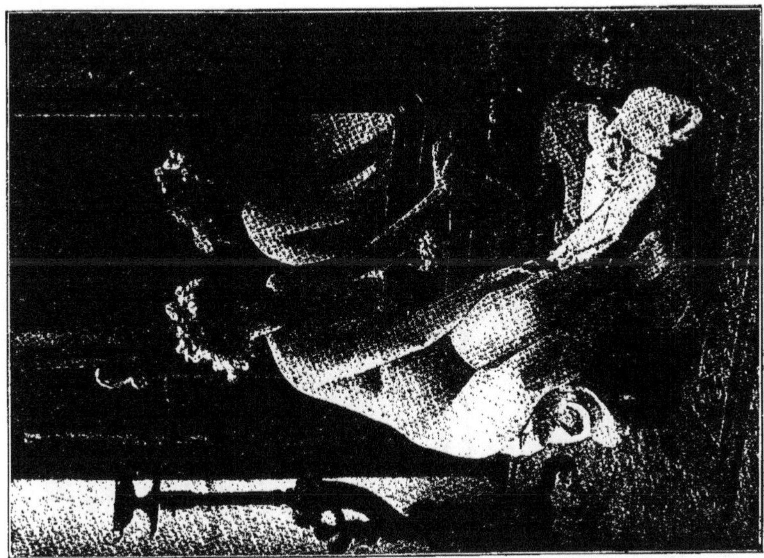

Les dents blanches, petites, égales, d'une blancheur qui ne saurait jamais être trop éclatante.

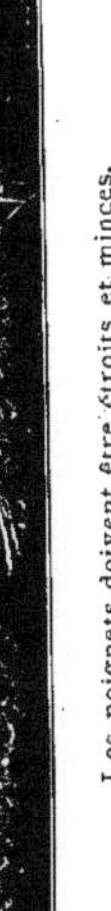

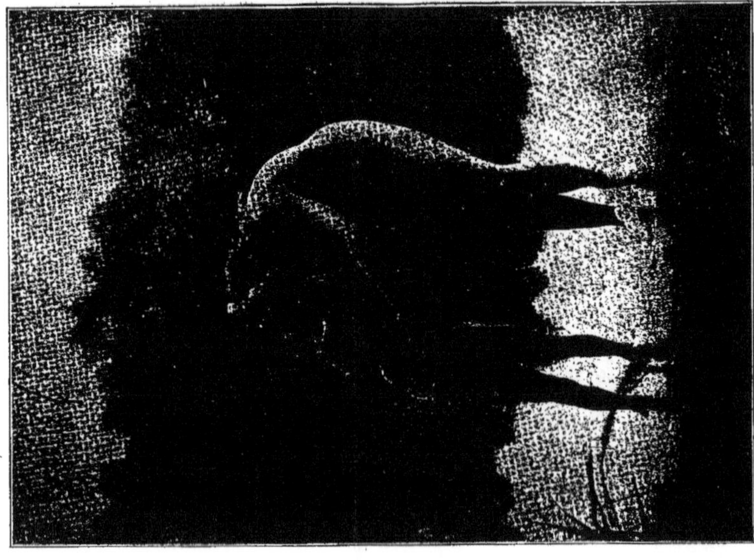

Les mêmes principes s'appliquent au dos où les vertèbres dorsales doivent se dessiner légèrement et non s'imposer.

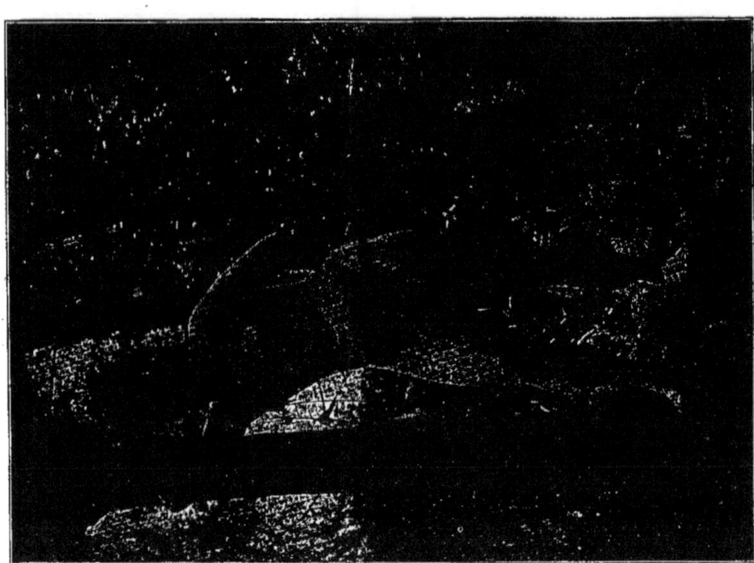

Le coude doit être rond, assez gras pour que les os ne paraissent pas avec une saillie trop importante.

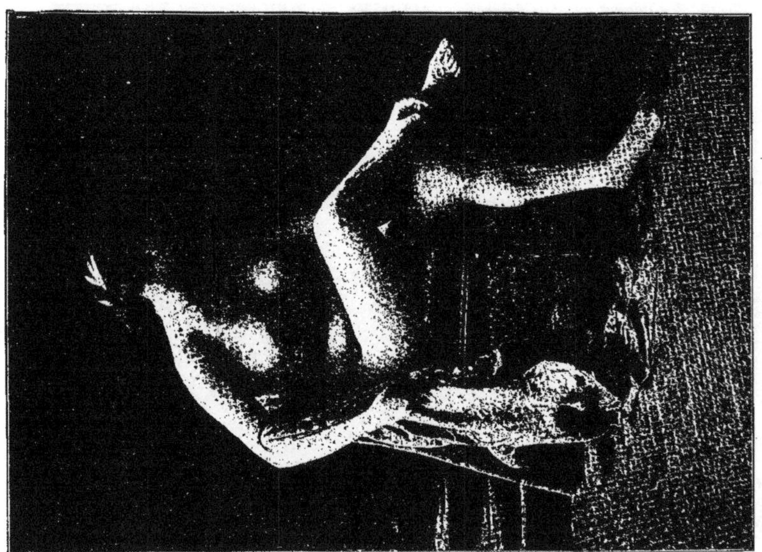

Les genoux seront très ronds et charnus.

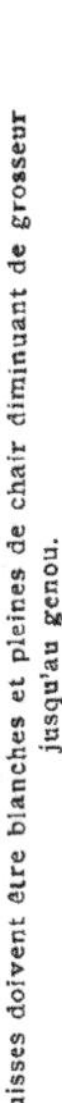

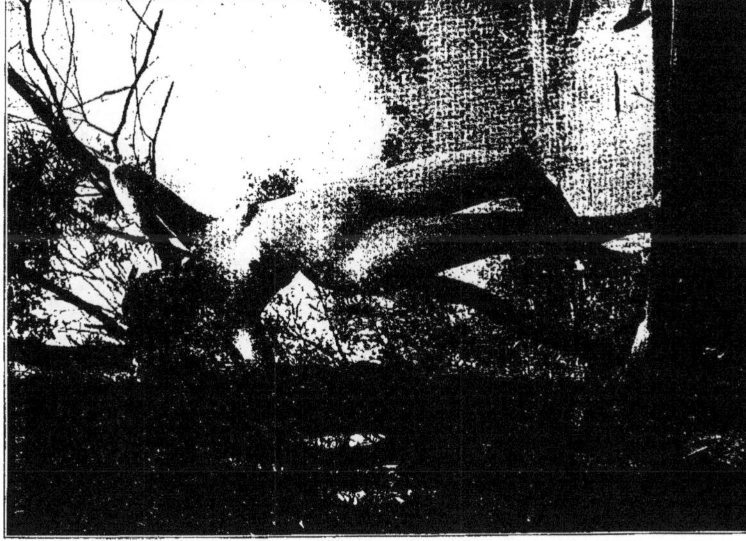

Les cuisses doivent être blanches et pleines de chair diminuant de grosseur jusqu'au genou.

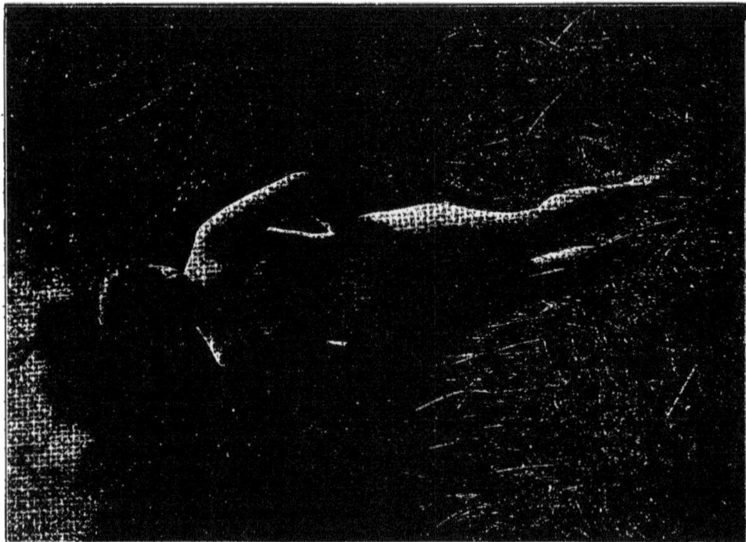

Il doit être mince et légèrement renflé.

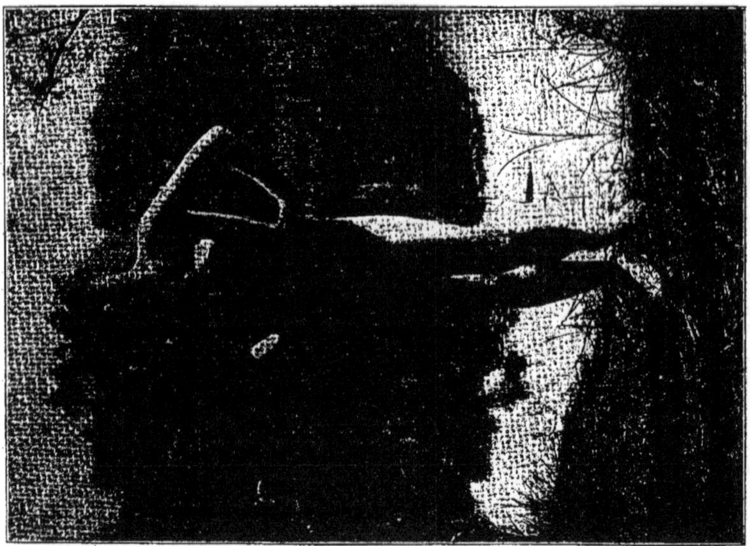

Le mollet est souvent cagneux, c'est-à-dire saillant en dedans, ce qui est un grave défaut contre l'esthétique.

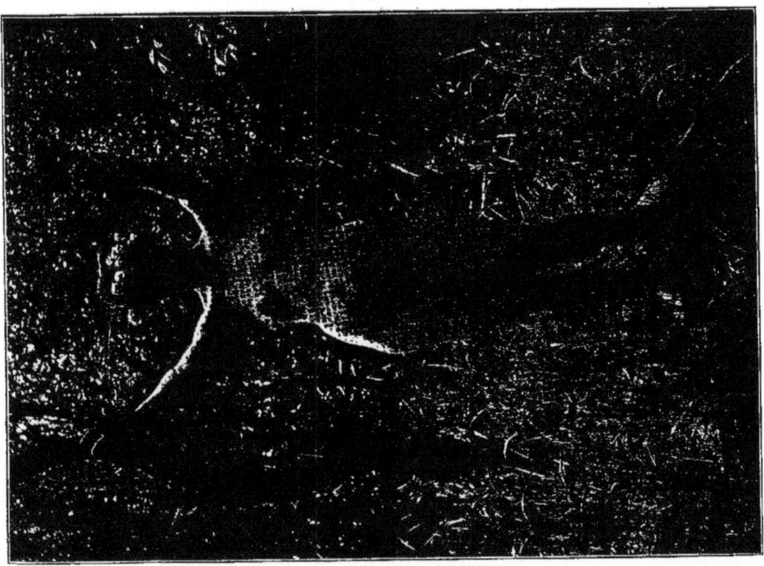

Leur épaisseur donne à la femme un aspect commun qui trahit une basse extraction.

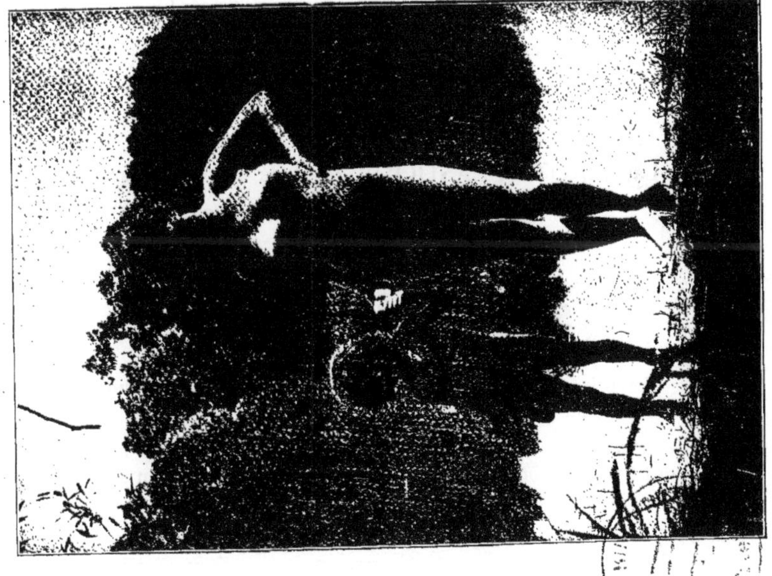

Les chevilles doivent être minces, c'est un signe de race.

Le Gérant: COUSTAL.

L'Art et le Beau

Revue mensuelle d'Art plastique

Illustrée de 24 gravures artistiques dont trois en couleurs.

Prix du numéro: 2 fr. 50 — Étranger: 3 fr.

SOMMAIRE

du premier numéro:

L'Aphrodite antique par GUY DE TÉRAMOND.

La Coiffure de la femme grecque par H. DE PESQUIDOUX.

Clodion et son œuvre par GUSTAVE KAHN.

CHRONIQUES:

La Vie parisienne.
Chronique théâtrale.
Les Livres.
Expositions.
La Mode.

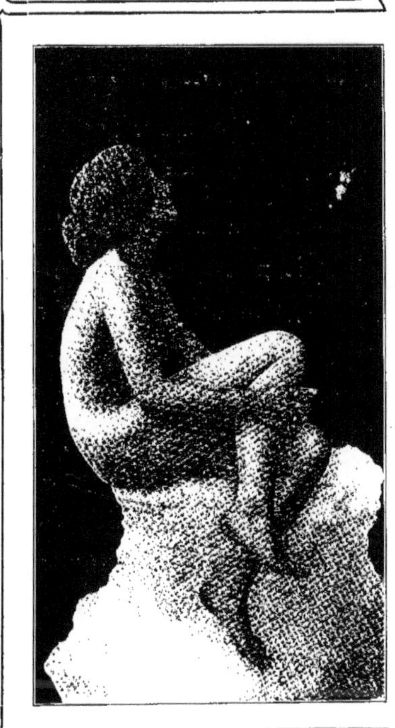

Spécimen réduit d'une gravure (Photographie d'après nature).

TARIF DE L'ABONNEMENT:

PARIS . . . . . un an **28** fr., six mois **14** fr.
DÉPARTEMENTS „ **32** fr., „ **16** fr.
ÉTRANGER . . „ **34** fr., „ **17** fr.

LIBRAIRIE ARTISTIQUE ET LITTÉRAIRE, 10, rue du Mont-Thabor, PARIS
TÉLÉPHONE 156-38.